New Life
29

New Life
29

第一本

改造生命的自我形象整容術
Psycho-Cybernetics

（暢銷紀念版）

麥斯威爾・馬爾茲（Maxwell Maltz）／著

New Life 29　第一本改造生命的自我形象整容術（暢銷紀念版）

原書書名	Psycho-Cybernetics
作　　者	麥斯威爾‧馬爾茲（Maxwell Maltz）
譯　　者	張家瑞
封面設計	柯俊仰
特約文編	王舒儀
主　　編	高煜婷
總 編 輯	林許文二

出　　版	柿子文化事業有限公司
地　　址	11677臺北市羅斯福路五段158號2樓
業務專線	（02）89314903#15
讀者專線	（02）89314903#9
傳　　真	（02）29319207
郵撥帳號	19822651柿子文化事業有限公司
投稿信箱	editor@persimmonbooks.com.tw
服務信箱	service@persimmonbooks.com.tw

業務行政	鄭淑娟、陳顯中

初版一刷	2017年12月
二版一刷	2023年04月
定　　價	新臺幣440元
I S B N	978-626-7198-37-7

歡迎走進柿子文化網 https://persimmonbooks.com.tw

f 粉絲團搜尋 60秒看新世界

～柿子在秋天火紅 文化在書中成熟～

國家圖書館出版品預行編目資料

第一本改造生命的自我形象整容術（暢銷紀念版）／麥斯威爾‧馬爾茲(Maxwell Maltz)著. -- 二版. -- 臺北市：柿子文化事業有限公司, 2023.04
　面；　公分. -- (New life；29)
譯自：Psycho-cybernetics
ISBN 978-626-7198-37-7(平裝)

1.CST:成功法 2.CST:自我實現

177.2　　　　　　　　　　　　　112001435

人生中的每件事物都是一種心靈想像，

你所擁有的每個目標，

一開始都是你腦海中的想像……

各界好評

生命自有許多可能

如果人生可以重來，沒有人希望自己過著不上不下的生活；如果人生可以自行選擇父母，沒有人希望自己遭受許多錯誤的對待，然後顛顛仆仆地站直腰桿。所有的「不可能」，在《第一本改造生命的自我形象整容術》的指引下，你將興奮而且簡單地學到「生命自有許多可能」，我也從書中的「心靈體操」、「心靈藍圖」、「情緒拉皮」、「萬應急救包」、「心靈想像」、「心靈保護傘」、「重建自我形象」等各種機制，把自己重新拉提起來。人生確實有許多不完美、不完整，透過成長、透過書中引領，我們終將尋回不完美卻真實、不完整卻可靠的自己。

——吳娟瑜，國際演說家、人際關係專家

人生必備工具書

在心理健康領域，有所謂「自助學派」及「學院學派」。自助學派的知識基礎為創始者自身的觀察、洞悉及體悟，善於表達及行銷，可為普羅大眾欣然理解及接受；學院學派的理論來源則為嚴謹的實證研究，貼近事實及真理，但常立論保守且深奧難懂。

麥斯威爾・馬爾茲醫師實在是一位心理健康領域的奇才，身為整形外科醫師，他並非心理學或精神醫學科班出身，卻能從執業生涯中發現許多心理學界的創見。其理論除了與同時期的理情治療、現實治療等學派精神契合、並駕齊驅，部分論述（如想像、反催眠、快樂的習慣等）甚至領先NLP神經語言學、焦點解決治療、敘事治療、正向心理學等後續引領風潮的時代顯學。

我很欣喜且沾光的發現，五十幾年前馬爾茲博士關於自我形象與負向情緒的觀點，與我倡導的「心靈影像療法」不謀而合……

美國心理學之父威廉・詹姆士（William James）的論述，書中引用頗多，其「實用主義」強調實事求是、學以致用，在百年前引領美國成為偉

大的國家。我也建議讀者以「實用」的角度擁有此書——不只閱讀、品味，更要在日常生活中試用、使用、活用。本書內容豐富多元、實用性高，是人生必備的工具書！

——**馬大元**，身心科醫師、YouTuber、作家

比心理學更具心靈內涵

初次知道這本《第一本改造生命的自我形象整容術》，是賽斯在《私人課一》裡推薦的，他提到這本書並非只有大家以為的表層涵義，而是有其更深的層次。

在《早期課八》（賽斯文化出版）裡，賽斯正要為約瑟（賽斯書作者珍·羅伯茲的先生）說明，他在工作時看到一幅畫的內在視覺畫面是怎麼回事時，又提到了這本書。賽斯告訴約瑟，這本書言簡意賅，可以馬上付諸行動，最後會為他們夫妻倆的生活產生相當大的影響。

我接觸賽斯資料超過三十五年，幾乎沒看過賽斯推介任何書，於是禁不住好奇心，馬上把此書買來一睹為快。這一看不得了，我甚至產生一種錯覺，如果不是去查了作者馬爾茲的出生年月日，我會以為這是我前世的自己所寫的書，因為馬爾茲的思路和我的思維路線極為相似，有趣的是，他是一位整型外科醫師，卻寫出比心理學更具心靈內涵的文字，而我此生則直接成為一位精神科醫師。

雖然本書在翻譯上還可以更好，賽斯也提到「有很多東西作者還不了解，但是他找到一些絕佳的方法」，但此書的基本理論可說是近五十年來坊間成功學的濫觴，時至今日，仍非常適合現代人。如果你讀過賽斯書，就會發現，幾乎和賽斯所謂「信念創造實相」和「內我」的概念一致。

我個人很喜歡這本書，也把它推薦給你。

——**許添盛**，賽斯身心靈診所院長、賽斯文化發行人、財團法人新時代賽斯教育基金會董事長，以及《絕處逢生》、《我不只是我》、《用心醫病》等暢銷書作者

重設你的人生

「莊周夢蝶」的故事顯示現實與夢的本質是相同的。佛教教義說，宇

宙萬有都是由「心」（八種識）變現出來，再由「心」所緣取；因此，因緣和合所產生的一切現象與法理，都只是一場夢！夏威夷的古老實用哲學Huna指出：「你的現實經驗，精確地反映你認為它是什麼，所以完全只是一場夢！」

Huna夏威夷文的意義為「祕密」、「隱藏的知識」，是一些智者對生命觀察的結論。Huna哲學七大原則中的第一原則（IKE——這個世界是你認為的樣子）、第三原則（MAKIA——能量流向你注意力的方向）、第四原則（MANAWA——現在是充滿力量的時刻）和這本《第一本改造生命的自我形象整容術》的主旨與內容若合符節。

馬爾茲博士認為，上帝給予人類一種本能——「創意機制」，它會隨時自行修正路線、自動地達成所設定的目標。若你給它設定一個「成功目標」，它就會成為「成功機制」；若你設定的是負面目標，它也會忠實地成為「失敗機制」。我們向這個「創意機制」輸入目標的方法，就是心智的圖像，也就是想像力，而其中最重要的目標圖像，就是「自我形象」。

麥斯威爾‧馬爾茲博士是基督徒，他根據自己整形外科醫師生涯的臨床觀察，以及對醫學、物理學、數學、心理學的研究，得到一個與Huna哲學相似的結論。所不同的是，麥斯威爾‧馬爾茲博士的「創意機制」包含了靈感與執行的功能；而在Huna哲學中，把靈感歸屬於超意識的功能，而把執行歸屬於潛意識的功能。

我們都有從惡夢中驚醒的經驗；心臟狂跳，呼吸急促，一身冷汗，然後漸漸安定心神，才想起：「還好，只是一場夢！」若人生是一場夢，而我們正經歷一場人際關係、財務、工作或病痛的惡夢，最好的解決之道，不就是趕快醒過來，重新做個好夢嗎？如果我們的現實，是信念投射在外面的結果，為什麼不向創意機制，輸入適當的成功想像與伴隨著渴望的理性思考，來重設自己的人生呢？讀完本書中文書稿，覺得意猶未盡，特地從亞馬遜訂購了一本原文精裝版。我把這本黑色封面、燙金紅書邊的《第一本改造生命的自我形象整容術》置於案頭，讓一位整形外科醫師的臨床與人生智慧，提醒自己人生尚未開展的無限可能。

——荊宇元，復健科專科醫師、身心靈整合專家

心靈圖像的力量

之前因為搬家，翻出了過去曾帶領大學生一同製作的夢想板，那是一張全開的海報紙，裡頭貼滿了對於自己未來理想生活的圖片拼貼。當時，夢想板是極為流行的一種生涯探索工具。

我吹開上頭的灰塵，驚訝地發現，十餘年的光景，我一直朝著當時夢想中的生活藍圖邁進，甚至已經實現了夢想板中大部分的願景。

過去曾不斷聽聞心靈圖像的力量，現在已在我的身上驗證發生了；而拜讀了這本心靈成長類的經典之作後，更是心有戚戚焉。一個人在各方面的表現良窳、成功與否，很大部分受到內在的自我觀感與自我評價影響，亦即本書作者所說的「自我形象」。局限性或挫敗性的自我形象，將使人在追求成就時不斷自我懷疑、裹足不前，導致無法獲得理想的結果，接著又回頭驗證了自己內心負面的自我觀感。

——**陳志恆**，諮商心理師、暢銷作家

培養大腦的目標

我們必須對我們期待達成的結果培養出一種察覺力之後，大腦才能夠有效的運作。麥斯威爾·馬爾茲稱之為「心靈控馭」；當大腦有明確的目標時，它能夠聚焦、導引，再反覆聚焦、反覆導引，直到達到目標。

——**安東尼·羅彬**（摘自其書《激發心靈潛力》）

實現夢想的科學邏輯依據

《第一本改造生命的自我形象整容術》的銷售量多達數千萬本，因為它為實現夢想提供了科學性的邏輯依據。當時的科學及運算參考資料現在都已過時，只有控制學原理的影響力仍日益茁壯。複雜度理論、人工智慧和認知科學的發展，都出自對非物質的「機器中的幽靈*」（人的思維）如何引導物質的控制理解，使得本書成了人文修養上的完美心理自助書籍。

*指人類思維與行動分離的二重性，該理論認為兩者之間的聯繫本質上是不可知的，思維只是禁錮在身體這個「機器」中的「幽魂」。

——**湯姆·巴特勒－鮑登**，《最偉大的50部勵志書》作者

讓不做比要做更難

健美、吃得正確,和督促自己做這些事情是很有趣的。《第一本改造生命的自我形象整容術》的作者馬爾茲博士說,這樣做持續三十天,這些事情就會變成一種習慣,而且從第三十一天起,你不做比要做更難!

——馬克·維多·韓森,《心靈雞湯》共同作者(取自其書《敢於爭取勝利》)

改變了我的人生

本書讓一切對我而言都變得不一樣。它伴著我從自由球員到超級盃,我每天都運用書中的建議,可說是馬爾茲博士改變了我的人生。

——吉姆·克萊克,全明星進攻內鋒(匹茲堡鋼人隊),包含兩年超級盃
實業家與企業銷售訓練員

把這本書列入你的必讀清單

《第一本改造生命的自我形象整容術》是一部關於個人心靈發展的經典書,個人心靈發展領域的大部分現代演講者,包括吉格·金克拉(Zig Ziglar)、湯尼·羅賓斯(Tony Robbins)、布萊安·崔西(Brian Tracy)等人,都把他們的發展基礎歸功於麥斯威爾·馬爾茲。

事實上,奧運選手的心理訓練,根據的就是《第一本改造生命的自我形象整容術》的概念。已經有數萬人——也許是數百萬人,因把書中的建議付諸實踐而獲益。一定要把《第一本改造生命的自我形象整容術》列入你的「必讀」清單!

——麥克·葛雷,Profit Advisors公司

使我看見自己的才能

《第一本改造生命的自我形象整容術》改變了我的命運,從在維吉尼亞州查卡塔克市距離主要道路將近兩英里的小農舍,到事業有成的作家、顧問,和為美國太空總署、迪士尼、AT&T公司等機構授課的講師,馬爾茲的建議給予我信心,使我看到自己的才能,並且朝著自己的夢想邁進。

——李·梅蒂爾,《成功是一項內在工作》作者

無價之寶

輔助大眾的無價之寶，為具實用價值的自我修養提供一個健全的科學方法。

——馬克‧弗雷曼博士，臨床心理學家

觀想原理的先驅

麥斯威爾‧馬爾茲是觀想原理的早期代表。將近半個世紀前，他就領悟到能確實轉變我們思想、行為和溝通方式的真理。

——柏特‧迪克，《你需要被相信、被知道》作者

不受時空限制的心理自助書

麥斯威爾‧馬爾茲的這部經典作品，被這個領域的許多專家視為心理自助書籍的鼻祖。儘管《第一本改造生命的自我形象整容術》於一九六〇年寫成，但其影響力遠及六十多年後的今天。這本書的宗旨不受時間限制，為想促進自我形象和更佳品質生活的大眾指點迷津。

——Gayot.com

超越時代的經典

《第一本改造生命的自我形象整容術》成書於一九六〇年，但其思想比當時先進。麥斯威爾‧馬爾茲在美國是一位成功的整型醫師，但他對於某些整型成功病患的心態感到困惑不解——他們內心仍然覺得自己醜陋。本書探討關於自我形象的心理特質，及其對我們整個人生的深遠影響。不過，馬爾茲博士更進一步設計一套行動計畫，將你的自我形象從削弱自信心改變為提升自信心。你是否曾納悶，有些人怎麼能看起來不費吹灰之力地成功、富有、體態美好又健康，而有的人努力奮鬥卻一事無成？答案就在於本書所著眼的概念：自我形象、潛意識、觀想的力量、放鬆心情的專注，以及目標設定。

——Fitness4London

序言

　　心靈成長類的書有兩種：一種你讀了之後會說：「哇，好棒的書。」還有一種是讓你深刻體驗，並為你的人生帶來永遠的正面改變。我鼓勵你可以在體驗到一本真的很棒的自我長成書籍時，記下「不小心」發現它的日期和時間，或者是誰推薦給你的，然後你將可以清楚地分辨出，在閱讀該書之前的你和現在的你這兩者之間的差異。

　　這就是你閱讀麥斯威爾・馬爾茲博士《第一本改造生命的自我形象整容術》（心靈成長類書籍中公認的經典）時會發生的事。《第一本改造生命的自我形象整容術》自一九六〇年首次發行以來，銷售量已超過三千五百萬冊，本書讀者涵蓋各行各業，體驗過這本書的人最後都比**以往更為成功**。心靈成長產業也歷經轉變，今日，幾乎所有觀想或心靈想像的文章或討論，都受到馬爾茲作品的直接影響，並且以心靈控馭的原理為根本基礎。

我想要成功，卻覺得自己像個失敗者

　　一九八七年二月，自大學畢業且搬到加州後不久，我決定投身個人健身教練的行列。我曾在大學摔角比賽中贏得全國冠軍，還接受過奧運冠軍丹・蓋博（Dan Gable）和布魯斯・鮑姆加特納（Bruce Baumgartner）的訓練，基於上述原因，我認為自己有寶貴的經驗值得傳授給年輕運動員或任何想讓身體變得更強壯的人。

　　即使對這一行懷抱滿腔熱忱，卻總覺得有什麼令我裹足不前。就是這個聲音從心底告訴我，說我不夠好，我無法做到。

　　說真的：第一，我沒有從業經驗；第二，我沒有資本；第三，我壓根兒就覺得自己是個失敗者——連事情都還沒開始做就已經是了。

　　想想看，我想成功，但卻覺得自己像個失敗者。

　　為什麼我會覺得自己像失敗者？

　　心生這個問題時，我憶起高中的自己是為了丹・蓋博才想進入愛荷

華大學摔角隊，我實現了那個目標，但我並不是我那個體重等級裡的第一名，我幾乎總是第二。我參加過多場錦標賽和對抗賽，大部分都獲勝，但我並未達到我想要的成就，所以二年級之後便轉到賓州的愛丁堡大學，在那裡，我進入大學代表隊。

在愛丁堡大學三年級時，我創下了為團隊一季贏得三十九場比賽的紀錄，同時獲得國家大學體育協會二級冠軍。贏得二級冠軍頭銜之後，我的排名進到全國第七，有資格進入一級錦標賽。我的目標不僅是贏得我已贏得的二級錦標賽，還有一級錦標賽。

我沒能達成目標，而且差得很遠，之後我的成績一落千丈，我被擊垮了。但我拚命苦練彌補自己差勁的表現，為了能在四年級「東山再起」。

在大四的那一年裡，儘管技巧比以前更好，但我再度失敗了，我在二級錦標賽中只拿到第五名，未能獲得進入一級賽事的資格。

現在的我可以列出當時未能實現目標的許多理由，但是那時我一點也不明白。在我開始展開自己的事業時，一度懷疑過是同樣的一些問題引起我的焦慮和對未來的恐懼。

就像命中註定似的，一九八七年五月初，當我因為沒什麼客戶而面臨歇業的窘境時，一位五十七歲的成功企業家——傑克，向我報名了十二堂課。每次他來受訓時，都會掃視我辦公室裡有些什麼書，然後我們會對正在閱讀的書展開熱烈討論。在傑克的第五堂課裡，他趁調勻呼吸的休息空檔問了**一個改變我往後人生的問題**：「麥特，你讀過《第一本改造生命的自我形象整容術》嗎？」

「沒有，」我回答，「那本書好嗎？」

「這個嘛……它有點像是心靈成長類書籍中的《聖經》，你真的需要看一下。」

想成功，必須先拓展自我形象

在接下來的十分鐘裡，傑克告訴我關於成功和自我形象的事情。他說馬爾茲博士是整形外科醫生，這位醫生認為一個人無法超越自己眼中的自

己。「我們的未來，」傑克說，「掌握在我們潛意識中的心靈藍圖裡，心靈藍圖所描繪的就是我們對自己的評價。如果你想吸引更多客人、賺更多的錢，那麼你就必須先拓展你的自我形象。若想成功但不拓展自我形象，就算有所成就也無法維持長久。」

聽了傑克的一席話後，我鑽進車子開到最近的書店，從書架上抽出一本《第一本改造生命的自我形象整容術》，然後開回辦公室開始閱讀。在簡介裡，馬爾茲博士寫道：「本書的設計不僅是讓你閱讀，更要讓你**體驗**。你可以從閱讀中獲得資訊，但若想『體驗』，你就必須發揮創造力去回應那些資訊。」接下來他建議讀者持續練習書中的技巧，至少等二十一天後再做評價，這樣的天數經證實能帶來有效的改變。他還告戒讀者們，不要過度分析、批評或臆測這些技巧有沒有效。「你只能向自己證明，」他補充道，「確實去做，然後從結果評判它們對你的效用。」

所以囉，我做了。很快的我了解到，到底為什麼我會覺得自己像個失敗者，以及這個不良的自我形象是如何阻礙了我事業的發展。每一天，當我覺得自己很糟糕時，感覺就像是拿了滿是討厭記憶的糞土抹臉，而不是用充滿出色表現回憶的清水暢快淋漓地沖臉。

我快速的回憶一下當時我對自己的看法：是的，接受丹·蓋博的訓練在愛荷華大學摔角，我已達到這個目標，但我沒有進入校隊，我不夠厲害；雖然我在愛丁堡大學拿到全額獎學金，但我並未贏得一級全國冠軍，四年級時甚至沒贏得二級比賽的冠軍；沒錯，我達到了單季獲勝的目標，但**我並未在我所有的比賽中贏得勝利**。

即使達成了無論任何種類、幾乎所有運動員永遠也無法達到的某些成就，我仍把自己看成一個失敗者，因為我沒有贏得每項比賽。再者，我並不了解，**只擁有目標和正面想法是不夠的**，沒有人告訴過我關於自我形象的事，儘管我學過自我催眠——我認為那有助於振作精神——但從來沒有人教我要回顧過去，去**重溫最美好的回憶**。從沒有人教我要想像心之所欲，更別說去**感覺我能擁有的情境**（現在在我真的擁有了）。

那些失敗的感受深刻入骨，也滲入到我的事業和每件事情當中。我再一次為自己設下目標，這次我是真的想成功，但同時，我仍懷疑自己是否

有足夠的能力訓練別人，畢竟我算哪根蔥？我又不是世界冠軍或奧林匹克冠軍，我「只」得過一次全國冠軍。

我拚命閱讀《第一本改造生命的自我形象整容術》，發現並體會到我必需天天做某些事情。這是我以前從未做過的，我正要進入馬爾茲博士所說的**心靈電影**的地方。我閉上眼睛，回憶、重溫我最美好的時刻——看著過去的一幕幕，就像看了一場心靈電影一樣：屬於我的勝利、屬於我的成功，以及屬於我的歡樂時光。

在重溫與體驗最佳的自我之後，我已能夠像使用回憶一樣運用自如地使用想像力。我能想像並且感覺到我將來會達成目標，也能體驗一切似乎**正在發生**，真實得像它是我另一個達成目標的回憶。

在熟稔這些技巧過後，我的一切開始有了改變。我立即（沒錯，立即）感到舒暢，我感到快樂，我感到成功，我覺得自己像個勝利者！

這是一種令人想不通的奇特感受，怎麼我**現在**會感到快樂？怎麼我**現在**會感到成功？怎麼我**現在**會覺得像個勝利者？我不是應該在達到目標後才會感覺舒暢、快樂嗎？那我所有的失敗呢？就這樣被遺忘了嗎？我不是應該為了沒達成預定的目標而永遠失意沮喪嗎？這就是《第一本改造生命的自我形象整容術》無法由被動式閱讀所了解之處，事實上，它也無法透過分析、爭執、辯論、研究闡述來了解。為了切實了解真相，你必須體驗實際狀況，**只是閱讀文字，不會為你帶來真實的體驗。**

自從一九八七年五月榮耀的那一天之後，我也達到了許多成就，我回憶不計其數的榮譽、成就、勝利……歷歷在目。我的短期目標是建立一個成功的個人健身事業，一九九七年三十四歲時，我贏得了於中國北京舉辦的世界武術大賽冠軍，擊敗中國自己的好手，這是從來沒有一個美國人能夠做到的事。從那時起，我開始寫書並開設健身與武術廣播節目，聽眾遍及全球。

二〇〇三年，當時心靈控馭基金會是由我的友人丹・甘乃迪（Dan Kennedy）主持，他要求我負責該基金會的網站。兩年後我買下那家公司，自從那時起，我就持續辦理心靈控馭討論會，並指導團體與個人熟悉心靈控馭的技巧與原理。和我共事過的許多人，都能證明他們以自己從不認為

可能的方式獲致成功，企業家、醫生、推銷員、運動員、律師、教練、老師、音樂家、作家，以及其他各行各業的人，都應用過馬爾茲博士滔滔講授的知識。他們就像其他被介紹而接受心靈控馭的數百萬人一樣，讓自己目前——以及未來——的生活過得更美好。

當你閱讀本書時，你會了解其中一項祕密：**你現在以及努力達到目標的每一天，都能感到快樂**。假如你在過程中發現快樂——而非預期只有在達到目標後才能感到快樂——那麼你就已經實現了心靈控馭的願景。

韋恩‧戴爾博士（Wayne W. Dyer）在他的書《看見神性生命的奇蹟》中描述心靈控馭對他生涯的影響，我們不難了解為什麼他很喜歡說：「達到快樂沒有方法，快樂本身就是方法。」

在此版的《第一本改造生命的自我形象整容術》中，馬爾茲博士的文字絕大部分都跟原版一樣，因此他的訊息所散發出的波動能量，會像陽光一樣照射在你身上。此版的新修改處只佔很小一部分，例如當中的「心靈控制小檔案」即我為原文所做的註解，這些改變都只是為了讓現代讀者更容易理解。我還為馬爾茲博士的這本傑作寫了序和後記，相信透過這些文字，能讓你在**利用自我形象改善自我**的過程中，獲得額外的指引和了解。

——**麥特‧福瑞**（Matt Furey），心靈控馭基金會總裁

Introduction

簡介

好幾世紀以來，
世人普遍認同「一事成則萬事成」這句話，
我們透過體驗成功來學習成功地發揮功能，
從前的成功記憶成為一種內建的「儲存資訊」，
給予我們自信來面對當前的任務。
但是，當一個人只體驗過失敗時，
他怎麼可能利用以往成功經驗的記憶呢？
他的困境有點兒像找不到工作的年輕人，
因為缺乏經驗而找不到工作，
卻也因為找不到工作而無法取得經驗。
幸好，這種困境被已另一個重要的發現解決了……

自我形象的發現，代表了在心理學和創意性格領域中的突破。

自一九五〇年代初期開始，自我形象就被認為具有重大的影響力，然而，在《第一本改造生命的自我形象整容術》出現之前，卻沒多少人寫過關於這個主題的書或文章。說也奇怪，那並不是因為自我形象心理學沒有用，而是因為它的效用實在**好得太驚人**，就像我的一位同事所說的，「我很不情願發表我的發現，尤其對象是一般社會大眾，因為假如我提出了某些案例並描述病患在性格上超驚人的改善，我會被指控為誇大不實或企圖建立崇拜迷信，甚或兩者都有。」

其實我也有類似的不情願感，我在這個主題上所寫的任何書，一定會被我的某些同僚用好幾種理由批評成「不正統」。

首先，由一位整形科醫生來寫心理學的書就是不正統；其次，也許在某些領域當中，踏出緊密的小圈圈——心理科學的「封閉系統」——跨到物理學、解剖學和新興的心靈控馭科學的領域中尋找人類行為的答案，更會被視為不正統。

我的答案是，**任何一個好的整形醫師就是（而且一定是）一個心理學家**，無論他是否擁有這個頭銜。

當你改變一個人的容貌時，幾乎也必然改變了他的未來；你改變一個人的生理形象，也幾乎改變了他的性格、行為，有時甚至連他的基本天賦和能力也跟著改變。

美麗不是「膚淺」的

整形醫師能改變的不只是一個人的臉，他也改變了一個人的內在自我，他的手術刀劃開的不只是皮膚，往往還更深入到心靈層面。

從很久以前開始，我就已經下定決心，這是一項極為重大的責任，為了我的病人和我自己，我應該要清楚自己正在做什麼；沒有一個有責任感的醫生，會在未接受特殊知識與訓練的狀況下執行重大的整形手術。正因如此，我覺得，假如改變一個人的容貌也將改變他的內在，我就有責任取得這方面的特殊知識。

新面貌不一定有新未來!?

在我二十年前左右所寫的《新面貌，新未來》中，我發表了一些整形案例（特別是顏面整形案例）為許多人開啟嶄新人生的故事。那本書談到一個人改變容貌之後在人格上的驚人變化，往往發生得相當突然與劇烈，這樣的成就令我感到志得意滿，但就像英國化學家漢弗里·戴維爵士（Sir Humphry Davy）一樣，我從失敗中學到的，比從成功裡學到的還要多。

有些病患在手術後看不出性格上有什麼變化。大部分顏面明顯受創或有些許「怪異」特徵的案例，在經過手術矯正後，幾乎馬上就（通常在二十一天之內）看得出自尊與自信的提升；但在某些案例中，病人經過手術矯正後仍然感到不適應，並且有自卑感。簡言之，這些「失敗者」的感覺、行動、作為，都表現得好像他們仍然有張醜陋的臉似的。

這不禁令我思索，「重建**生理**形象」這個事件本身並不是真正影響人格改變的關鍵，而是其他事情——通常是受到顏面手術的影響，但有的不是。當有影響力的「其他事情」被建構起來之後，當事人就改變了；但當有影響力的「其他事情」未被建構起來時，當事人本身便依然沒變化——即使他的生理特徵可能已經截然不同。

性格之臉

其實，這就好像性格有張「臉」一樣，這個非生理性的「性格之臉」似乎才是真正影響人格改變的關鍵。

假如這張臉仍然帶著疤痕、扭曲、「醜陋」或自卑，那麼不管當事人生理外表如何改變，他都會在行為上表現出這個角色。如果這種性格之臉是可以被建構的，如果從前的情緒傷痕可以被移除，那麼當事人本身就會改變——即使沒做過顏面整形手術。

從我一進入這個領域探索開始，我發現愈來愈多的現象都證明了一個事實：**自我形象——個人的心智和精神觀念或對自己的「想像」——是真正影響一個人性格和行為的關鍵。**

物理學家和數學家帶來的心理學突破

我一直相信，人需要探索任何可能發現真理的地方——即使必須跨越國界。幾年前，當我決定要成為一名整形醫師時，德國醫生在這個領域是遙遙領先其他地方的，於是我去了德國。

在探究自我形象的期間，我也必須跨越無形的界線。雖然心理科學承認自我形象的存在與它在人類行為中所扮演的角色，但對於自我形象如何發揮影響力、如何創造一個新的性格、當自我形象改變時人類神經系統內發生了什麼事等問題，心理學的答案一律是「由於某種未知的原因」。

後來，我在控馭科學——把目的論重新視為重要的科學概念——的領域裡找到了答案。很奇特的是，新的控馭科學是從物理學家和數學家、而不是從心理學家的研究成果發展而來，尤其是當我們了解到控馭學與目的論（機械系統的目的奮鬥行為與目的導向行為）之間有所關聯時。控馭學能解釋機械的目的性能中「所發生的事」和「必需的條件」，但誇口具備人類心靈知識的心理學，對如此簡單的目的取向和目標導向的情況（例如一個人從桌上拿起筆來是怎麼做到的？）並沒有令人滿意的答案，而物理學家卻能回答。各種心理學理論的擁護者，有點像是能思考外太空和其他星球上有什麼、卻無法說出他們自己後院裡有什麼東西的人。

新的控馭科學，令心理學上的重大突破成為可能。但我自己除了對這門科學有所認知外，並沒有創造出突破性的發展。

假如這種突破來自物理學家或數學家的研究，那實在不令人意外，科學上的任何突破，似乎往往都來自於外在系統。「專家」對於一種既有科學限定範圍內所發展出來的知識，是最熟悉不過的，然而，任何新知識通常必定來自於外界——不來自於「專家」，而是來自於我們口中所謂的「非專家」。

巴斯德不是一名醫學博士；萊特兄弟不是航空學工程師，而是腳踏車技師；愛因斯坦，適當地說，不是一名物理學家，而是一位數學家，但他在數學上的發現，徹底顛覆了所有物理學中被奉為圭臬的理論；居禮夫人不是醫學博士，而是一位物理學家，但她在醫學上做出了重大貢獻。

▌你要怎麼運用這份新知識？

在本書中，我試著不僅提供你心靈控馭這個新知識領域裡的新資訊，並且為你示範如何使用它，以達成你人生中的重要目標。

自我形象決定你的「能」與「不能」

自我形象是影響人類性格與行為的關鍵，改變自我形象，你就能改變性格與行為。

但不只是這樣：自我形象會為個人成就設定界線，它決定你能做到什麼與不能做到什麼。拓展自我形象，你就拓展了「可能的範圍」；培養一個適當、切合實際的自我形象，會讓一個人充滿新的才能、新的天分，並且轉敗為勝。

自我形象心理學不僅經由其價值獲得證實，過去長久以來許多未被適當理解的現象，現在也因為它而獲得合理的解釋。例如，今日在個體心理學、身心醫學和產業心理學的領域裡有無可反駁的臨床證據指出，人類有成功型人格與失敗型人格、快樂傾向人格與鬱悶傾向人格、健康傾向人格與疾病傾向人格等。自我形象心理學在這方面，以及其他許多生活中可觀察到的現象上，揭露了新的觀點。它也在「正面思考的力量」方面給予新的啟發，以及更重要的——它說明了為什麼正面思考對某些人「有用」，對某些人卻沒用（**當正面思考與個人的自我形象一致時，它的確「有用」，但當它與自我形象不一致時，它幾乎是不可能「有用」的**——直到自我形象本身得到改變）。

為了了解自我形象心理學，以及為了將它應用在你的生活裡，你需要知道它為了達到目標而使用的一些手法。有為數可觀的科學證據指出，**人類大腦和神經系統的運作，會刻意符合已知的心靈控馭原則，以達成個人目標。**

就這個範疇的功能而言，大腦和神經系統建構了一個既神奇又複雜的「目標奮鬥機制」，那是一種內建的全自動導引系統、專門為你效勞的

成功機制；當然，它也能成為不利於你的失敗機制，端視身為操作者的「你」如何操作它，以及你為它設定了什麼樣的目標。

很諷刺的是，控馭學在剛開始的時候是一門機械與機械原理的研究，後來對於恢復人類自尊而成為獨特、具創造性的人物大有幫助；而心理學在剛開始時是以研究人類的精神或心靈為目的，卻直到幾乎剝奪了一個人的靈魂才罷休。

不了解人類也不了解人類機械原理的行為學家，往往將兩者混淆，告訴我們說，思想只是電子的運動，意識只是一種化學反應，「意志」和「目的」是神話，但始於物理機械研究的控馭學不會犯下這樣的錯誤。控馭科學不會說人是機械性的，而是說，**人擁有機械並使用機械**，此外，它告訴我們機械如何運作，以及我們如何使用機械。

祕密在於體驗

自我形象並不是僅受到才智或受到智慧知識的影響而變得更好或更壞，而是受到經歷的影響。你憑藉過去創造性的經歷，明智地或不智地培養出你的自我形象，現在，你也可以用相同的方法來改變它。

舉例來說，一個體驗到愛——而不是被教導愛——的孩子，才能成長為健康、快樂且具良好適應力的大人。

我們目前自信沉著的狀態，**是透過體驗、而非透過智能上的學習而產生的結果。**

自我形象心理學也彌補了今日人們所使用的各種治療方法之間的嫌隙，以及解決兩者之間顯而易見的衝突，它直接或是間接為諮詢服務、臨床心理學、精神分析學、甚至自我暗示提供了一個普遍性的源頭。無論如何，凡要建立一個更好的自我形象，都需利用創造性的經驗。暫且拋開理論不談，這是——舉例而言——**精神分析學派在運用「療癒情境」時真正上演的事件：**

治療分析師絕對不批判、不反駁、不說教，在病患發洩他的恐懼、羞恥、罪惡感和「壞想法」時，也絕對不表現出震驚的樣子。也許這是病患

人生中**第一次體驗到被當成人一樣的被接受**，因此他「感覺到」他的自我有價值、有尊嚴，也從新的層面認識到他的「自我」。

用「假想」經驗改變自我形象

另一項發現是在經驗與臨床心理學的領域裡發現的，而這個發現使我們能夠**把體驗當做用來改變自我形象的直接控制方法。**

事實上，真實生活的體驗可以是一位嚴格、鐵石心腸的老師。把一個人丟到深度足以滅頂的水裡，經驗可能教會他游泳，但同樣的經驗也可能使另一個人溺水；軍隊把男孩「鍛鍊成人」，但不容置疑的，軍隊的體驗也製造出許多精神病患。

好幾世紀以來，世人普遍認同「一事成則萬事成」這句話，我們透過體驗成功來學習成功地發揮功能，從前的成功記憶成為一種內建的「儲存資訊」，給予我們自信來面對當前的任務。但是，當一個人只體驗過失敗時，他怎麼可能利用以往成功經驗的記憶呢？他的困境有點兒像找不到工作的年輕人，他因為缺乏經驗而找不到工作，卻也因為找不到工作而無法取得經驗。

值得慶幸的是，上述這種困境被另一個重要的發現解決了，為了所有切合實際的目的，我們可以想像出一個經驗（也可以說是創造一個經驗），然後控制它——就在我們大腦的實驗室裡。經驗心理學與臨床心理學都毫無疑問的證實，**人類的神經系統並無法仔細分辨真實經驗與逼真想像經驗之間的差異。**

儘管這個主張看起來似乎很誇張，但我們在本書中會檢視一些控制性的實驗室實驗，而這種「假想」經驗會用於促進擲標槍和投籃技巧的實際方法上。我們會看到每個人運用它來改善生活中的各種技巧，包括公開演講、克服對牙醫的恐懼、發展社會地位、培養自信、銷售更多產品、在棋藝上更精進等，以及幾乎每一種你所能想到、經由體驗帶來成功的情況。我們待會兒就會看到一個令人嘖嘖稱奇的實驗，這個實驗透過兩位著名心理學家精心的安排，使病患產生「正常的」體驗，進而治癒了他們！

也許最重要的是，我們將會知道，**長期不快樂的人如何透過驗體快樂來學習享受生活。**

本書之所以能改變你人生的祕密

本書的設計不僅是讓你閱讀，更要讓你體驗。

你可以從閱讀中獲得資訊，但若想體驗，就必須發揮創造力去回應那些資訊。**取得資訊是消極的，體驗是積極的。**當你在體驗時，你的神經系統和中腦內就產生了某種東西，而新的「記憶痕跡」和「神經模式」被記錄在你大腦的灰質（大腦皮質）中。

這本書可以說是設計用來**強迫你去體驗**的，我們刻意盡量減少量身打造、預先製做的前例，取而代之的，你會被要求透過運用想像力和記憶來完成你自己的「案例」。

我並未在每一章的最後做摘要整理，相反的，我要你記下對你來說最重要、應該要記住的關鍵性重點。假如你能自己分析和做每一章的讀後摘要，你就能將本書資訊消化得更好。

最後，你會發現本書許多地方都有要求你去做的一些事情和練習的習題。這些習題做起來既簡單又輕鬆，但是如果你想從中獲得最大收穫，你必須定期練習。

二十一天後再做評判

在你開始練習本書中概略提及的各種技巧來改變你的自我形象後，假如看似沒發生什麼變化，千萬不要感到灰心喪志。相反的，請先保留你的看法，然後繼續練習，為期至少二十一天。

心理形象上任何可察覺的變化，通常需要至少二十一天的時間才能產生效果。在整形手術之後，一般病患至少需要二十一天的時間來習慣他的新臉孔；在經歷手臂或腿的截肢手術後，幻肢仍然存在約二十一天左右；人們在新家居住大約三週之後，才開始感覺它「像個家」。從以上及其他

許多常見的現象可知，等待一個舊的心理形象慢慢融化、新的逐漸成形，所需的時間大概就是二十一天。

因此，如果你能確定自己同意持保留態度至少二十一天，你將能從本書獲得更多益處。

在這二十一天期間，**請不要一直回顧過去，或是算計你進步了多少；**也請不要用理智跟提出的想法爭執，不要跟你自己爭辯說它們是否有效。**做練習就對了**，即使它們對你來說似乎不切實際。堅持扮演你的新角色，堅持用新的角度看你自己，即使你覺得這麼做讓你看起來有點兒虛偽，即使新的自我形象令你覺得有點兒不舒服或「不自然」。

只是紙上談兵或辯論，並不能證明或反駁本書的方法或概念，你只能以親自操作和親自體驗後的評價來證明它們的用處。我只要求你前面的二十一天不要做出批判性的評價和分析性的議論，這樣你才能給自己公平的機會來證明或反駁它們在你人生中的效用。

建立適當的自我形象，是一種應該終生貫徹的事情。無可否認的，我們無法用短短三個禮拜的時間就完成一生的心靈成長，但是你可以在三週內體驗到改善——而且改善有時是相當戲劇性的。

▌什麼是成功？

既然我在本書裡常常用到「成功」和「成功的人」兩個詞彙，我認為在一開始先為這兩個詞下定義是很重要的。

當我使用這些字眼時，成功其實與優越的象徵無關，而是與創造性的成就有關，正確的說，**沒有人應該企圖成為成功本身，而是每個人可以且應該企圖變成成功的人。**

試圖成為一個擁有優越象徵或有勳章加持的成功者，會導致神經過敏、挫折感及不快樂；努力成為成功的人，所帶來的不只是物質上的成功，還有滿足感、成就感與快樂。

《韋氏字典》將成功定義為「對追尋的目標有令人滿足的成就」。對你認為重要的目標產生創造性的追求，是你內心深處的需求、志向和天賦

（而不是你周遭愛慕虛榮的人希望你表現出來的樣子）的結果，這能為你帶來快樂與成功，因為你會發揮自己與生俱來的才能。凡人都有為目標而努力的天性，正因為人是「那樣打造出來的」，所以除非他能依照天生的功能發揮所長，否則他不會感到快樂。因此，**真正的成功與真正的快樂不僅是相互匹配的，而且相得益彰。**

Chapter 1

刀疤──是勳章還是夢魘？

－自我形象是創造更美好人生的黃金關鍵－

一位推銷員已準備好辭呈，

因為他「本來就不是天生的推銷員」，

但六個月之後他改頭換面，

變成前百大推銷員中的第一名……

過去十年之間，心理學、精神醫學和內科醫學領域裡，悄悄地進行了一場革命。

從臨床心理學者、精神科醫師、美容或整形外科醫師的研究及發現中，產生了與**自我**有關的新理論和新觀念。源自於這些發現的新療法，已在人格、健康甚至基本能力與天賦上造成相當戲劇性的轉變，長期失敗的人最後獲致成功，成績拿F的學生在沒有額外的指導下，短時間內就變成「清一色A」的優等生；害羞、孤僻、壓抑的性格，可以變得開朗、快樂。

詹姆士（T. F. James）在一九五九年一月號的《柯夢波丹》雜誌中，對許多心理學家和醫學博士所歸納出的結論，做了以下摘要：

了解「自我」心理學，可能代表成功與失敗、愛與恨、痛苦與快樂之間的差異。發現真正的自我，可以挽救破碎的婚姻、重建原本搖搖欲墜的事業、並將擁有失敗性格的人徹底改頭換面。另一方面，發現你的真實自我，也代表自由與被強迫服從兩者之間的差異。

▌本世紀最重要的心理學發現

本世紀最重要的心理學發現，就是自我形象。無論我們明不明白，我們每個人在心裡都對自我懷有一個藍圖或想像。這個藍圖或想像對我們有意識的認知來說，可能是模糊且難以說明的；事實上，這個藍圖或想像有可能根本無法經由意識辨知，但它的確是存在的，完完全全的存在。這個自我形象是「我是什麼樣的人」的自我概念，它是我們**從對自己的信念中建立出來的**。這些自我信念中的大部分，都在無意識的狀況下由我們過去的經驗、成功與失敗、羞辱與榮耀及他人對我們的反應所形成──尤其是早期的孩提時代。我們的心智從這一切當中建構出一個自我（或者一個對於自我的想像），一旦任何關於自我的想法或信念走進這個想像，就我們自己而言，它就變成「真的」，我們不會質疑它的真實性，我們對它的反應和作為，**就好像它是真的一樣**。

由於以下兩項發現，這個自我形象成了達到更美好人生的黃金關鍵。

(1)你所有的行動、感情、行為，甚至能力，一定與這個自我形象一致

簡單的說，你的言行舉止會表現得像你所認知的自己一樣，不僅如此，無論你盡了多大意識上或意志上的努力，仍幾乎無法背道而馳。一直認為自己屬於失敗類型的人，無論他有多好的意圖或多強大的意志力，不管做什麼總是容易失敗──即使機會從天而降；一個認為自己總是遭受不公平待遇、註定受苦的人，必定不斷地讓自己陷於他所想像的困境之中。

> 一直認為自己屬於失敗類型的人，無論有多好的意圖或多強大的意志力，不管做什麼都容易失敗。

自我形象是你所有人格、行為、甚至環境所據以建立的一種前提、基礎或根據。正因為這樣，我們的經歷似乎**印證**且**強化**了我們的自我形象，一個惡性或良性循環（視情況而定）也因此建立。舉例來說，有個小男孩認為自己是個考不及格或數學白痴類型的學生，他會發現自己的成績單一直在證實這樣的想法──他得到了「驗證」。又譬如有個小女孩認為自己是那種沒有人喜歡的人，她會真的發現自己在學校舞會上被忽略，但其實是她的表現讓她受到拒絕；她發愁的神情、卑躬屈膝的態度、過度急切地想討好別人，也或許她預期某些人或許會使自己難堪，因而無意識產生敵意──一切行為都趕跑了可能受她吸引的人。同樣的，一個推銷員或生意人也會發現，他的實際遭遇像是在「證明」他的自我形象是正確的。

由於這種客觀「證據」的關係，**一個人很少會想到：他的問題其實存在於他的自我形象或他對自己的評價當中**。如果你告訴那個小男孩，他只是「認為」自己無法學好代數，他會懷疑你精神不正常，因為他一次又一次的嘗試，成績依然毫無起色。如果你告訴那個推銷員，他的銷售量無法超越某個數字只是一種「想法」，他可以拿出訂單證明你錯了──他太清楚自己付出過多大努力，卻終歸失敗。不過，待會兒我們會看到，學生和推銷員被說服改變自我形象後的成績與銷貨收益改變，簡直近乎奇蹟！

(2)自我形象是可以改變的

已有無數的案例證明，改變自我形象並因此展開全新的生活，**永遠不嫌太早或太晚**。

　　一個人幾乎傾盡全力去改變，但到目前為止仍難以改變習慣、性格或生活方式的理由之一，總被認為是自我周遭的因素，而非內在因素。無數病人告訴過我類似的話：「如果你說的是我已經嘗試過的『正面思考』，我可以告訴你，它對我沒用。」這些把正面思考或企圖把正面思考（「我會得到這份工作」、「以後我會變得更冷靜和放鬆」、「這項生意投資結果會變得對我有利」……）應用在身處特殊的外在環境、有某些特殊習慣或性格缺陷上的人，最後他們一定會心生質疑。然而，他們從沒想過要改變對達成這些目標的「自我」的思考方式。

　　正如耶穌告戒過我們關於以新布補舊衣或以舊瓶裝新酒的愚行，正面思考對於老舊的自我形象而言，不可能成為有效的救濟物。事實上，**只要你對你的自我抱持負面看法，便不可能對任何特殊情況產生正面思考**，而且已有無數的實驗結果證實，一旦對自我的看法改變了，與新自我概念相關的其他事情無需過度費心即能輕而易舉地達成。

　　已故的普瑞史考特・賴奇（Prescott Lecky）是自我形象心理學的先驅之一，他做了這方面最早且最具信服力的實驗。賴奇把人格設想成一種「概念系統」，所有概念之間必定都有一致性，與系統不一致的概念會被排斥、不被相信、不會產生作用，與系統一致的概念才會被接受。這個概念的中心（根本原理）是一切建立的基礎，那就是一個人的自我意識、自我形象或他對自己的看法。

　　賴奇是一名老師，因而有機會在數千名學生身上驗證他的理論。他的理論是，假如有一名學生在某項學科上有學習困難，原因很可能是那名學生「認為」那個科目不適合他；賴奇相信，假如你能改變那名學生的自我觀感（這正是這個觀點的基礎），他對該科目的態度也會跟著改變，如果他能受到誘導而改變對自己的定義，他的學習能力也會有所改變。

　　事實證明確實如此：有一名學生拼錯單字的比率是五十五％，一整年的學分都被當掉了，但是他後來卻成為學校裡最厲害的拼字高手，次年所有科目的平均分數是九十一分；一名男孩因為成績不佳而從大學輟學，後來進入哥倫比亞大學，而且成為成績全A的學生；一名女孩的拉丁文被當掉四次，在接受學校輔導員的指導之後，以八十四分的成績結業；一名男孩

被考試中心告知他沒有學習英文的天分，後來榮獲下學年的文學獎提名表揚……這些學生的問題不在於他們太笨或缺乏基本的學習能力，而是**不恰當的自我形象**（「我沒有數學頭腦」、「我就是天生的拼字智障」）──他們「認同」了自己的錯誤與失敗。他們不會說「我考得不理想」（根據事實描述），而會說「我是個失敗者」。他們不是說「我考不及格」，而是說「我被當掉了」。此外，賴奇也用同樣的方法來治療有咬指甲和口吃習慣的學生。

我自己檔案中的案例也很有信服力：一名男子因為害怕陌生人而鮮少外出，現在卻以公開演講的技能謀生；曾有一位推銷員已準備好辭呈，因為他自認自己不是天生的推銷員，但六個月之後他改頭換面，變成前百大推銷員中的第一名；一位牧師考慮退休，因為每週一次的佈道大會的緊張感和壓力令他身心俱疲，如今，除了每週一次的佈道演講，他還能應付平均每週三場額外的會外講習，壓根兒不識緊張為何物。

對自我形象心理學有興趣的整形醫師

外科醫學和心理學之間似乎沒多大關係，甚至一點兒關係都沒有，但關於整形醫師的工作，第一個令我想到的就是自我形象的存在，然後便引發許多與心理學重要知識有關的問題。

多年前剛展開整形醫師生涯之初，我很驚訝病人在顏面缺陷獲得矯正後，在性格與人格上產生的改變是那麼的突然且戲劇性，在許多案例中，改變生理上的形象顯然能創造**一個全新的人**。我手中的手術刀在一個接著一個的案例中變成魔法棒，改變的不只是病人的容貌，還有他的整個人生，讓害羞退縮的人變得大膽勇敢。一個魯鈍、愚笨的男孩，變成機警、開朗的年輕人，進而成為一家傑出公司的執行長；一名迷失自我與失去信心的推銷員，後來變成自信的最佳模範。所有案例中最令人驚訝的也許是一名冥頑的慣犯，幾乎在一夜之間，就從一個從未想要改變、無可救藥的罪犯變成一名模範犯人，之後獲得假釋，並在社會上擔任稱職的角色。

我在《新面貌，新未來》當中描述了許多這樣的案例，在那本書的出

版，以及在頂尖雜誌上發表過類似文章之後，我被眾多犯罪學家、心理學家、社會學家和精神學家的質疑所包圍。他們提出的問題我無法回答，但卻促使我展開研究。說也奇怪，假如沒有失敗的案例的話，我從成功案例中學習到的也就那樣而已。

要解釋成功的案例很簡單，例如有一個長著一對大耳朵的男孩，人家說他看起來像敞開兩側車門的計程車，他這輩子受盡嘲弄——而且是很尖酸苛薄的那種，連在玩伴之間，他都感到既自卑又痛苦，難道他不該避免社交接觸嗎？他怎麼可能不變得害怕人群和退縮呢？無論用什麼方法，他都極度害怕表現自我，難怪他會變成別人眼中的智障。但是當他的耳朵獲得矯正之後，使他感到困窘與自卑的原因似乎自然移除了，所以他也重拾生活中的正常角色——他真的做到了！

或者是一名推銷員的例子，他在一次車禍中遭到毀容，每天早晨刮鬍子時，他都會看到臉頰上那道可怕的疤痕和嘴唇扭曲的怪異模樣。這是他生平頭一次感到如此痛苦，他為自己感到羞恥，覺得他的容貌一定會遭受排擠。這道疤成為他揮之不去的夢魘，使他跟別人「不一樣」，他開始懷疑別人會怎麼看他。很快地，他內心的傷殘變得更甚於外表，他開始失去對自己的信心，他變得痛苦萬分又充滿敵意，很快地，他把所有的注意力都放在自己身上——他主要的目標變成維護尊嚴和避免可能造成自卑的場面。所以我們便不難理解，顏面修復和重拾一張「正常」的臉，如何能在一夜之間改變這個人的整個態度和觀點、他對自己的感覺，以及為他帶來事業上的重大成功。

可是，那些沒改變的例外者該怎麼說呢？因為鼻子上的大肉瘤而一輩子嚴重膽怯和畏縮的女公爵，就算外科手術給她一個正常的鼻子和一張美麗的臉孔，她仍表現得像自己是醜小鴨、被討厭的女孩似的，永遠不敢直視著他人的眼睛說話。若手術刀真的是魔法棒，為何對女公爵沒效？

還有，所有其他獲得新面孔卻依然承襲原本性格的人又怎麼說？又或者，那些堅持手術沒為他們容貌帶來改變的人，要怎麼解釋他們的反應？每一位整形醫師都有過這樣的經驗，而且也許都像我一樣感到挫折。無論外表有如何戲劇性的改善，就是有病人會堅持說：「我看起來還是跟以前

一樣——你什麼也沒做。」也許朋友、甚至連家人都幾乎認不出他們，對他們新獲得的「美貌」表現得很熱切，但病患自己卻堅持幾乎看不出改善或根本否認有任何改變；比較術前和術後的照片沒什麼幫助，只可能引發敵意。藉著某種不可思議的心智神奇力量，病患會想辦法辯解：「當然，我看得出鼻子上的肉瘤不見了——但我的鼻子看起來依然一樣。」或者：「也許看不出疤痕了，但它仍然在那兒。」

疤痕可能是某人的驕傲

在探究逃避性的自我形象時，我還發現另一個線索，事實上，並非所有的疤痕或外貌缺陷都會造成羞辱與自卑。當我還是個在德國醫學院求學的年輕學生時，看到一名學生驕傲地秀出他的「軍刀疤痕」，頗有幾分美國人戴上榮譽勳章的感覺。決鬥者都是大學裡的精英分子，臉上的疤就是證明你身分夠高貴的標記，對於那些男孩來說，得到臉上的可怕刀疤，就跟我的推銷員病患想去除臉上的疤痕一樣，有相同的心理作用。在以前的紐奧良，克里奧爾人（在路易斯安那州出生的法國後裔）戴單眼眼罩也是受到類似的心理影響。

於是，我開始了解：**手術刀本身並沒有魔法，同樣的心理作用，可以使一個人想得到刀疤，也可以使另一個人想去除傷疤。**

自以為的醜陋

對於一個先天基因缺陷的殘障者或因車禍而遭受顏面重創的人來說，整形手術似乎確實可以施展魔法。從這些案例來看，我們很容易推斷，所有精神官能症、鬱悶、失敗、恐懼、焦慮，以及缺乏自信的痊癒，都可以靠綜合整形手術移除全身上下的缺陷。那麼，根據這個理論，擁有正常或可接受的長相的人，都應能格外地免於心理殘障，他們應該開心、高興、自信、無憂無慮。但我們太清楚，**這不是真的。**

這種理論也無法解釋，有人找上整形診所要求拉皮，只是單純為了治

療自以為的**醜陋**。有些三十五或四十五歲左右的女性，深信自己看起來老了，即使她們的外表十分「正常」，而其中許多人往往長得很迷人。

有些女孩相信自己很醜，只因為她們的嘴唇、鼻子或胸圍比不上時下引領風騷的電影女王，有些男人相信自己的耳朵太大或鼻子太長，沒有一個有道德的整形醫師會考慮幫他們開刀——可惜的是，有的江湖郎中或醫學美容醫師（沒有任何醫學協會承認其資格）並沒有良心不安的問題。

這類想像的醜陋其實不罕見，有一項調查顯示，**男女合校大學中的女生，有九十％不滿意自己的外表**，若正常與普通是一種標準，很顯然不可能有九十％的人都外表異常、異樣或缺陷。除此之外，有類似的調查結果指出，約有同樣比例的人羞於面對自己的體格形象。

這些人的反應就好像是真的遭到毀容似的，也像毀了容那樣地感到羞恥，並且對此心生恐懼和焦慮感。他們實際過生活的能力，被同樣的心理障礙所阻擋、堵塞，他們的疤痕是心理上與情緒性、而非生理上的，並且一直在耗損自己的信心。

▌自我形象真正的祕密

自我形象的發現，解釋了我們討論中明顯的矛盾之處，它正是失敗與成功的源頭——我們所有案例中的決定性因素。

祕密在於：要真正的「活著」，也就是說，找到合理滿意的生活，你必須具有一個能夠伴隨你的、適當的並切合實際的自我形象。你必須找出「你」能夠接受的自我，你必須擁有健全的自尊，你必須擁有一個你能夠信任與相信的自我，你必須擁有一個你不羞於扮演的自我，以及一個你樂於積極表達、而非藏匿或遮掩的自我。你必須擁有一個符合現實的自我，才能在現實世界中有效的發揮功能。你必須了解你自己，知道你的優勢與缺點——並且誠實以對。**你的自我形象必須是你的合理估計，不能比實際的你高估或低估。**

當這個自我形象完好無缺且安全無虞時，你感覺自在舒適；當它受到威脅，你感到焦慮不安。當你的自我形象恰到好處，而且令你適度的感到

驕傲時，你就會產生自信，樂於做自己並表達自己，能把自己發揮得淋漓盡致。反之，當它是你羞於面對的自我形象時，你會企圖藏匿它，而不敢表現出來，你的創造性表現被封鎖，你也變得對人懷有敵意，很難相處。

如果臉上的疤能夠增強自我形象（德國決鬥者的例子），自尊與自信也會跟著提升；如果臉上的疤會貶抑自我形象（推銷員的例子），結果就是喪失自尊與自信。即便顏面損傷已經透過整形手術矯正，但只有在傷殘的自我形象也獲得相應的矯正時，才會導致劇烈的心理變化。有時候，這種傷殘自我形象在成功的手術後會依然冥頑的存在，就像是一個人經過截肢手術後，但他的幻肢仍感到疼痛並持續許多年。

我們都想要更值得的人生

這些觀察結果促使我進入一個新的生涯。幾年前我開始相信，向整形醫師尋求諮詢的人需要的不只是手術，其中有些人甚至根本不需要手術。如果那些人是我的病人，我會治療他們的整體，而不是只有鼻子、耳朵、嘴巴、手臂或腿，我需要一個能夠給他們更多東西的身分，我需要能夠向他們示範，如何做心靈上的拉皮、如何消除情緒上的疤痕，以及如何改變他們的態度、思想與心理上的外觀。

這是最有價值的研究，今日的我比以從前更確信，**我們每個人心靈深處真正想要的是更值得的人生**。當你紮紮實實地體驗到快樂、成功、心靈的平靜或任何你所認為的極美好感受時，你就擁有一個更值得的人生；當我們體驗到快樂、自信與成功等奢侈的情緒時，我們就是在享受一個更值得的人生。要是我們壓抑自己的能力、辜負天賦才能，並且讓自己遭受焦慮、恐懼、自責與自怨，就等於是扼阻了自己的生活動力，並且背棄造物者所賜予的天賦。要是我們否定人生的天賦，就等於向死亡張開雙臂。

▍邁向更美好生活的特別計畫

我認為，在過去三十年裡，心理學對於人及其潛力的改變和卓越性已

變得太過悲觀。由於心理學家和精神學家要應付所謂異常的人，因此文獻幾乎只記載人的各種異常狀況和自我毀滅的傾向。我擔心許多人讀了太多這類東西之後，會把這些他們認為可恨的、毀滅的天性、罪惡、自責及其他的負面行為視為「正常的人類行為」。如果想要獲得健康幸福，就必須以微弱的意志來對抗這些與生俱來的負面力量，這會讓我們覺得自己實在太虛弱無力。假如這就是人類天性和人類狀況的真實景象，那麼自我改善就的確是沒啥用處的東西。

然而我相信——我許多病人的經歷也證明了這個事實——你不需要單打獨鬥。**我們每個人的內在都有一種永遠朝著健康、快樂邁進的「生存本能」**，使每個人都能享有更值得的生活，這種生存本能透過建立在每個人內在、一種我稱之為**創意機制**——或正確的說法為**成功機制**——的管道，對你發揮作用。

「潛意識理性」根本不是「理性」

心靈控馭的新科學給了我們一個有力的證據，指出所謂的「潛意識理性」指的根本不是「理性」，而是一種機制，一種由大腦和神經系統所組成的目標追尋控制機制，並由理性使用和管理。最新和用得最多的概念是，人並非有兩種理性，而是只有一種理性（又叫做意識）在操縱自動化的目標追尋機器。就其基本原理而言，這種機器運作的方式很類似自動控制裝置，但它比人類所理解的任何電腦或導引飛彈都神奇、複雜得多。

心靈控馭小檔案

今日我們很容易忽略掉一個事實，即所有的電子裝置和任何種類的電腦科技，從網路到手機科技、或帶給我們數百個電視頻道的衛星，都是由人類設計和賦予功能的，這些設計者把他們認為可能的事情描繪成一幅心靈藍圖，然後付諸實踐。**人類不僅有能力創造外在控馭系統，也有能力去學習經營我們自己的內在心靈控馭系統。**

這種創意機制是非關人格或情感的，它會自動、客觀地運作，以達到

成功與快樂的目標，但結果也有可能是失敗與痛苦的，就看你為它設下什麼樣的目標。把它和成功的目標湊在一起，它就會發揮成功機制的功能；把它和負面目標湊在一起，它就會毫不留情地發揮失敗機制的功能。

心靈控馭小檔案

　　無論有沒有明白的表示出來，我們所有人都有自己的目標。 大腦和神經系統持續導引我們走向我們以意識思考的形象，或可說，那個形象幾乎已是我們的一部分，所以我們被自動導引而走向它——酒精或藥物成癮者跟企業家、政治家、專業運動員或準媽媽一樣，也是懷有目標的。記住這一點，我們就能弄清楚「葫蘆裡賣的是什麼藥」，而且不管我們要不要那個目標，我們都會無意識地向它移動，或者朝向我們刻意選擇的目標努力邁進。

　　就像任何自動控制裝置一樣，這個內在創意機制必須有一個明確的目標、目的或「問題」來執行。**我們自身的創意機制所追尋的目標，是我們利用想像力創造出來的心靈形像或心靈藍圖。**

　　最關鍵的目標形象，就是我們的自我形象。

　　我們的自我形象會指示出任何特殊目標的成就極限——它指示了「可能的範圍」。

　　就像任何其他的自動控制裝置一樣，我們的創意機制會處理我們輸入給它的資訊和資料（我們的思想、信念和對事情的解讀等）。我們透過對事情的態度和解讀，對機制「描述」要解決的問題。如果我們把認為自己是沒價值的、卑劣的、不配的、無能的（負面形象）等資訊輸入到內在的創意機制中，這樣的資訊經過處理後，會作用得像其他任何給予我們「答案」的資料一樣的客觀經驗。

　　就像其他自動控制裝置一樣，我們的創意機制會使用儲存的資訊——也就是「記憶」——來解決目前的問題和對現況做出反應。

　　為了獲得更值得的生活，你的計畫首先應包含學習了解你內在的創意機制——或叫做自動導引系統，以及學習如何把它運作成一種成功機制，而不是失敗機制。

　　這個方法本身包括學習、練習和體驗新的思考習慣、想像習慣、記憶

習慣和做事習慣，這是為了(1)培養適當與實際的自我形象，以及為了(2)利用你的創造性機制去達成特定目標並帶來成功與快樂。

如果你能記憶、擔心和繫鞋帶，你就能成功。

待會兒你會看到，要使用的方法包含了創意心靈想像、經由想像而產生的創意經驗，以及透過「行動表現」與「行動得像是」來形成新的自動反應模式。

我時常告訴我的病人：「如果你能記憶、擔心或繫鞋帶，就一定能應用這個方法。」你被指定去做的事情很簡單，但是你必須練習和體驗。觀想（創意性心靈想像），就跟你回憶過去的場景或擔憂未來的事情一樣簡單；用行動表現出新的行為模式就跟做決定一樣簡單——一旦新的行為模式建立起來，你就能捨棄舊的繫鞋帶方式，每天早晨在不需思考與決定的情況下以新的、不同的方式繫鞋帶。

心靈控馭小檔案

「如果你能記憶、擔心或繫鞋帶」是了解運用心靈控馭能獲致美好結果有多簡單的關鍵——假如你允許自己相信，即使是看似很小的勝利（第一次學習繫鞋帶或寫自己的名字）也是你反轉人生逆境所需的一切。

為了將你的自動控制裝置導向成功而非失敗，你需要的是讓自己感覺良好的一次經驗——記住和使用那個穩當的成就，會是你改善自我形象的利器。你不需要用一個了不起的成功經驗來改善自我形象，不需要一個反映出你正嘗試創造什麼或企圖成就什麼的經驗，你所需要的只是一個像是嘗試繫鞋帶或第一次學習寫名字的經驗，在那種情況你會說：「太好了，我很高興學會這項技巧。太好了，我會記住我學會的這一天。太好了，我很開心。」這個回憶就是一次正面的經驗，無論它發生在多久之前，它就是你開始改變目前人生方向所需的一切。

要記憶的重點

（在此填入）

1.

2.

3.

4.

5.

你的案例記載

在此列出一項你過去的經驗，並依本章所提供的原理加以說明。

....

....

....

....

....

....

....

....

....

....

....

....

....

....

....

....

Chapter 2

造物主為你做了成功設定

－讓天生的創意機制助你邁向成功－

《大贏家》的作者湯姆・韓森在寫博士論文時，

對大聯盟棒球名人堂的「真男人」史坦・穆休做了一次訪談。

穆休在訪談中表示：

「當我聚精會神時，

會有一個聲音告訴我，那傢伙要投球了……

這個聲音從來沒弄錯。」

直到本書問世的前十年，對於人類大腦和神經系統如何「有目的」地運作或達成目標，科學家仍然一無所知。這聽來似乎有點奇怪，但卻是千真萬確的事實。他們從長期和嚴謹的觀察中得知事情的發生，但沒有任何一個理論所發展出的基本原理能把這些現象結合在一起，整合成一個合理的概念。格瑞德（R. W. Gerard）在一九四六年六月號的《科學月刊》中寫了一篇關於大腦和想像的文章，道出一件令人遺憾的事實——就如大眾所知，若頭蓋骨之下塞的是填充棉花，那我們對大腦大部分的理解仍是有效且有用的（可惜事實是，我們的頭蓋骨下塞的不是棉花）。

因此，當人類著手要建立一個「電子腦」和建構自己的目標追尋機制時，就很難發覺或利用某種基本原理。等到發現了一些原理，科學家又開始自問：這也可能是人類大腦運作的方法嗎？有沒有可能在創造人方面，造物者賦予我們一個比人類所夢想的任何電腦或導引系統都更神奇精妙的自動控制裝置，**但遵循同樣的基本原理而運作？**依據著名的心靈控馭科學家如諾伯特・維納博士（Norbert Wiener）、約翰・馮諾曼博士（John von Neumann）等人的見解，答案毫無疑問是肯定的。

▌讓你「活著」的內建導引系統

每一個生物都有一個由造物者賦予、用來幫助他達成目標的內建導引系統或目標追尋裝置——這個目標，廣義的說就是「活著」。在較簡單形式的生命中，活著這個目標單純代表個體和種族在生理上的生存，在動物身上內建的機制，只限於尋找食物和避護所、避免或克服敵人與危險，以及為了確保種族的生存而繁衍。

對於人類而言，活著的目標所代表的不只是生存，但對於動物而言，活著僅代表某些生理上的需求必須被滿足。人類擁有動物所沒有的某些情緒與精神需求，因此，人類活著的意義遠超越生理的生存和種族繁衍的範圍。人類的活著，需要某些情緒上和精神上的滿足，因此內建的成功機制在規模上比動物的廣泛得多，除了幫助人類避免和克服危險、建立維持種族生存的性本能，人類內在的成功機制還有助於取得問題的答案、發明、

寫詩、經商、售貨、探索科學新領域、使心靈更寧靜、培養更好的性格，或是在任何與個人生活息息相關或使人生更完滿的活動上達到成功。

每個人都有成功的天性

松鼠不用教導就會收集堅果，牠也不需學習就懂得要儲存食物過冬：春天出生的松鼠從未經歷過冬天，但同年秋天你就能觀察到牠忙於儲存冬天要食用的堅果，因為冬天沒有糧食可收集。鳥不用教導就能築巢，也不需學習就知道方向，鳥類的確能在數千里的航程中辨別方向，有時需飛越廣闊的海域，牠們不從報紙或電視取得天氣預報，也沒有書籍為探索鳥和領航鳥繪出地球溫暖的區域，然而，鳥類知道冷天氣迫近的時間，也知道溫暖氣候區的切確地點——即使該地遠在千里之外。

若要試著解釋這些事情，我們通常會說，動物有某種天性在導引著牠們。分析所有這類天性，你會發現，它們幫助動物成功地應付生活環境，簡言之，動物有成功的天性。

我們往往忽略「人類也有成功天性」的事實，而且這種天性遠比任何動物的天性都要神奇與複雜。造物者並未虧待人類，相反的，人類在這方面是特別蒙受恩典的，動物無法選擇牠們的目標，牠們的目標可以說是已經預設好的（自我保護與繁殖），而且牠們的成功機制僅限於內建的目標形象，也就是我們所稱的「天性」。然而，人類擁有動物所沒有的——創造性的想像力。因此，人類不只是所有生物中的其中一種生物，他也是一個創造者。運用想像力，他可以制定各種目標；運用想像力（或想像的能力），人類可以靠自己導引自己的成功機制。

我們常以為想像力只適用於詩人、發明家等人身上，但是，**我們對於自己所做的任何事情都能夠發揮創造性的想像力**。雖然不了解想像力為什麼或如何使我們的創意機制轉變成行動，但所有時代的認真思想家及腳踏實地的實踐家，都知曉這個事實並且懂得善加利用。

法國軍事暨政治家拿破崙・波那巴曾說：「想像力統治世界。」《敲開世界祕密的男人》的作者格林・克拉克（Glenn Clark）也說：「想像是

人類所有機能中最接近神的。」著名的蘇格蘭哲學家道格‧史都華（Digits Steward）表示：「想像的機能是人類活動的一大泉源，以及人類進步的主要來源……摧毀這項機能，人類的生活將會變得和野獸的一樣，停滯不前。」被奉為美國造船之父的企業家亨利‧凱薩（Henry Kaiser）把他在事業上的成功大多歸功於建設性地正面使用創造性的想像力，他是這麼說的：「你可以想像你的未來。」

心靈控馭──大腦運作的全新概念

你不是一個機器，但在心靈控馭科學中的發現通通指出，你所使用的自動控制系統是由你的生理大腦和神經系統所建立的，該系統的運作與電腦和機械性的目標搜尋裝置非常相似。你的大腦和神經系統建構了一個目標追尋機制，這個目標追尋機制會自動運作以達成某項特定目標，作用很像自動導向魚雷和飛彈，會找出目標然後往目標的方向前進。

你的內建自動控制裝置擁有雙重功能：一方面是自動導引你往正確方向前進以達成某種目標，或對你的環境做出正確回應的「導引系統」；另一方面是自動運作以解決問題、給予你所需要的答案和提供新想法與「靈感」的電子腦。約翰‧馮諾曼博士在其書《電腦與大腦》中指出，人腦同時擁有類比電腦與數位電腦的特性。

控馭（cybernetic）一詞源自於希臘字，其字面意思是「舵手」。自動控制裝置的設計精密無比，因此能自動「導引」出達到目標、目的或答案的方向。

若把大腦和神經系統設想成一種根據心靈控馭原理而運作的自動控制裝置，我們就能對人類行為的原因產生新的理解。我決定把這個新的概念稱為「心靈控馭」：一種應用於人類大腦的控制原理。

> 心靈控馭並非把人當做一種機器，而是指人有一種可以使用的機器。

我必須重申：心靈控馭並不是把人當做一種機器，而是指人有一種可以使用的機器。現在，讓我們來檢視一下機械性的自動控制裝置與人類大腦之間的相似性。

兩種普遍類型的自動控制裝置

自動控制裝置分為兩種普遍的類型：一種是已知標的物、目標和答案，而且預定會達到或達成目標；另一種是未知目標和答案，而需要去發掘和找出目標或答案。人類大腦和神經系統，同時擁有這兩種運作方式。

⊕大腦如何執行有目的的活動？

第一種類型的例子是自動導向魚雷或攔截飛彈，標的物或目標（敵船或敵機）是已知的，裝置預定要抵達目標。

這樣的機器必須「知道」它們所要攻擊的目標，因此它們必須擁有某種將它們推往正確方向的推進系統，也必須配備能提供目標資訊的感應器（雷達、聲納、熱感應裝置），這些感應器提供資訊告訴機器它在正確的航道上（正面回饋），或是執行錯誤、偏離航道（負面回饋）。機器不對負面回饋做出反應或回應，它一直只做正確的事，而且只維持做著目前所做的事；然而，必須要有一種能夠回應負面回饋的矯正裝置存在。當負面回饋通知機器說它「偏離」了、太右邊，矯正裝置就自動轉動舵，使機器向左回到航道上；假如它矯枉過正而太偏向左邊，這個錯誤會經由負面回饋傳遞出來，於是矯正裝置再度轉動舵，使機器往右回到航道上。魚雷就是**經由前進、犯錯、持續矯正錯誤等動作而完成任務**，經過一連串的Z字形曲折探索，才得以朝正確的目標前進。

諾伯特・維納博士是第二次世界大戰中發展目標追尋裝置的先驅，他相信每當你執行任何有目的的活動時，人類神經系統中就會發生非常類似上述的事情——即使只是像從桌上拿起筆那樣簡單的小事。

我們能夠達成拿起筆的目的，是由於一種自動化機制，而不是單憑意志和前腦的思考。前腦的任務是選擇目標，透過欲望把目標付諸實踐，並把資訊傳遞給自動化機制，你的手才能持續修正它的進程。

維納博士指出，一開始只有解剖學家才知道拿起筆必需要用到哪些肌肉，但即使你知道，你也不會刻意對自己說：「我必須跟肩膀肌肉約定好去舉起我的手臂，現在我必須跟三頭肌約定好去伸展我的手臂……等

等。」你只是走上前拿起筆，並未意識到自己向每條肌肉各別發出命令，也未意識到命令需要做到什麼樣的程度。

當你選擇好目標並付諸實踐時，自動化機制就來接手工作。首先，你曾拿起過筆或做過類似的動作，因此你的自動化機制學過正確回應所需的事情，接著，你的自動化機制透過你的雙眼，將回饋資料提供給大腦，告訴它「那支筆尚未被拿起的程度」。這個回饋資料使得自動化機制能夠持續修正手的動作，直到它正確地往筆的方向移動。

以一個剛學習使用肌肉的嬰兒而言，他的手在拿到手搖鈴之前的修正動作非常明顯，嬰兒幾乎沒有儲存資訊可供讀取，他伸出的手很明顯在來來回回的探索。當學習發生的時候，修正會愈來愈精準，這是所有學習事件的特色，我們可以從一個駕駛新手的身上看到這點，車子往往因為初學者的「過度修正」而在街上搖搖晃晃的行駛。

一旦修正或「成功的回應」完成之後，就會被記憶下來，以供將來使用。然後，自動化機制會在未來的嘗試中複製這個成功的回應。它已經「學習到」如何成功地回應，它**忘掉以前的失敗經驗，在不需要進一步思考的情況下重複成功的行為**，也就是──變成了一種習慣。

⊕大腦如何找出解決問題的答案？

現在，我們假設你在一間很黑暗的房間裡，看不到筆，你知道或期望桌上有一隻筆和其他許多物品。你的手會開始直覺地到處**摸索**，來來回回地移動（或**搜索**），排除一件件的物品，直到找到筆並且**確認**，這是第二種自動控制裝置的例子。另一個例子是想起一個暫時忘掉的名字，你大腦中的掃描器回溯搜尋你儲存的記憶，直到辨識出正確的名字為止，這跟電腦解決問題的方式很相似。首先，必須把一大堆的資訊輸入到機器裡，這個儲存（或記錄）起來的資訊就是機器的記憶，機器得到一個問題後，它從記憶中掃描搜尋，直到找到與問題所有情況一致且符合的唯一答案。問題與答案兩者，共同構成了一個「完整的」情況或結構，當機器遇到部分的情況或結構（問題），它會找出最適合的**遺失片段**──也可以說成正確大小和形狀的缺片──來完成結構。

就功能方面而言，自動控制裝置向人類大腦學習得愈多，它就愈近似於人腦。舉例來說，蒙特婁神經醫學中心主任魏德‧班菲爾博士（Wilder Penfield）在美國國家科學院的會議中報告，他在大腦的一個小區域裡發現一種記錄機制，似乎能忠實記錄一個人曾經體驗、觀察和學習過的每一件事。在一項病人完全保持清醒的大腦手術中，班菲爾博士剛好用手術器具碰觸到皮質層的小區域，病患立刻表示她「重新經歷」已遺忘的兒時情景；在進一步的相關實驗中，也得到相同的結果。當皮質層的某個部位被碰觸到，病患不僅憶起以前的經驗，而且還**重新經歷**了那個經驗，所有看到的、聽到的，就跟原始的經歷一模一樣，非常真實，就好像是過去的經歷被記入在磁帶裡，然後倒帶播放。僅如人腦般大小的裝置，怎麼能儲存如此龐大的資訊，這到現在仍然是個謎。

英國神經物理學家格瑞‧華特（Grey Walter）曾經說過，仿造一個人類大腦，需要至少一百億個電子細胞，這些細胞所佔用的空間大約是一百五十萬立方呎（約四萬兩千五百萬立方公尺），神經（也就是電線）也會再用掉幾百萬立方呎的空間，運作所需的電量估計是一百萬瓦特。

行動上的自動機制

我們讚嘆自動攔截飛彈的神奇，它可以在瞬間計算出另一個飛彈的攔截點，然後在正確的時刻精準地「出現在」該處將其截擊。然而，每次我們看到中外野手接到騰空的飛球時，不也目睹了同樣神奇的事件嗎？為了計算球的落點，或預計攔截點，他必須計算球的速度、球的落下曲線、球的方向、風速和風向、初始速度，以及漸減速率。他必須計算得相當快，才能在擊球聲響起的瞬間發動攻勢。接著，為了和球同時到達攔截點，他要計算自己必須往什麼方向、跑多快。那個中外野手甚至不需要思考，他的內建目標追尋機制，會從他眼睛和耳朵提供的資料計算出來。他大腦中的電腦會讀取這些資訊，然後與儲存資訊（接住飛行球的成功與失敗記憶）相比較。所有需要的計算都在瞬間完成，然後命令下達到他的腿部肌肉上──於是他**只管跑**。

▎科學可以建造電腦，但無法建造操作者

維納博士說過，在可預見的將來，科學家隨時有可能建造出能與人類大腦匹敵的電子腦（電腦）。「我認為我們熟知精密裝置的大眾，顯然並不清楚電子裝置與人類大腦相比較之下的特殊優點與缺點。」他表示，「人腦中切換裝置的數量，遠遠超過任何已發展出的計算機，或甚至是即將發展出的設計。」

這樣的機器即便被建造出來，仍然缺乏適當的操作者。電腦沒有前腦，它也不具有「我」的身分，它不能向自己提出問題，它沒有想像力，也無法為自己設定目標。電腦無法決定哪個目標是有價值的，哪個目標沒有，它沒有感情，它無法感覺，它只能處理操作者輸入給它的新資料，它利用回饋資料來保障它自己「感應器官」的功能，也保障之前儲存資訊的有效性。

▎儲存想法、知識和力量的無限大倉庫

所有時代裡的許多偉大思想家都相信，人的「儲存資訊」並不限於自己的以往經驗和知悉真相的記憶。

美國思想家艾默森（Emerson）把我們的個體心智比喻成浩瀚如汪洋的宇宙心智中的小港灣，他說：「所有的人類個體都有一種共同的心智。」美國發明家愛迪生相信，他的有些想法並不源自於自己，每當有人恭維他的創意時，他會拋出一句「創意無所不在」謝絕這樣的榮譽，並表示若他沒發現，自然會有其他人發現。

心靈控馭小檔案

《大贏家》的作者湯姆・韓森（Tom Hanson）在寫博士論文時，對大聯盟棒球名人堂的「真男人」史坦・穆休（Stan Musial）做了一次訪談。穆休在訪談中表示：「當我聚精會神時，會有一個聲音告訴我，那傢伙要投球了……這個聲音從來沒弄錯。」當韓森說這種能力叫做第六感時，穆休立即同意那是正確的說法。

杜克大學心靈學實驗室主任萊恩博士（J. B. Rhine）以實驗證明，人除了個人記憶或來自於學習和經驗的儲存資訊之外，還有其他取得知識、事實和想法的方法。做過心靈感應、超感視覺和預知能力等實驗的萊恩博士發現，人類具有一種他稱之為超能力（Psi）的「超感應要素」；認真審視過他的研究的科學家，都不再質疑這個論點。如同《直線與迂迴思考》一書作者劍橋大學教授杜勒斯（R. M. Thouless）所主張的：「現象的真實性，必須像科學研究中可以被證實的任何事一樣地去確實證明。」

「我們發現，」萊恩博士說，「在取得知識上，有一種超感應功能的能力存在。這種超感應能力能夠給予我們確實客觀的知識，可能也有主觀的知識；它能給予我們物質性的知識，很可能也有心靈性的知識。」

據說舒伯特曾告訴他的朋友說，他在創作的過程中會「想起」一段他或任何人都不曾思索過的旋律。

許多有創意的藝術家和對創造過程做過研究的心理學家，都對創意靈感、頓悟、直覺等現象與一般人類記憶之間的相似性，感到不可思議。

尋找新的靈感或某個問題的答案，事實上非常類似於在記憶中搜尋一個已經被你遺忘的名字。你知道那個名字「就在那裡」，否則你不會去尋找，你大腦中的掃描器在所有的儲存記憶中搜尋，直到**辨識出**或**發現**你要找的名字。

▌現在有答案了

同樣的道理，當我們開始尋找一個新的想法或問題的答案時，我們必須假設答案已經存在（於某處），然後開始搜尋。諾伯特‧維納博士在他的著作《人類的人性用途》中寫道：「科學家一旦開始向一個他知道有答案存在的問題進攻，他整個態度都變了，他等於已經得到了大約五十％的答案。」

當你準備做創意工作時，無論是銷售、企業管理、寫詩、改善人類關係或什麼領域都好，你會先在心裡有一個目標、一個要達成的結果、一個標的答案——儘管或許有些模糊，但在達成時就會知道。如果你是想做生

意，首先你得有強烈的欲望，然後開始從每個角度認真地思考問題——於是你的創意機制開始運作。接著，先前提過的掃描器開始從儲存的資訊中徹底搜尋或摸索答案，它從這裡挑出一個想法，從那裡翻出一個事件，還有一連串的以往經驗，然後把它們連繫起來——或串在一起，成為一個有意義的整體，能夠「填滿」你情境中未完成的部分、寫完你的算式，或是「解決」你的問題。當這個解答呈現給你的意識時——通常都發生在你在想別的事情、毫無防備的時候，或者也許是在夢中當

> 當我們開始尋找一個新的想法或問題的答案，我們必須假設答案已經存在（於某處），然後開始搜尋。

你的意識沉睡時——某種東西「喀嚓」一現，然後你立刻「認出」這就是你一直在尋找的答案。

在這個過程中，你的創意機制也有辦法取得宇宙心智的儲存資訊嗎？依據創意工作者們無數的經驗，答案似乎是肯定的。我們舉路易斯·阿格西（Louis Agassiz）的例子來說明，這則經驗由他的夫人敘述：

他耗費許多精力想解讀保留在一塊石板上的模糊魚化石印記，精疲力盡之下，他撇開工作試著把牠拋諸腦後。過了不久，有一晚他醒來，相信他在睡夢中看到那條魚遺失的碎片都被完整的保存起來。

他心裡想著，如果重新去看一次那個魚化石印記，或許會看到什麼能將他帶回夢中景象的東西，於是他一大早就跑去巴黎植物園，但他一無所獲，模糊的痕跡仍然沒給他任何資訊。隔天晚上他又看到了那條魚，但當他醒來後，牠就跟之前一樣，從他的記憶中消失。第三天晚上，他希望能再看到那條魚，所以他在睡前把筆和紙放到床邊。

接近清晨時，那條魚又出現在他夢中。剛開始還看不清楚，但後來終於接近到一個能夠看清牠動物學上特徵的距離。在一片漆黑中，半夢半醒的他用擺在床邊的紙描下了那些特徵。

到了早上，他很驚訝的看著他前一晚畫下的特徵，那絕對不是那塊化石上有顯露出來的。他急忙前往巴黎植物園，以他畫下的東西當參考，成功地用鑿子鑿開蓋住部分化石的石頭表面。當整條魚都顯露出來時，他發現化石跟他的夢境和他畫的東西一模一樣，並得以順利將化石歸類。

練習──為自己繪製一張新的心靈藍圖

鬱悶、失敗類型的人格，不可能單憑意志力或武斷的決定，就培養出新的自我形象。一定會有某些背景、某種正當理由和原因令你決定舊形象是錯誤的、新形象是適當的，你不可能光憑想像就擁有一個新的自我形象，除非你覺得它有事實根據。經驗證明，當一個人確實改變了他的自我形象，他會覺得他「看到」或體會到他真正的自我。

請常常閱讀本章，用心思考它的寓意，章節裡的真理就能將你從一個老舊而不適合的自我形象中釋放出來。

科學現在已經確定了哲學家、神祕主義者和其他憑直覺的人長久以來所聲明的：造物者幾乎為每一個人都「做了成功的設定」──每個人都有辦法取得比自己更大的力量。

它說的就是**你**。

如同艾默森所說：「沒有所謂的大，也沒有所謂的小。」

如果造物者設定你能成功與快樂，那麼你不值得快樂、「註定的」失敗者舊形象一定是個錯誤。

在前二十一天裡，**每週閱讀本章至少三次**，思考然後消化。找出你的經驗中、以及你朋友的經驗中，能夠闡明行為上創意機制的例子。

記住以下你的成功機制運作的基本原則。你不一定要成為電機工程師或物理學家，才能操作你的自動控制裝置，就跟你不需要成為工程師才能開車或成為電機工程師才能打開你房間的電燈一樣，但你確實需要熟悉以下的概念，因為當你記住之後，它們會讓你對後續的事情產生新的看法。

(1)你內建的成功機制必須要有一個目標或標的。這個目標或標的必須被理解為「目前已經存在」──實際或潛在形式皆可。它藉著以下任一種方式運作：(a)導引你朝向一個已經存在的目標前進，或(b)「發現」某個已經存在的事情。

(2)自動調節機制是目的論的，也就是說，它會朝著**最終結果**的目標運作或被導向**最終結果**的目標。別因為「憑藉的工具」不明顯而氣餒，當你將目標提交給大腦時，自動調節機制的功能會支援你要憑藉的工具。想著最終結果，一點兒也不必去擔心你所要憑藉的工具。

心靈控馭小檔案

　　你的成功機制運作時所使用的工具，往往會自我照料，當你把目標提交給你的大腦時，它們更是毫不費力的這麼做。你會知道準確的行動步驟，而且一點也不用有壓力、緊張或擔心自己要怎麼達成你所追尋的結果。**許多人都會犯下這樣的錯誤：在明確地樹立起一個目標之前就先去想要怎麼做，因而妨礙了成功機制的運作。**在你形成你心目中想要創造的心理形象之後，你自然會知道要怎麼做——而不是事前知道。保持冷靜與放鬆，答案自會來臨，任何硬逼出來的想法都不會有效，正如布萊安・崔西所說：「在所有的心智活動中，能打敗努力的只有它自己。」

(3)別害怕犯錯或一時的失敗，所有的自動控制機制都利用負面回饋或「前進－犯錯－立即修正路線」來達成目標。

(4)任何種類的技巧學習都伴隨著嘗試與錯誤，發現錯誤後在心智上修正目標，直到完成一個「成功」的動作、移動或表現。之後，通過**忘掉從前的錯誤，只記住成功的回應**，你得以進一步學習和持續成功，從而一再仿效成功的路線。

(5)你得學會信任你的創意機制，放手讓它自己做事，不要因為太擔心、太焦慮它做得好不好而干涉它，或是企圖以過分刻意的努力來影響它。你必須「讓它」自己做，而非「教它」怎麼做。這種信任是必需的，因為你的創意機制在意識之下的層級運作，而且你無法「知道」表面之下的事情。再者，它的本質是根據**目前需要**而**自發性地**運作。當你行動時或以行動向它提出需求時，它就開始運作。你一定不能等到確定目標存在才行動，你必須做得像是目標就在某個地方一樣，然後目標自然會來到你跟前。正如艾默森所說：「做你該做的事，你自然會得到做那件事的力量。」

要記憶的重點

（在此填入）

1.

2.

3.

4.

5.

你的案例記載

在此列出一項你過去的經驗，並依本章所提供的原理加以說明。

_____

_____

_____

_____

_____

_____

_____

_____

_____

_____

_____

_____

_____

_____

_____

_____

Chapter 3

別讓想像的醜陋逼死你
－創造性的想像練習是成功的第一關鍵－

一群底特律推銷員嘗試用新方法將銷售量提升到百分之百，
另一群紐約的推銷員則把銷售量提升到一百五十％，
還有幾個推銷員使用相同的手法，
將他們的銷售量提升到四百％！
是什麼樣的魔法讓那些推銷員達到如此了不起的成就？
答案就是所謂的角色扮演！

想像力在我們生活之中所扮演的角色，其重要性遠遠超乎於我們大部分人的理解。

在我的工作中，我已經看過太多這樣的例子。其中有一個病人的案例特別令我印象深刻，他可以說是被家人硬逼著來看診的。他是一名四十歲左右的男士，未婚，白天有一份工作，下班後就把自己關在房間裡，從不去別的地方，也不做別的事情。他做過許多相似的工作，但似乎都無法做得夠久。

他的問題是，他有一個很大的鼻子和一對比一般人突出一點的耳朵，他認為自己「很醜」，而且看起來「很滑稽」，他想像白天跟他接觸過的人都在嘲笑他，並且在背後談論他的「怪異」。他的想像強烈到讓他害怕踏入外面的花花世界和與別人相處，連在自己家裡，他也沒什麼安全感，這個可憐的男人甚至想像，他的家人也都以他為恥，而這全是因為他的「長相特殊」，不像「其他人」一樣。

事實上，他的顏面缺陷並不嚴重。他的鼻子是典型羅馬人的類型，至於他的耳朵，雖然的確有點兒大，但並不比其他有類似耳朵的人更引人注目。在找不出其他辦法的狀況之下，他的家人帶他來我這裡，看看我是否能幫助他。

他的樣子看起來並不需要手術……我認為他的問題只在於，**他的想像力對他的自我形象造成極大傷害，以至於他無法看清真相**。他真的不醜，人們不會因為他的外表覺得他很怪異和嘲笑他，造成他痛苦的就只有他自己的想像而已，他的想像力為自己建立起一個自動且負面的失敗機制，而且它全力運作，讓他陷入極為痛苦的境地。

幸好在幾次到我這裡看診，以及在他的家人的協助之下，他已漸漸能夠了解，是他自己的想像力造成他的困境，而他也成功的建立起一個真實

心靈控馭小檔案

這裡主要是要告訴我們要如何擁有目標和如何運用我們的想像力——無論我們認為自己是或不是那樣的人。我們可以用建設性的方式或毀滅性的方式來運用我們的想像力，關鍵在於要清楚自己所使用的是哪一種方式——然後每天都做一點改進。

的自我形象，並且運用**創造性想像（而非破壞性想像）**來達成他所需要的自信。

創造性的想像力並非是詩人、哲學家或發明家專有的能力，它伸入到我們每一個行動中，因為想像力設定了我們自動調節機制在工作時所依據的目標「藍圖」。我們行動或無法行動，**都不是因為一般人所認定的「受到意志的主宰」，而是因為受到想像力的影響。**

> 一個人的行為、感覺與表現，總是與他想像當中真實的自己和環境一致——這是基本的心智定律，我們的人格就是這樣產生的。

當我們看到這個心智定律逼真且戲劇性地驗證在被催眠的對象身上，我們不免認為是某種神祕或超自然現象的作用。事實上，我們所目賭的是人類大腦和神經系統的正常運作過程。

舉例來說，假如一個受催眠的對象被告知他在北極，那麼，他不僅會冷到打顫，他的身體還會做出冷到起雞皮疙瘩的反應。同樣的現象也驗證在幾名完全清醒的大學生身上，他們被要求去想像其中一隻手浸泡在冰水中，結果溫度計顯示泡在水中的那隻手溫度確實下降了。告訴一個被催眠者說你的手指是一根滾燙的火鉗，那麼他不僅會在你碰觸他時顯出痛苦的表情，而且他的心血管和淋巴系統也會反應得好像你的手指就是一根滾燙的火鉗而產生發炎作用，也許皮膚還會燙到起泡。當完全清醒的大學生被告知去想像他們額頭上有一個很熱的斑點，從測量到的溫度可看出，皮膚的溫度確實有上升。

你的神經系統無法分辨**想像經驗**與**真實經驗**之間的差異，在任何一種情況中，神經系統都會對你自前腦提供給它的資訊而自動做出反應——**你的神經系統會對你所認為或想像為真實的事情，做出適當的反應。**

▎催眠力背後的祕密

西奧多・塞諾芬・巴伯博士（Theodore Xenophon Barber）在與華盛頓特區美國大學心理系合作及與哈佛大學社會關係實驗室合作後，分別對催眠現象做了深入的研究。他在《科學文摘》中提到：

我們發現，被催眠者只在確信催眠師的話是真實陳述的情況下才能做出令人嘖嘖稱奇的事⋯⋯當催眠師引導被催眠者相信催眠師的話是真實的之後，被催眠者的行為就不一樣了，因為他的想法和信念都改變了。

催眠現象似乎一直很神奇，因為人們總是很難理解，一個人怎麼可能光憑信念就做出這麼不尋常的行為，似乎一定有其他原因、有什麼深不可測的動力或力量在作祟。

然而真相就是，當催眠對象相信自己已經死了，他的行為就會像他真的死掉一樣；當他相信他對疼痛沒有感覺，他就能在不用麻醉藥的狀況下接受手術。神祕的動力或力量並不存在。

——〈你能被催眠嗎？〉，《科學文摘》，一九五八年六月

稍微思考一下就能了解，為什麼當我們的感受和行為與我們相信或想像為真的事情一致時，對我們而言是件好事。

▌每個人都根據印象而行動和感覺

人類大腦和神經系統被設計成會對環境中的問題與挑戰自動與適當地反應，舉例來說，當一個人在荒野小徑上遇到大灰熊時，他不需要停下來思考自救之道是逃跑；他不需要決定要變得害怕，恐懼就會自然且適時的反應出來。

首先，恐懼感令他想逃跑，然後恐懼感又觸發提升肌肉能力的身體機制，所以他才能跑得比平常更快。他的心跳加速，腎上腺素（一種強力的肌肉刺激物）大量流入血液裡，所有逃跑時不需要用到的身體功能都會被關閉。胃停止運作，所有可用的血液都被送往肌肉，呼吸變得急促許多，供給肌肉的氧也大量增加。

當然，這一切都不是新聞，我們大部分人在中學時就學過，但是，我們尚無法很快領悟到的是，**自動對環境做出反應的大腦與神經系統，與告訴我們環境狀況的大腦與神經系統是相同的**。那個遇到灰熊的男人的反應，一般被認為是基於**情緒**，而不是想法，不過它確實是**一個想法**——從

外界接收資訊，再由前腦做評估——於是誘發了所謂的情緒反應。因此，**基本的想法或信念才是真正的誘因媒介，而不是情緒**——它只是一種結果，簡言之，荒野小徑上的男人是對他所認為、相信或想像為真的環境做出反應。從環境中捎來的訊息，包括各種感知器官造成的神經刺激，這些神經刺激經過大腦的解碼、解讀和評估，以想法或心靈想像的形式讓我們知道。在最終的分析裡，是這些心靈想像使我們做出反應。

　　你並不是根據事情真實的樣子而去行動和感覺，你所根據的是你內心所秉持的印象。你對你自己、你的世界和你周遭的人有特定的心理印象，你的行為也跟著表現得就像這些印象都是真的、實際的，而不是隨著事物所代表的形象來表現。

　　我們假設那個在荒野小徑上的男人沒有遇到真的熊，而是一個穿著熊戲服的演員，但如果他**認為**和**想像**那個演員是隻熊，那麼他的情緒和神經反應就會跟真的遇到熊一模一樣。或者我們假設他遇到的是一隻毛茸茸的狗，但他的恐懼使他誤認為是熊，同樣的，他自動反應所表現出來的，就是他信以為真的自我和環境。

　　由此可知，如果我們對於自己的想法和心裡印象是扭曲或不切實際的，那麼我們對環境的反應也會是不適當的。

> 如果我們對於自己的想法和心裡印象是扭曲或不切實際的，那麼我們對環境的反應也會是不適當的。

心靈藍圖讓你更上一層樓

　　我們的行動、感覺和行為，是我們自己的形象和信念造成的結果。了解這一點之後，我們就有了心理學上用來改變人格的手段，它開啟了一扇獲得技巧、成功和快樂的新心理之門。

　　心靈藍圖提供我們一個練習新性格和態度的機會，否則我們別無他法。這是有可能的，因為，**你的神經系統無法分辨實際經驗與逼真想像經驗之間的差異。**

　　如果我們想像自己以某種方式表演，那就幾乎會跟實際表演一模一樣——心理練習能使我們的表現更完美。

在一項控制性實驗當中，心理學者范德爾（R. A. Vandell）證實，在擲飛鏢上的心理練習——一個人每天坐在鏢靶前面一段時間，想像對著它擲飛鏢——就像真正練習擲飛鏢一樣能改善準確度。

《研究季刊》報導一項心理練習實驗在改善籃球罰球得分方面所產生的影響。第一組的學生每天練習投籃，持續二十天，然後記錄第一天和最後一天的成績。

第二組記錄第一天和最後一天的成績，但中間不做任何練習。

第三組記錄第一天的成績，然後每天花二十分鐘的時間想像他們把球投入籃框裡。當他們失誤了，他們會想像修正瞄準方式。

結果每天花二十分鐘練習的第一組，投球命中率進步二十四％，沒做任何練習的第二組，沒任何進步，運用想像力練習的第三組，成績進步了二十三％！

心靈控馭小檔案

一位棒球協會的教練蘭迪·蘇利文（Randy Sullivan）要我幫他的高中和大學棒球員規劃一個「心理遊戲」，他們許多人都懷有投球速每小時九十哩（約一百四十四公里）的目標。蘭迪說：「當一個球員的球速距離夢想目標只差每小時幾哩時，要跨越這個障礙，心理方面的問題比生理方面更為重要。」

我目賭許多運動員竭盡所能的想投出每小時九十哩的速度，但終歸失敗。不過，在我教這些球員一些心靈想像和放鬆的練習之後，他們就能放鬆身體，然後首次投出時速九十哩的球，之後，他們投球速率的自我形象往往調整到迅速級，每小時九十哩的球速再也不是難事。

在運用心靈控馭技巧十八個月之後，蘭迪所培訓的球員時速突破九十哩的，從原本的十八名暴增為九十八名。

用想像練習贏得西洋棋冠軍

《讀者文摘》從《國際扶輪社雜誌》轉載了一篇喬瑟夫·菲利普（Joseph Phillips）的文章，篇名是「西洋棋：一般人眼裡的遊戲」。菲利普在文章中描述，在所有比賽中表現超群絕倫的西洋棋冠軍卡帕布蘭卡

（Capablanca），專家都相信他絕不會在對賽中被打敗，然而他卻把冠軍寶座拱手讓給了一個名不見經傳的棋手——亞列亨（Alekhine），在這之前，沒有人看得出來他會對卡帕布蘭卡形成任何嚴重的威脅。

這樣的顛覆震驚了整個西洋棋界，那個事件在今天就好比「金手套」拳擊賽的決賽選手擊敗了重量級的世界冠軍。

菲利普告訴我們，亞列亨為比賽訓練自己的方式，跟拳擊手為比賽調整自己的方式很像。他到鄉間隱居、戒菸、戒酒和做健身操，「長達三個月的時間，他只在心裡下棋，為了與冠軍棋手遭遇的那一刻養精蓄銳。」

角色扮演讓業績翻四倍

《結束營業大拍賣的祕密》的作者查理斯・羅斯（Charles B. Roth）在他其中一本書中提到，一群底特律推銷員如何嘗試用新方法將銷售量提升到百分之百，另一群紐約的推銷員則把銷售量提升到一百五十％，還有幾個推銷員使用相同的手法，更將他們的銷售量提升到四百％。

是什麼樣的魔法讓那些推銷員達到如此了不起的成就？

答案就是所謂的角色扮演，你應該要知道這個道理，因為如果你能接受它，它也許能幫助你把銷售量提升到兩倍。

什麼是角色扮演？

這個嘛……就是想像你自己遇到各種銷售狀況，然後在腦海裡解決那些問題，直到你知道當狀況發生在真實生活中時該怎麼說、該怎麼做。而在足球領域中，這叫做**策略研究**。它的效果這麼可觀的原因是，銷售只不過是種狀況問題。

每當你和顧客講話時，就產生了一個狀況，他可能說了什麼、問個問題或提出異議。如果你都能知道如何接招、回答問題或處理異議，你就能順利成交。

一個懂得運用角色扮演的推銷員，當晚上獨自一人時，就會創造這些狀況，他會想像前方有各式各樣、重重的問題等著他，如果他能想出最佳答案……

無論遇到什麼樣的狀況，你都能運用想像力而事先有所準備：想像當顧客提出異議、問問題時你可能要面對的狀況，以及你要如何適當的處理狀況。

預演練習讓你自然臨場反應

威廉・默頓・馬斯登（William Moulton Marston）是一位心理學家、律師和發明家（也許一般人最記得他的地方，是他創造了神力女超人這個角色，當時他使用的是查理斯・默頓的名字），他把他稱之為「預演練習」的方法推薦給每個為了促進工作發展而求助於他的男男女女。如果你即將有一個重要的面試——像是找工作，他的忠告是：事先為面試做規劃。在腦海裡想遍各種可能會被問到的問題，思考你要回覆的答案，然後在腦海中**預演**面試情境。

即使後來你預演的問題都沒有被問到，預演練習仍然會揮發神奇的效果，它給予你自信，即使真實生活中沒有舞臺界線，但預演練習有助於你對當下意識到的任何狀況自然自發地即興反應，**因為你已經練習過如何自然自發的反應。**

馬斯登博士說的「別做蹩腳演員」說明我們一直在生活中扮演某種角色，那麼為什麼不選擇正確而成功的角色並加以練習呢？馬斯登博士在《你的生活》雜誌中提道：

「如果不先在被交付執行的工作上獲得一些經驗，你就無法踏出你生涯中的下一步。吹噓也許能為你從一個你一無所知的工作上開啟一扇門，但十有八九，當你的經驗顯然不足時，它無法保障你免於被開除的命運。將你的實用知識投射到你目前的職業上，我唯一知道的方法就是事先的練習與計畫。」

⊕「在腦袋裡」練習的鋼琴演奏家

阿圖爾・施納貝爾（Artur Schnabel）是一位享譽全球的鋼琴演奏家，他只上過七年的鋼琴課，他討厭練習，而且很少花時間用真的琴鍵練習。

當被問到比起其他鋼琴演奏家，他的練習時間少得可憐時，他說：「我在腦袋裡練習。」

荷蘭的柯普（C. G. Kop）是公認的教鋼琴權威，他建議所有的鋼琴手「在腦袋裡練習」。他說，一首新曲子應該先在腦海裡演練一遍，在彈琴者的手指觸碰到琴鍵之前，曲子應該先記熟並在腦海裡彈過。

心靈控馭小檔案

小提琴名家克雷頓（Clayton）堅信自己需要退休，部分原因是腕關節受傷，練習對他來說變得很困難，這個念頭一直縈繞在他心裡。不練習怎麼可能演奏得好？

在某一次的訓練課程中，我要求他嘗試**不用**小提琴來演奏。他採納了我的建議，一週之後，克雷頓做出了他這輩子最精采的演出，他很滿意自己的表現，於是不再考慮退休的問題。

⊕想像練習降低高爾夫桿數

《時代》雜誌報導，高爾夫冠軍班・霍根（Ben Hogan）在錦標賽中的每一次揮桿前，都會先在心裡練習打擊，他在自己的想像中完美揮桿——「感覺」桿頭敲擊在球應該被敲擊的地方，「感覺」自己從頭到尾都表現完美——然後才走向球，根據他所謂的「肌肉記憶」，以剛才想像中的方式來擊球。

艾力克斯・莫里森（Alex Morrison）或許稱得上世上最知名的高爾夫導師，他真的研究出一套心理練習的系統，這套系統能提升你的高爾夫積分，方法是坐在一張舒適的椅子上，然後在心裡練習他所謂的「莫里森七大要訣」。

他說，心理層面的高爾夫佔了比賽的九十％，生理層面佔了八％，技巧層面佔了二％。在莫里森的著作《高爾夫：不用練習也能打得更好》（現已絕版）中，他講述自己如何指導喜劇演員兼作家的勞萊（Lew Lehr）第一次拿下突破九十桿的成績，而且不需要實際的練習。

莫里森讓勞萊放輕鬆地坐在客廳裡一張舒適的椅子上，然後向他示範正確的揮桿姿勢，並簡短的講授了莫里森七大要訣。勞萊被告知不要做高

爾夫的實際練習,但每天要花五分鐘放輕鬆地坐在他舒適的椅子上,腦海中想像他正確地依要訣揮桿的樣子。

幾天之後,在沒做熱身練習的情況下,勞萊出席了他平常參與的四人兩組對抗賽,結果以九個洞平標準桿三十六桿的成績使球友大為驚奇。

莫里森系統的核心是:在你順利的完成以前,你必須對正確的事有一個明確的心靈藍圖。莫里森利用這個方法,已讓保羅・懷特曼(Paul Whiteman)及其他許多名人減少了十到十二支桿數。

> 在你順利的完成以前,你必須對正確的事有一個明確的心靈藍圖。

著名的專業高爾夫球員強尼・布拉(Johnny Bulla)曾經寫過一篇文章,他在文章中指出,**你希望球到哪兒與你要它做什麼,對這些事有一個明確的心靈想像,比擊球姿勢更重要。**

布拉說,大部分的專業球員在擊球姿勢方面都有一種以上的嚴重瑕疵,但是他們仍能設法打好高爾夫。

布拉的理論是,如果你能想像最後的結果——**看到**球飛往你要它去的地方——而且擁有**知道**球會飛往你要它去的地方的自信,你的潛意識就會正確地引導你的肌肉。如果你的握桿方式是錯的,你的擊球姿勢也不夠理想,你的潛意識仍會引導你的肌肉去做任何必要的調整,以彌補姿勢上的錯誤。

▍你必須先在腦海中看清楚

成功的男女,打從一開始就利用心靈想像和預演練習來獲得成功。以拿破崙為例,他在真正上戰場之前,就已經在想像中**練習**軍旅生活好幾年。衛伯(Webb)和摩根(Morgan)在他們的著作《淋漓盡致的人生》中說道:「拿破崙在他研讀歲月中所寫的筆記,印成書後足足有四百頁。他想像自己是名指揮官,還畫了他在科西嘉島上佈署各種防禦的地圖,他所有的算計都有精確的數字根據。」

康萊德・希爾頓(Conrad Hilton)早在真正買下一家飯店之前,就想像過自己已在經營,他小時候喜歡**想像自己**是一名飯店經營者。

　　亨利・凱薩曾說，他的每一項事業成就在現實中成真前，都先在想像中實現過了。

　　心靈控馭的新科學能引領我們理解，為什麼心靈想像能製造出這麼驚人的結果，並證明這些結果不是因為魔法，而是因為我們心靈和大腦的自然正常功能。

　　心靈控馭把人類大腦、神經系統和肌肉系統，視為高度複雜的自動控制裝置：一種自動化的目標追尋機器，能利用回饋資料和儲存資訊引導自己朝標的物或目標前進，必要時會自動修正路線。

　　一如之前提過的，這個概念**並不是把你當成機器，而是把你生理上的大腦和身體當成由你操作並發揮功能的機器**。

　　這種存在於你內部的自動化創意機制，只能以一種方式運作，它必須有一個可以瞄準的目標。如同艾力克斯・莫里森所說的，你必須先在腦海中看清楚一件事情，然後才動手去做。當你在腦海中把事情看清楚了，你內部的創意成功機制就會接手這份工作，而且做得比你刻意的努力——或「意志力」——好得多。

　　你不需要刻意費心地用咬緊牙關的意志力奮鬥，也不用一直擔心或想像任何事情有可能出現差錯，你只要放鬆心情，別再要自己用壓力和蠻力去做，而是要在腦子裡想像你真正想達成的目標，然後放手讓你的創意成功機制去處理。之後，你心靈所想像的美好結果會促使你運用正面的想法，從此以後，你不會從努力與工作中鬆懈下來，反而是你的努力會帶領你朝向目標邁進；當你**想要**和**嘗試**做一件事情的時候，你不會陷入庸人自擾的心靈衝突，而是會做有目標的想像。

> 當你在腦海中把事情看清楚了，你內部的創意成功機制就會接手這份工作，而且做得比你刻意的努力好得多。

▌改變自我形象帶來人格轉換

　　如果你要在想像中形成一張你對自己期許的藍圖，並且**看到**扮演新角色的**自己**，你內在的同一個創意機制，能幫助你達到你可能的最佳「自

我」。無論使用什麼樣的治療方法，這都是人格轉換的必要條件，然而，在一個人能夠改變之前，他必須**看到**新角色中的自己。

艾德華・麥葛德瑞克（Edward McGoldrick）於一九四〇年代創辦了紐約戒酒治療中心，他便是使用這個技巧來幫助酒癮者跨越從舊自我到新自我的橋梁。每一天，他會要求學生們閉上眼睛，盡量放鬆身體，然後創造一個關於自己想要做什麼的**「心靈電影」**，在這齣心靈電影中，他們會把自己看成頭腦清醒、有責任感的人，他們會看到自己真的在享受沒有酒精的人生。

我自己親眼目睹了當一個人改變他的自我形象時，所發生的人格轉換奇蹟。不過，現在我們才要開始一窺源自於人類想像力的潛在創造力，尤其是我們的形象。舉例來說，思索一下以下美聯社所報導的一則新聞：

〈想像你是健全的〉

【舊金山】兩名心理學家與洛杉磯退伍軍人管理局指出，有些精神病患可以藉著想像自己是正常人來改善他們的狀況，而且也許能夠縮短他們的住院期間。

哈利・葛瑞森博士（Harry M. Grayson）和李奧納・歐林吉博士（Leonard B. Olinger）告訴美國心理學會說，他們將這個方法試驗在四十五名住院精神病患者身上。

病患一開始先接受一般的性向測驗，然後一律被要求再做一次測驗，但這次回答問題時要把自己當做「對外界適應力良好的一般人」。據心理學家指出，結果有四分之三的人測驗成績進步，而且其中有些人改善的幅度很大。

這些病患回答問題時為了像「適應力良好的一般人」一樣，他們必須想像適應力良好的一般人是怎麼行動和反應的。他們必須想像自己的角色是一個適應力良好的人，而這一點就足夠令他們開始不只是行動像、連感覺也像一個適應力良好的人。

我們開始了解，為什麼《思緒清晰的力量》一書的作者亞伯特・艾德

華・韋岡博士（Albert Edward Wiggam）以及其他心靈方面的書籍，會把你對自己的心靈想像稱為**「你內在最強大的力量」**。

▌真實自我比你以為的更美好

自我形象心理學的目的並不是要創造一個萬能、自負、自私、妄自尊大的虛構自我，那是既不恰當又不實際的低級形象。我們的目的是要發掘**真正的自我**，使我們的心理形象更符合我們的目標。

然而，只要是心理學家都知道，**我們大部分的人都低估了自己、看輕自己、妄自菲薄**。事實上，世界上並沒有「優越情結」這種事的存在，看起來有這種情結的人，實際上是由於自身自卑感的作祟——他們的優越自我只是一種假象、一種掩飾，用來逃避自己和他們內心深處的自卑感與不安全感。

> 「優越情結」其實並不存在，有這種情結的人只是想透過優越自我來掩飾、逃避內心深處的自卑感與不安全感。

你要怎麼了解你真實的自我？你要怎麼做出正確的評估？依我看，心理學在這裡必須轉變成宗教的作用。《聖經》告訴我們，神創造人時，賦予他的位階「比天使微小一點」，並「使他們管理」，神依照自己的形象來創造人。

如果我們真的相信有一個全知、全能、博愛的創造者存在，那麼對於他所創造的人類，我們就有立場去做一些合乎邏輯的結論。首先，像這樣全知全能的創造者不會製造出劣質品，就像大畫師不會畫出劣質的油畫一樣；像這樣的創造者不會故意設計讓產品失敗，就像製造商不會故意在汽車裡設計一個錯誤一樣。基本教義派告訴我們，人活著的首要目標和理由是為了「榮耀上帝」，而人道主義者說，人的主要目的是「充充分分的表現自我」。

不過，假如我們以「神是充滿愛心的造物者」為前提，並且假設祂對自己的創造物就像慈父對孩子般的關愛，那麼在我看來，基本教義派和人道主義者所講的就是同一件事。有什麼比看到子孫成材、成功和充分表現自己的能力與天賦，更能讓一個父親感到榮耀、驕傲和滿足？你曾在橄欖

練習──重新建立適當的自我形象

「持久且穩定的在你的心靈之眼前呈現一個對你自己的想像，一段時間之後你自然會被它吸引，」著名的基督教自由派牧師哈利・艾默森・佛斯迪克博士（Harry Emerson Fosdick）說，「逼真的想像你自己挫敗，光是這樣就足以使勝利不可能到來；逼真的想像你自己獲勝，光是這樣就足以對成功有莫大貢獻。美好的生活開始於想像，投入於你的想像──無論是你想做的事或你想成為的人。」

你目前所擁有的自我形象，是你過去依據對自己的自我想像而建立起來的，是從你在經驗上的解讀和評估而產生的。現在，你要用和以前一樣的方法，去建立一個適當的自我形象。

每天抽出三十分鐘的時間讓自己獨處且不受打擾，放鬆心情，盡量讓自己感到舒適。現在閉上你的眼睛，然後開始發揮想像力。

許多人發現，假如他們想像自己坐在**大型電影螢幕**前──而且想像他們正在觀賞一部**自己主演的電影**──他們會獲得更好的結果。重點是要使他們對這些想像盡量**逼真與詳細**，你要讓你的心靈電影盡可能跟實際體驗一樣，方法是**專注於你想像情境中的小細節、景象、聲音和物體**。

我有一位病患運用這個練習去克服她對牙醫的恐懼，她之前都沒成功過，直到她開始注意到想像情境中的一些小細節──診所的消毒水味道、椅子扶手上的皮革觸感，以及當牙醫的手伸向她的嘴巴時他那修剪整齊的指甲……

想像情境的細節是這個練習最重要的部分，因為你所有的目的就是在創造一個實務經驗，如果想像得夠逼真、夠仔細，對你的神經系統而言，你的想像練習就能產生和實際經驗一樣的效果。

要記住的次要重點是，在這三十分鐘的期間裡，**你要看到自己適當、成功、理想地行動與反應**。你昨天是怎樣的行動和反應都沒有關係，你也無需誓言明天的行為要很理想，你的神經系統到時自然會接手管理──如果你繼續練習的話。

你想像中的行為、感覺和「狀態」，要符合你想成為的人，不要對你自己說：「我明天的行為要像這樣。」只要對你自己說：「我現在要想像自己的行為像這樣──就在今天的三十分鐘裡。」想像一下，如果你已經擁有你想成為的人格，你的感受會如何。如果你一直害羞又膽小，就想像自己輕鬆鎮定地在人群中走動，然後因此感覺舒適自在；如果你在某些場合裡一直感到害怕與焦慮，就想像自己的舉止鎮靜且從容不迫，充滿自信又有勇氣──然後感到暢快與自信，因為你就是這樣。

這個練習會將新的記憶或儲存資料建立到你的中腦和中樞神經系統裡，它會建立一個新的自我形象。經過一段時間的練習之後，你會很驚訝的發現自己「行為不一樣了」，那或多或少是自動自發的──不用費力去試。這就是它應該有的效果，你不需要刻意嘗試或花費力氣去感覺有沒有效果或行為適不適當。

因為你之前建立到你自動機制裡的真實和想像的記憶，會使你自然產生眼前的不適當感和作為；你會發現，它會自動地處理正面的想法與經驗，就跟處理負面的想法與經驗一樣。

球賽中坐在球星父親的身旁嗎？耶穌也有同樣的想法，祂告訴我們不要隱藏自己的光芒，而要大放異彩，「便將榮耀歸給你們在天上的父。」當神之子表現出一付卑微、可憐兮兮的樣子，又不敢抬頭挺胸的做人時，我無法相信祂能感受到任何光彩。

如同基督教神學研究者暨《焦慮處方》中〈神的意志〉的作者萊斯禮・魏勒海德博士（Leslie D. Weatherhead）所說：

假如……我們在心中有一個被恐懼糾纏且贏不過任何人的自我想像，我們必須立刻擺脫這個形象，並且抬起頭來。那是一個錯誤的想像，我們必須拋卻那個錯誤。

在神的眼中，男人和女人是祂的傑作，祂認為我們已經得到寧靜、自信與歡樂。我們在祂眼中不是生命中堪憐的受害者，而是生活的藝術大師；我們不想搏取同情，而是要幫助他人，因此為自己著想得愈來愈少，而且心中充滿的不是關心自我，而是愛與歡笑和奉獻的欲望……讓我們看看正在成形中的真實自我，我們相信它們的存在。我們必須認同發生改變的可能性，並且相信我們現在正要成為的那個自我。必須送走卑劣與失敗的舊感覺，那是錯誤的，而我們不能相信錯誤的事情。

心靈控馭小檔案

有些採取心靈控馭方法的人，一開始會懷疑自己是否能每天花三十分鐘來想像自己想成為的人，他們對於想像一個明確的目標也有困難。最後，當他們終於完成心靈想像時，他們發現自己的思緒飄走了，而他們為此很苛責自己。

實際上，就像任何事情一樣，想像自己成為另外一個人是需要練習的，經過一段時間感覺才能好轉。就像奧運冠軍兼教練丹・蓋博所說：「你要蓋房子的第一件事就是先挖地基。」你一開始時的心靈想像並不明確，不代表以後你每次練習時它不會變得更明確、更逼真、更詳細、更具威力。

當你開始時，建議先找出你身體緊繃的地方，然後告訴自己放鬆你的頭、軀幹、腰、雙腿等等。然後，聽起來或許有點怪異，讓你自己「微笑」到腦子裡、到骨子裡，會大大地有助於你放鬆。在你呼出負面能量的時候，也讓正面能量進入你的體內。

完成放鬆練習後，你可以回到你的過去，尋找一個「成功的」記憶，一個你表現良好的時刻，我要再說一遍，這可能跟你第一次繫鞋帶或在學校寫自己的名字一樣簡單。

你要尋找的成功時刻發生在什麼時候並不重要，成功的規模有多大也無關緊要，重點是，此刻記憶能在你心裡觸發一個快樂、感覺美好的經驗。重演並重溫那個正面記憶，然後進入未來，想像自己多想再次擁有像從前那樣的相同感受。對你用心靈之眼看到的東西加入情感，如果你發現自己的思緒飄走了，別感到不安或對自己太嚴厲，**再次放鬆和想像**，每次你失神時，就把自己帶回來，別擔心。

三十分鐘的時間裡要做什麼？你可以每天用五到十分鐘的時間開始體驗正面的結果，不超過十到十五分鐘的想像，就能夠導致巨大的變化。

最重要的關鍵是**每天練習**。一旦你建立好這個習慣並且看到與感受到結果，就很容易騰出更多時間。

要記憶的重點

（在此填入）

1.

2.

3.

4.

5.

你的案例記載

在此列出一項你過去的經驗，並依本章所提供的原理加以說明。

你應該要「像」你自己

－別讓不當催眠侵蝕你的人生－

個體心理學派創始人阿德勒小時候的算術一開始就不好，
他的老師深信他是數學白痴，
阿德勒順從地接受了這樣的評價，
然而有一天，
他腦海裡突然閃現如何解決黑板上問題的方法，
當時在場的學生當中沒有一個能解答。
他舉手想要回答，卻被老師和全班同學譏笑，
他感到氣憤，大步走向黑板解題，
結果讓眾人大為驚奇。
他終於了解自己是懂算術的，
他對自己的能力產生了信心，
然後變成數學資優生。

心理治療師暨個體心理學派創始人艾佛瑞・阿德勒博士（Alfred Adler）小時曾有過一個體驗，證明了信念對行為和能力的影響力有多強大。他的算術一開始就不好，他的老師**最後深信**他是數學白痴，於是老師告訴家長這個事實，並且叫他們對他不要有太多期望，而他們也相信了。阿德勒順從地接受了他們對他的評價，他在算術方面的成績證實了他們是對的，然而有一天，他腦海裡突然閃現如何解決老師寫在黑板上問題的方法，而當時在場的學生當中沒有一個能夠解答。他舉手想要回答，卻被老師和全班同學譏笑，於是他感到氣憤，大步走向黑板解題，結果讓眾人大為驚奇。他終於了解自己是可以懂得算術的，他對自己的能力產生了新的信心，然後變成數學資優生。

阿德勒博士的經驗與我幾年前的一位病人頗為相似，他是一位希望在演講方面有優異表現的企業家，因為他想傳遞一個關於他在困難領域中達到優異成功的重要訊息。他有迷人的嗓音和重大的宗旨，但卻無法站在陌生人面前傳遞訊息，讓他裹足不前的原因是，他相信自己無法完成一個好的演說，他相信自己無法使聽眾產生共鳴，只因為他的外表不夠威嚴，他「看起來不像成功的執行長」。這個信念在他心中扎根太深，以至於每當他站在群眾面前講話時都會產生障礙，他做了一個錯誤的結論：如果能以手術改善外貌，他就能獲得他所需要的自信，然而，我治療其他病人的經驗告訴我，生理上的改變並不一定保證人格上的改變。

後來當他確信，是自己的負面信念阻礙自己傳遞那個重要的資訊時，他的病情就找到了解決的方法。他成功的用正面信念取代負面信念，相信自己能單憑一己之力傳遞那個極重要的訊息——無論他外表看起來怎麼樣。他在時機成熟時，成了企業界最受歡迎的演說人之一，**唯一的改變是他的信念和他的自我形象。**

現在，我要說的重點是——阿德勒曾經在錯誤的信念下對自己做了**催眠**，我不是在做比喻，而是說他確實、真正的被催眠了。**催眠的力量就是信念的力量**，我要重申巴伯博士的闡釋：「被催眠者只在確信催眠師的話是真實陳述的情況下才能做出令人嘖嘖稱奇的事……當他們相信催眠師的話是真實的之後，行為就不一樣了，因為他的想法和信念都改變了。」

你要記住的重點是：**你是怎麼得到那個想法或它是打哪兒來的，絲毫不重要。**你也許從未遇到過任何專業的催眠師，也許從未正式被催眠過，但是如果你接受了一個想法——來自於你自己、老師、父母、朋友、廣告或任何其他來源——更甚者，如果你堅信那個想法是真實的，它對你產生的影響就會像催眠師對被催眠者所說的話一樣。

> 如果你接受了一個想法，堅信那個想法是真實的，它對你的影響就會像催眠師對被催眠者說的話一樣。

科學研究已證實，阿德勒博士的經驗並不是「百萬分之一」，而是幾乎所有成績不好的學生的典型經驗。之前談過普瑞史考特・賴奇以示範如何改變自我形象的方式，為小學生在成績上帶來奇蹟似的進步；經過數千次的實驗和許多年的研究之後，賴奇的結論是，學校裡不好的成績是由於學生某種程度上「自我概念」和「自我定義」的關係，幾乎每個案例都是如此。這些學生幾乎都被我是笨蛋、我的個性軟弱、我的算術很差、我天生就不會拼字、我很醜、我沒有讀機械的頭腦……諸如此類的想法所催眠。因為有這樣的自我定義，所以學生必須為了忠於自己而考出壞成績，把成績考差在潛意識裡變成他的「道德議題」。從他的觀點看來，他考出好成績，就跟自許誠實卻去偷竊一樣是錯誤的。

▌自我催眠的推銷員

《成功推銷的祕密》一書中，約翰・默菲（John D. Murphy）提到艾梅爾・惠勒（Elmer Wheeler）如何運用賴奇的理論來提升某推銷員的盈利：

艾梅爾・惠勒曾經被某家公司聘為銷售顧問，銷售部經理要他處理一個非常奇特的案例。某個推銷員幾乎每一年的銷售額都正好在五千美元左右——不管他們指派他到什麼區域或付他多少佣金。

這個推銷員曾在某個小地方有亮眼的表現，所以後來被分派到較大、較好的區域，但他次年的銷售總額幾乎只跟他在小地方的一樣——五千美元。再次年，公司提高所有推銷員的佣金，但這名推銷員仍然只賺五千美元，然後他被派到公司最不好的地區之一，結果賺到的還是五千美元。

惠勒跟這名推銷員談過之後發現，問題不在於區域大小，而在於這名推銷員對自己的評價。他認為自己就是個每年賺五千美元的推銷員，而且只要他對自己一直抱持這樣的看法，外在環境似乎對他影響不大。

當他被指派到不好的區域時，他會努力拼出五千美元的業績；當他被指派到較好的地區時，在看到五千美元的成績之後，他會找各種藉口休息。一旦達到目標他就開始生病，然後那一年都無法工作——儘管醫生看不出他有任何問題。不過，次年一開始，他就奇蹟似的康復了。

▍錯誤的信念讓他在一夜之間老二十歲

我在《探索保持年輕的祕密》中，詳述過羅素先生（化名）如何因為一個錯誤的想法而幾乎在一夜之間老了二十歲，然後當他接受真相之後，又幾乎以同樣快的速度迅速恢復年輕。故事是這樣的：

我用一個很合理的價格幫羅素先生的下唇做了整形手術，條件是：他必須告訴他的女朋友，這個手術花了他畢生的存款。他的女朋友對他在她身上花錢時沒意見，而且堅持自己是愛他的，卻解釋說她無法嫁給他，是因為他的下唇太大。當羅素先生照我的話告訴她，並驕傲地展示他新的下唇時，她的反應就跟我所預想的一樣——但出乎羅素先生的意料。她歇斯底里地發怒，罵他是把錢花光的笨蛋，十分明確地告訴他說她從未愛過他，以後也不會，還說她只不過是在他願意把錢花在她身上時，把他當成傻子玩弄罷了。不過，她接下來所做的卻超出我的算計，她在又氣又恨之下宣稱自己對他下了巫毒詛咒——羅素先生和他的女朋友都出生在西印度群島中的某個小島，在那裡有些沒讀過書和迷信的人會施展巫毒。

羅素先生家境富裕又有文化背景，也有大學文憑。女朋友盛怒之下的詛咒雖然讓他隱約感到有點不舒服，但他也沒多想。一小段時間後，他想起這個詛咒並開始納悶，覺得自己的唇內有一個奇怪、硬硬的小突起。一個朋友懂得巫毒術，堅持要他去找一位史密斯博士。那位博士肯定地告訴他說，他嘴裡的腫塊是可怕的「非洲蟲」，會慢慢侵蝕他的精力。羅素先生開始擔心並關注精力耗損的跡象，沒多久就失去胃口、難以入眠。

自羅素先生上次離開我辦公室已有好幾週的時間,他再度回來時把這段經過告訴了我。我的護士沒認出他來,這也難怪,羅素先生第一次來訪時,是個看上去很有威嚴的男士,只是下唇稍微大了些,他大約一百九十二公分,有運動員的雄壯體格,他的風度舉止高雅,賦予他一種迷人的性格,似乎連他身上的毛孔也散發著野獸般的活力。現在坐在我對面的羅素先生至少老了二十歲,他的手像上了年紀似的顫抖著,雙眼和臉頰凹陷,體重則掉了至少十六公斤。他外觀的改變,正是醫學上所謂──如果要用一個比較好聽的說法──「老化」過程的特徵。

迅速檢查過羅素先生的口腔後,我向他擔保,不用三十分鐘的時間我就能讓他擺脫非洲蟲的困擾,我果然做到了。引發所有問題的小腫塊,其實是他上次手術後的一小塊疤痕組織,我把它移除掉,然後放到我手上拿給他看。重點是他看到了真相而且相信它──他鬆了一口氣,他的姿態和表情幾乎在瞬間有了改變。

幾週後,我收到羅素先生的來信,信中附上他和新婚妻子的照片,他回到家鄉娶了青梅竹馬的女孩。照片中的男士是我第一眼看到的羅素先生,他在一夜之間重拾青春,一個錯誤的信念害他老了二十歲,而真相不僅幫他擺脫恐懼、恢復自信,還逆轉了老化過程。若你能跟我一樣親眼目睹羅素先生事前、事後的模樣,就再也不會對信念的力量抱持任何懷疑,或對「被視為真實的想法能產生像催眠術般的力量」這個事實產生懷疑。

大家都被催眠了

我們每個人都受到某種程度上的催眠,無論是被不加分辨而接受的、來自他人的觀點,或被自己一再告訴自己或說服自己接受的想法,這麼說一點都不誇張。這些負面想法對我們的行為所產生的效果,就跟被專業催眠師植入到催眠對象腦子裡的負面想法一樣。你看過真正的催眠師表演嗎?如果沒有,讓我告訴你一些催眠師下達指令時所發生的簡單現象。

催眠師告訴一位美式足球員說,他的手被黏在桌子上,而且舉不起來。問題不在於那個足球員沒有嘗試,而是他根本做不到,他用力拉、用

力掙扎，直到手臂和肩膀青筋爆突，但他的手仍然牢牢的黏在桌上。催眠師告訴一位舉重冠軍說，他無法拿起桌上的筆。雖然正常狀況下他能高高舉起一百八十公斤的槓鈴，但現在他連筆都拿不起來。

說也奇怪，在上述的例子裡，催眠師並沒有削弱運動員的力量，他們還是跟以往一樣強壯，只是沒意識到他們其實是在跟自己對抗。他們一方面用刻意的力量試著舉起手或筆，也真的運用了適當的舉重肌，但另一方面，「你做不到」的想法導致作用相反的肌肉產生背離意志的行為。**負面的想法使他們擊敗自己——他們無法表現出真正的實力。**

第三個例子是測試一名運動員的握力，經測力計測量的結果為四十五公斤，而且再怎麼用力也無法讓指針超過四十五公斤的標記。現在他被催眠而且被告知：「你非常非常強壯，現在是你這輩子最強壯的時候，強壯得太多了，連你自己都很驚訝自己有多強壯。」然後再測試他的握力，這次他輕而易舉的讓指針走到五十六公斤的地方。

催眠師並未增加他的力氣，催眠師所做的只是克服之前當他展現全力時存在他心裡阻止他的負面想法。換句話說，那名運動員在正常清醒的狀態下，用負面信念限制了自己的力量，相信自己的握力只有四十五公斤。催眠師只是移除了這個心理障礙，讓他能表現出真正的實力，催眠師暫時將他從對自己自我限制的信念中「解除催眠」。

巴伯博士說，當我們看到催眠期間所發生的神奇事件，會很輕易的假設催眠師本身有某種神奇的魔力，譬如讓結巴者說話流暢——膽小害羞的卡斯帕·米可托斯特（Caspar Milquetoast，一個溫順而膽小的連環漫畫角色）變得外向、泰然自若，還能激勵人心地演說。另一個例子是，一個連用筆和紙計算加法都做不好的人，竟然能在腦子裡算出兩組三位數相乘的結果。

顯然所發生的一切，都只是因為催眠師告訴他們說他們**能夠**做到，並且引導他們去做。對旁觀者來說，催眠師的「話」是有魔法的，但其實不然，這種力量、這種基本能力是所有催眠對象在遇到催眠師前就**一直存在於他們自身的**，然而，催眠對象無法使用這個力量的原因是，他們自己並不清楚它就在那裡。他們因為自己的信念而把它封起來、堵塞住，由於沒有意識到自己的力量，所以他們催眠自己相信，自己無法做到這些事情，

因此，說催眠師幫他們「解除催眠」（他們催眠自己做不到），應該比說催眠師催眠他們還更貼切。

無論你是誰，不管你認為自己是個多麼糟糕的失敗者，你的內在一定有你達到快樂與成功所需的力量，**此刻在你體內，你就擁有達成你從不敢夢想之事的力量。只要你改變信念，只要你從我不能、我不配、我不值得等自我限制的想法中幫自己解除催眠，就能立即獲得這份力量。**

▎九十五％的人都有過自卑感

至少九十五％的人都曾有過某種程度的自卑感而令自己頹喪，而這種自卑感對於好幾百萬人來說，是達到成功與快樂的嚴重障礙。

從某種角度來看，我們可以說世界上的每個人都會比某些人更差勁。我知道我無法像保羅・安德森（Paul Anderson）一樣舉起那麼重的東西，像帕利・歐布林（Parry O'Brien）一樣將七公斤的鉛球丟得那麼遠，或者像亞瑟・莫瑞（Arthur Murray）一樣跳舞跳得那麼好。但我知道的是，這個事實不會引發我內在的自卑感且令我灰心喪志——因為我不會不公平地拿自己和他們比較，然後因為自己做得不像他們一樣好而覺得自己差勁。我也知道在某些地方，我遇到的每個人——從街角的送報生到銀行總裁——在某些方面比我優越，但是在這些人當中，沒有任何一個能把顏面整形或許多其他事情做得比我好，我也很確定他們不會因此產生自卑感。

多數的自卑感並不來自於事實或經驗，而是來自我們對事實的推論或對經驗的評估。舉例來說，我是差勁的舉重者和差勁的舞者，這是事實，但這並不會讓我變成一個差勁的人。保羅・安德森和亞瑟・莫瑞沒有執行外科手術的能力，這個事實讓他們成為「差勁的外科醫生」，但不會變成「差勁的人」。**我們對自己的評價，完全取決於用的是「什麼」標準和「誰的」標準。**

實際上的技不如人或智不如人，並不會造成我們的自卑情結、干擾我們的生活，造成這種結果的，其實是自卑感。

這種自卑感的由來只有一個原因：我們並非依據我們自己的、而是依據別人的標準或常態來評價自己、評估自己，當我們這麼做的時候，結果一定不會是第一，沒有例外。但是因為我們**認為、相信、假定**自己**應該**達到別人的標準，我們會覺得自己很糟糕、是二流的，然後推論說是自己的問題。在這個荒唐的推理過程中，下一個「合邏輯」的推論結果就是，我們**不配**：我們不配成功和快樂，我們也認為，不帶歉意和內疚地百分百表現出自己任何的能力和天分是不適當的。

> 自卑感的由來只有一個原因：我們並非依據我們自己的、而是依據別人的標準或常態來評價自己。

這一切的發生，都是因為我們允許自己被從頭錯到尾的想法——「我應該要像什麼什麼一樣」或「我應該像每個人一樣」——所催眠。第二種想法的荒謬性，在分析之下是可一眼看穿的，因為事實上並沒有「每個人」一致適用的固定標準。每個人包含了不同的個體，沒有任何兩個人是相同的。

具有自卑情結的人會因為竭力想表現出優越性而愈錯愈大，這是必然的；他的感覺從他「比別人差」的錯誤前提中躍然而生，整個邏輯思考和感覺就是從這個錯誤的前提裡建立起來的。如果他因為自己比別人差而感覺不舒服，那麼療藥就是讓他覺得自己跟別人一樣好；要感覺更舒服的方式，就是令自己產生優越感。這個爭取優越感的目標使他陷入困擾，反而導致更多挫折，其中有些還引發了以前從未發生過的精神官能症，他變得前所未有的痛苦，而且他嘗試得愈努力，就感到愈痛苦。

低劣感與優越感是一體兩面的，療藥就在於領悟自己優越的另一面。關於「你」的**真相**是：

你並不「低劣」。你也不「優越」。你就是「你」。

「你」，並不是一個用來和其他人比較的人格，因為世界上沒有任何一個人會跟你一樣或跟你的獨特性一樣。你是一個個體，你是獨一無二的。**你並不「像」任何人，也不可能變得「像」任何人一樣，你不「應該要」像任何人，也沒任何人「應該要」像你。**

神並沒有用特定的標準來造人，然後貼上標籤說：「這就對了。」祂所創造的每個人，就像祂所創造的每片雪花一樣，都是獨立且獨特的。

神創造的人有高有矮、個頭有大有小、身材有瘦有胖，膚色有黑、黃、紅、白。祂從未示意偏好任何一種個頭、身材或膚色。亞伯拉罕・林肯曾經說：「神一定很愛平凡人，因為祂創造了那麼多。」他錯了，根本沒有所謂的「平凡人」——沒有標準化的一般樣式，但如果他能這麼說，會比較接近事實：「**神一定很愛不平凡的人，因為祂創造了那麼多。**」

自卑感情結，以及隨之產生的惡化結果，在心理學實驗室中是可以訂製的，你所要做的就是設定一個**規範**或**平均值**，然後說服你的對象說，他達不到標準。《科學文摘》裡有一份研究報告指出，一名心理學家想找出自卑感對解決問題的能力會產生什麼樣的影響，他讓學生做一組例行的測驗，測驗前他鄭重宣佈，一般人大約只要花測驗時間的五分之一就能完成。測驗期間響起的鈴聲代表「一般人」的時間到了，有些最聰明的實驗對象變得非常緊張不安，失去做答能力，以為自己是智障。

別再用「他人的」標準來衡量你自己，你不是他們，你永遠無法達到他們的標準；反之亦然，他們既無法、也不該達到你的標準。一旦你了解這個簡單且不證自明的事實，接受它、相信它，你的自卑感就消失了。

精神病學家諾頓・威廉斯博士（Norton L. Williams）在一次醫學會議中發表演說時表示，現代人的焦慮和不安全感源自於缺乏**自我實現**，一個人內在的安全感只能從「他能發現自己的個體性、獨特性與特殊性等等，貼近於『他是以神之形象創造的』這個概念」中找到。他還說，自我實現的由來是「相信自己身為人的獨特性的簡單信念，對於所有人、事、物有深刻廣博的體認，以及感覺透過自己的人格而對他人有建設性的影響」。

生理上的放鬆有助於解除催眠

生理上的放鬆，在解除催眠上扮演著關鍵性的角色。我們此刻所秉持的信念，無論好或壞、對或錯，都是無需經過努力、在沒有壓力的情況下和不需運用「意志力」就能夠形成的。我們的習慣，無論好或壞，也是以

同樣的方式形成，因此，我們必須運用同樣的過程——也就是說，在放鬆的狀態下——來形成新的信念，或新的習慣。

　　企圖以努力或意志力改變信念或治療壞習慣的結果是適得其反，並不會達到良好的效果，這是經過充分證明的。一個小小的法國藥劑師愛彌爾・庫埃（Émile Coué）在一九二〇年左右以《暗示效應》震驚全世界，他堅決主張，努力是大多數人們未能善用他們內在力量的一大主因。他說：「如果你希望你的暗示（理想目標）有效，必不能靠努力去達成。」庫埃的另一句名言是他的努力反向效應：「當意志和想像相衝突時，最後的勝利者必定是想像。」

> 如果你希望你的暗示（理想目標）有效，必不能靠努力去達成。當意志和想像相衝突時，最後的勝利者必定是想像。

　　心理學家奈特・鄧拉普博士（Knight Dunlap）曾任美國心理學會主席，畢生致力於研究習慣與學習過程，他在這方面做過的實驗也許比任何其他心理學者都多，他的方法成功治癒了咬指甲、吸吮大姆指、面部抽搐和許多以其他方法治不好的更嚴重習慣。他系統理論的核心在於，他發現**「努力」無論對於破除壞習慣或學習新事物，都是一大遏止因素**，他發現，**努力壓抑一種習慣，實際上反而會增強它**。他的實驗證實，戒除習慣最好的方式，是對嚮往的結果形成一個明確的心理形象，以不費力氣的方式練習，然後達到那個目標。鄧拉普發現，如果心裡能一直記得自己嚮往的結果，無論是正面練習（壓抑習慣）或負面練習（刻意、自發地表現習慣），都會產生有益的效果。

　　鄧拉普博士在《個人適應力》中寫道：「如果要學習一種反應習慣，或把某種反應模式養成一種習慣，必要條件是：學習者應該對想要達成的反應或對反應所造成的環境改變有清楚的概念……簡言之，學習的重要因素是對『達到某種目的』的想法——這種目的可以是特定的行為模式或某種行為的結果——再加上對達到目的的欲望。」

　　在許多案例中，「僅對努力的態度放鬆或對過度勞心勞力的狀態放鬆」這件事情本身就足以根絕負面行為模式。位於紐約市的國立語言障礙治療醫院，其創立者詹姆斯・格林（James S. Greene）有句格言：「當人們放鬆時才能好好談話。」馬修・夏培爾博士（Matthew N. Chappell）在其著

作《如何控制憂慮》中指出，**用來對抗或抵抗憂慮的努力或「意志力」，往往就是使憂慮更長久或持續發展的因素。**

　　每天練習放鬆身體，會帶來心理上的放鬆以及幫助我們將自動控制機制掌握得更好的舒緩態度。放鬆身體對於將我們從負面態度和負面反應模式中解除催眠，有強大的影響力。

練習──如何運用心靈想像來放鬆自己？

（每天練習至少三十分鐘）

　　讓自己坐在一張舒適的椅子上，或仰躺下來。有意識地盡可能「放下」各種肌肉群，不要花太多力氣去做。只要注意你身體的各部位，然後稍微放鬆，你會發現，你總是能夠自發性的放鬆到某種程度。

　　你可以停止皺眉，然後放鬆你的額頭；你可以稍微放鬆緊繃的下巴；你可以讓你的手、手臂、肩膀、腿比平常再放鬆一些。大約花五分鐘的時間做好放鬆運動，然後停止注意你的肌肉，你要以意識控制的練習只到此為止。從現在起，你要運用你的創意機制來自動產生放鬆狀態，簡言之，你要運用以想像力維持「目標想像」，並讓你的自動機制幫你實現那些目標。

◎心靈想像(1)

　　你用你的心靈之眼看到自己伸開四肢地躺在床上，想像你的腿實際上應該擺放的樣子。你看到你和自己沉重而具體的兩條腿躺在那裡，你看到這兩條腿因為重量而陷入墊子之中。現在具體地想像你的手臂和手，它們很重、陷入床裡，為床施加了很多壓力。你用心靈之眼看到一個朋友走進房間，企圖舉起你沉重而真實的雙腿。他抓住你的腳，然後試著舉起來，但你的腿實在太重了，他做不到。

　　對手臂、頸子等部位也重複相同的步驟。

◎心靈想像(2)

　　你的身體是一個大型牽線木偶，你的手被細繩鬆鬆的綁在手腕上，你的前臂用細繩鬆鬆的接到上臂，你的上臂用細繩鬆鬆的接到肩膀，你的腳、小腿、大腿也用一條細繩連接起來。你的頸子是用一條非常鬆弛的細繩做的，控制你下巴和牽動嘴唇的繩子又鬆又長，以至於你的下巴掉到胸前。所有連接你身體各部位的每條細繩都又鬆又軟，所以你就懶散的伸開四肢躺在床上。

◎心靈想像(3)

　　你的身體由一組充氣氣球組成，你的腳上有兩個打開的氣閥，氣開始從你的腿往外跑。你的雙腿開始鬆垮，直到它們變成洩氣的橡皮管，平平扁扁的攤在床上。接下來，

你的胸前也有一個氣閥,當裡面的氣往外洩時,你的整個軀幹就開始癱軟在床上,然後是手臂、頭、頸子。

◎心靈想像(4)

　　許多人發現,這是四種心靈想像之中最能夠放鬆的一種,只要回憶一下你去過某個輕鬆愉快的場景——每個人一生當中總有他覺得輕鬆自在、與世無爭的時刻。從你的過去裡挑選一張關於自己輕鬆愉快的畫面,然後回想記憶中的細節。你的畫面也許是山中湖畔的寧靜景象,你在那兒釣魚,如果是這樣,要特別注意環境中偶然的小事物,記住湖面上寂靜的漣漪,那時有些什麼聲音?你聽到樹葉耳語般的窸窣聲嗎?也許你會記得很久以前,你坐在一個開放式的壁爐前懷著完全放鬆的心情,帶點睡意,你聽到木柴的爆裂聲、看到火花了嗎?那時還有些什麼其他的東西和聲音?也許你會選擇憶起在沙灘陽光下的輕鬆時刻,你的身體貼著沙子是什麼樣的感覺?你能感覺到溫暖和煦的陽光灑在你身上,幾乎像真實的東西一樣嗎?是否吹起了微風?是否有海鷗在沙灘上逗留?諸如此類的偶然細節,你能憶起和想像得愈多,你就愈能成功。

　　每天練習,能使這些心靈影像或記憶愈來愈清晰,學習的效果也會與日俱增。練習能夠強化心靈影像和身體知覺之間的配合。你對放鬆會變得愈來愈熟練,而且這件事情本身就值得在未來的練習中「回憶起來」。

心靈控馭小檔案

　　在躺下練習時,許多練習者會不小心睡著;如果你睡著了,就得不到預期的益處。根據我在太極和武術上接受過的戰術訓練,我比較喜歡以坐或站的方式做所有的練習。採站姿或坐姿,再運用你的想像和放鬆,你還是能夠讓你的腿部、手部以及整個身體感覺沉重。你也可以讓空氣從氣閥中溢出,讓身體各部位像氣球一樣充氣或洩氣。

　　所以要排除躺姿練習嗎?一點也不需要。一旦你確實掌握住這些技巧之後,你就幾乎能以任何姿勢練習,然而,若是你感到虛弱或不舒服,那麼躺著練習也許比較好。

　　你能夠迅速體驗到正面結果——大約只要十分鐘,尤其是當你「放下」肌肉、真正讓自己放鬆時。一旦養成每天練習的習慣,三十分鐘會變得很容易——若你想要的話。

　　許多人剛開始是在早晨做練習,大約過了一個月之後,他們也許自然而然的增加為每天兩次。**許多人覺得最好的練習時間是剛起床時和睡前,那是你的大腦和神經系統最能夠接受新想法的時候**,但是,如果你因為剛起床時還沒清醒或睡前太疲勞,一天裡只找得出午休或其他既定的休息時間,那麼就在那些時間裡練習也總比沒有好。

　　每天練習是獲致成果的關鍵,在過程中不要評斷自己,**不管你從哪裡開始,你都會經由練習而進步。**

要記憶的重點

（在此填入）

1.

2.

3.

4.

5.

你的案例記載

在此列出一項你過去的經驗，並依本章所提供的原理加以說明。

Chapter 5

別再誤會理性思考了

－忽略失敗，只想著「目標形象」－

有一位老農夫說，

他只花了一天的時間就徹底戒菸，

因為他發現他把菸草忘在家裡，

要走兩公里的路回去拿。

在路上，他「看到」自己被一個習慣羞辱式的「利用」，

氣極敗壞之下，他轉身走回田裡，

從此不再抽菸。

當得知我口中所謂的「處方」只是很簡單的利用上帝賦予的理性力量做為改變負面信念和行為的方法時，我的許多病人都面露失望的表情。對於有些人來說，這似乎是不可思議的天真和不科學，然而，這個方法確實具備一項優點——它就是有效。我們稍後會看到，它所依據的是健全的科學發現。

世界上有一種很普遍的謬見：理性、合邏輯、有意識的思考，對於無意識的程序或機制沒有任何力量，而且若要改變負面的信念、感覺行為，就必須從「無意識」（unconsious）中往下挖掘、撈出東西。

你的自動化機制，或是佛洛依德學派所稱的無意識，是絕對客觀的；它像機械一樣的運作，沒有自己的意志。它不斷地嘗試對你目前的信念和你對環境所做的詮釋，做出適當的反應。它不斷追求的是，給予你適當的感受、完成你有意識決定的目標。它只處理你以想法、信念、詮釋和意見等形式輸入給它的資料。

有意識的思維正是你無意識機制的「控制鈕」。有意識的思考，雖然也許是不理性和不實際的，但就是藉著這種思考，無意識機制才能發展它負面和不當的反應模式，而且正是藉著有意識的理性思考，自動反應模式才得以改變。

《如何度過一年三百六十五天》一書的作者約翰‧辛德勒（John A. Schindler），向世人介紹過「情緒引發疾病」的概念，他因為極成功的幫助鬱悶、神經質的人們重拾歡樂生活並恢復有成就的快樂人生而享譽全球。他的治癒率遠超過精神分析學家的數字，他把治療法其中一項重要的關鍵叫做「意識思考控制」。

他說：「不管過去有什麼疏忽或作為，一個人必須從現在開始變得成熟些，才能使未來比過去更好。現在與未來取決於學習以新習慣和新角度去看待舊問題，我們不會從『繼續挖掘過去』中發現任何未來……每個病患的基本情緒問題，都有相同的由來，這個相同的由來就是，**病人已經忘記如何——或者也許從未學習過如何——控制他此刻的思維來製造歡樂。**」

> 我們的現在與未來，取決於學習以新習慣和新角度去看待舊問題，我們不會從「繼續挖掘過去」中發現任何未來。

▌別驚醒失敗的記憶

對於被「掩埋」在無意識中、以往失敗的記憶裡、不愉快和痛苦經驗下的事實，我們不見得要為了獲得有效的人格改變，而把它們「挖出來」、曝光或檢查。如同前文所述，所有的技巧學習都伴隨了嘗試與錯誤、試驗、未命中目標、有意識地記住錯誤的程度、在下次的嘗試中做修正——直到終於成功或達到目標，然後我們會記住或想起成功的反應模式，並在未來的情況中模仿使用。這個道理就像一個人學習投擲馬蹄鐵、擲飛鏢、唱歌、開車、打高爾夫、與他人社交或其他任何技巧一樣，同樣的道理也適用在學習穿越迷宮的「機器老鼠」上。

因此，所有的自動控置機制在本質上就包含了過去犯錯、失敗、痛苦和負面經驗的記憶，但這些負面經驗不但不會壓抑學習過程，反而有所助益，只要它們被適當的運用為「負面回饋資料」和被視為想達到的正面目標的「誤差」。

> 負面經驗不但不會壓抑學習過程，反而有所助益，只要它們被適當的運用為「負面回饋資料」和被視為想達到的正面目標的「誤差」。

不過，一旦辨識出錯誤和修正好路徑，**有意識地忘掉錯誤**就變得跟其他程序一樣重要，然後記住成功的嘗試並加以思索。

這些以往的失敗記憶並不會造成傷害，只要你的意識思考和注意力集中在要達成的正面目標上。所以，最好讓失敗的記憶沉睡，別驚醒它。

我們的失誤、錯誤、失敗、有時甚至連我們的恥辱，都是學習過程中無可避免的步驟。然而，它們並不是結束，而是走向終點的工具，當它們發揮了應有的功能之後，**就應該被忘掉**。如果我們有意識地思索這些錯誤，或因錯誤而有意識地懷有罪惡感，然後因此苛責自己，那麼在不知不覺中，**那些錯誤或失敗就會變成存在於我們意識想像和記憶中的「目標」**。最不快樂的人，是堅持在想像中一遍又一遍重新體會過去的人——不斷為從前的錯誤責怪自己、不斷為從前的罪惡譴責自己。

我永遠忘不了，我的一位女性病患是怎麼用不愉快的過去折磨自己，嚴重到摧毀了任何近在眼前的幸福機會。她嚴重的唇顎裂使她躲避人群，令她多年來生活在痛苦和怨恨之中，因此養成了溝通不良、易怒的性格，

而且完全敵視這個世界的一切。她沒有朋友，因為她想像沒有人願意和看起來那麼「可怕」的人做朋友，她故意逃避人群，更糟的是，她一貫地用防衛的心態使心靈疏離人們。手術治好了她的生理問題，她試著調適，開始與人們友善、和諧的相處，但卻發現過去的經驗一直在阻礙她。她覺得不管她的新面孔如何，她就是無法交朋友和變得快樂，因為沒有人會原諒手術之前的她。這導致她又犯下和以前同樣的錯誤，永遠無法快樂起來。直到她學會停止因為以前的事情而譴責自己、停止在想像中重溫趨使她來我診所做手術的所有不愉快事件以前，她始終過得如行屍走肉。

　　為了以前的錯誤和失誤而不斷責備自己不但無濟於事，反而會使你要改變的行為無法挽回。如果你一直思索它們並且愚昧的推論說：「我昨天失敗了，所以我今天也會再次失敗。」過去失敗的記憶將會對你現在的表現產生不利影響。不過，這並不**表示**無意識的反應模式本身具有任何力量去使失敗一再發生或永不消失，也不表示在行為能被改變前，所有被埋藏起來的失敗記憶都必須被**根除**。如果我們會遭受這樣的痛苦，那是由於我們的意識、思考性的心智，而不是由於「無意識」造成的，因為，正是憑著我們人格中的思維部分，我們才能做結論，並選出我們應該去專注的「目標形象」。從我們改變主意、停止對過去輸入能量的那一刻起，過去和它的錯誤就失去了對我們的掌控。

> 過去失敗的記憶對你現在的表現會產生不利影響。

忽略過去的失敗，勇往直前

　　我要再次強調，催眠會給予你明確的證明。當一個害羞、膽小的壁草在催眠狀態中被告知（而且他相信或認為）他是一名有膽識、自信的演說家，他的反應模式**立刻**改變了。**他當下所做的，就是他當下所相信的**，他的注意力完全集中在他所嚮往的正面目標上——絲毫不思索或顧慮過去的失敗。

　　桃樂蒂・布蘭德（Dorothea Brande）在她極具魅力的作著《覺醒與活著》中告訴大家，這個想法如何讓她變成一位更具生產力和成功的作家，

並且誘導出連自己都不知道的天賦和能力。她在目睹一項催眠表演之後，感到既好奇又驚喜，後來她剛好讀到心理學家梅爾斯（F. M. H. Myers）所寫的一句話，她說那句話改變了她整個人生。梅爾斯的那句話說明，被催眠者所表現出來的天賦與能力，是由於在催眠狀態中對過去失敗記憶的「淨化」。

布蘭德問自己，如果這在催眠狀態下是可能的——如果一般人的內在都藏有被壓抑住、只因過去的失敗記憶而不使用的天分、能力、力量——那為什麼一個人不能在清醒的狀態下忽略以往的失敗、運用這些力量，並且「表現得像是不可能會失敗似的」呢？

她決定親自嘗試。她假定力量和能力就在那兒，而且只要她肯前進並且**「做得就像真的一樣」，而不是淺嘗即止的試驗**，那她就能運用它們。結果如何呢？在一年內，她的著作量提升了許多倍，銷售量也是。另一個意外的結果是，她發現自己有公開演講的天分，她變成非常受歡迎的演講者——而且樂在其中，但以前的她不但沒顯現出演講的天分，還非常討厭演講。

伯特蘭・羅素的方法

伯特蘭・羅素（Bertrand Russell）在其著作《征服快樂》中說道：「我並非天生快樂。當我還是個孩子的時候，我最喜歡的詩歌是：『厭煩世界，揹負著我的罪。』在青少年時期我憎恨人生，常常在自殺邊緣徘徊，但是這個想法卻被我對數學的求知欲遏止。現在，相反的，我享受人生，幾乎可以說每過一年，我就更享受我的人生……絕大部分是由於——我漸漸變得不再只關心我自己。就像其他受過清教徒教育的人一樣，我習慣反省自己的罪、愚行和缺點。在我看來——無疑地很公平——我真是一個可憐蟲。漸漸地我學會漠視我自己和我的缺點，我逐漸把注意力放在外在的事物上：世界的現狀、各種知識，以及讓我覺得有吸引力的人。」

同樣在那本書中，羅素描述了他用來改變以錯誤信念為基礎的自動反應模式的方法：

　　只要用對方法，就極可能克服無意識的幼年期暗示，甚至改變無意識的內容。每當你開始對一個「你的理性告訴你它沒有什麼不對的行為」感到懊悔，你就要審視感到懊悔的原因，並且細細說服自己相信這些原因的荒謬之處。請讓你有意識的信念鮮活而突出的呈現出來，強烈到在你的潛意識中留下印象，而這個印象又強烈到比得上你在嬰兒時期的護士或你母親所留下的印象。請不要滿足於在理性與不理性之間穿梭，你應該仔細審視自己的不理性，並堅定決心不重視它，切勿讓它因而支配你。每當它把愚昧的想法或感覺丟入你的意識裡，就把它們連根拔起，檢查它們、拒絕它們。別讓你自己繼續當個優柔寡斷的人，在理性與幼稚的傻念頭之間舉棋不定……

　　假如想要這種變革成功地帶來個人幸福，並讓一個人始終如一地依照一種標準過生活，而不是在兩種標準之間猶疑反覆，就必須好好思考和深入感受自己的理性在說些什麼。大多數人在表面上拋開孩童時代的錯誤信念之後，便以為這樣就結束了，他們並沒有意識到，這些錯誤信念仍然潛伏存在。當我們得到一個理性的信念時，就必須要好好思索它，追蹤其結果，並揪出自己內在是否仍有任何與新信念不一致的信念，否則這些舊信念就會存留下來……我要說的是，一個人對於他理性地相信的事情應該堅定決心，絕對不允許矛盾的不理性信念輕易地闖入或掌握住他——不管有多短暫。問題在於，在他傾向變得不成熟的當下要做出理智的判斷，如果他的判斷十分果絕明確，這個過程是可以非常短暫的。

> 對於你理性地相信的事情應該堅定決心，絕對不允許矛盾的不理性信念輕易地闖入或掌握住他一不管有多短暫。

▊你看到你被自己騙、被自己看扁了嗎？

　　我們可以看到，伯特蘭・羅素用來搜尋出與某種深信不疑的信念相互矛盾的想法的技巧，本質上與普瑞史考特・賴奇大獲成功的臨床試驗方法是一樣的。

　　賴奇的方法是，讓實驗對象**看到**自己的某種負面觀念，與其他牢牢秉

持的信念是**相互矛盾**的，賴奇相信，用來填滿整個「人格」的所有想法和概念必須彼此和諧一致，這是我們「心靈」的固有本質。如果某個想法的矛盾處能被有意識地辨別出來，那個想法就一定能被排除掉。

我有一位推銷員病人，每次拜訪大人物時都會被嚇個半死。他的恐懼和緊張，僅僅經過一堂諮商治療就被克服了。在治療中我問他：「你會匍匐在地，然後爬到那人的辦公室裡、拜倒在至高無上的權貴之前嗎？」

「我才不會！」他怒氣沖沖的說。

「那為什麼你在心裡會卑躬屈膝的奉承？」

另一個問題：「你會走進那人的辦公室，像乞丐一樣地伸出手乞討一毛錢或一杯咖啡嗎？」

「當然不會。」

「難道你看不出來，當你懷著過分關心他會不會贊同你的心情走進去時，實際上你所做的就是這麼一回事？難道你看不出來，你的心態差不多等於伸出手乞求他同意和接受你是個人？」

賴奇發現，有兩種強而有力的手段可以改變信念和觀念。幾乎每個人都牢牢秉持著一些「標準」信念，分別是(1)一個人有能力做好分內之事、發揮某種程度的獨立能力的感覺或信念；(2)認為你的內在有某種不允許遭受屈辱的「東西」的信念。

審視並重新評估你的信念

理性思考的力量未被認同的原因之一是，它太少被用到。

追蹤探索你負面行為背後關於自我的信念、關於世界或他人的信念。當成功似乎唾手可得時，是否會因為「某種總是會發生的事」使你錯失良機呢？也許你背地裡覺得你不配成功，或是你不值得成功。你在別人面前會感到不自在嗎？也許你相信自己不如他們，或是相信別人也許對你懷有敵意和不友善。即使處於一個相當安全的情況中，你也會無由的感到焦慮和恐懼嗎？也許你相信你活著的世界是一個充滿敵意、不友善、危險的地方，也或許你相信自己「活該受罪」。

　　記住，**行為和感覺是從信念中躍然而生的**。為了根除導致你的感覺和行為的信念，你要問自己：「為什麼？」你是不是想做什麼事、想用某種管道表達自己，但因為「我做不到」的感覺而畏縮不前？問問你自己：「為什麼？」

　　「為什麼我相信自己做不到？」接著你再自問：「這個信念是基於一個千真萬確的事實或假設——還是基於一個錯誤的結論？」

　　然後，再用以下的問題問你自己：

(1)這種信念有任何合理的原因嗎？
(2)有沒有可能，我在這個信念上是錯誤的？
(3)對於在類似狀況中的其他人，我會不會也做出相同的結論？
(4)假如沒有一個好的理由去相信這個信念，為什麼我要繼續做得和感覺得像真的一樣？

　　不要只是漫不經心的看過這些問題，要與這些問題纏鬥，**努力**思索，拿出情感，你能看出自己被自己欺騙、自己被自己看扁了嗎——不是因為「事實」，而是只因為某個愚昧的信念？如果是這樣的話，試著產生一點憤慨、甚至發怒。**憤慨與憤怒有時能做為錯誤想法的解藥**，艾佛瑞·阿德勒對自己和老師「抓狂」，不過他終究能夠拋卻他對自己的負面定義——這種經驗並非不常見到。

　　有一位老農夫說，他只花了一天的時間就徹底戒菸，因為有一天他發現自己把菸草忘在家裡，要走兩公里的路回去拿。在路上，他「看到」自己被一個習慣羞辱式的「利用」，氣極敗壞之下，他轉身走回田裡，從此不再抽菸。

　　知名律師克拉倫斯·達羅（Clarence Darrow）說他的成功開始於他想要抵押貸款購屋而被「氣炸」的那天。眼見交易即將完成，對方的妻子卻跳出來說：「別傻了，他永遠也沒有辦法賺到足夠的錢來還清。」其實達羅自己也很懷疑這一點，只是當他聽到她的嘲諷，**事情就起了變化**，他對那個女人和他自己感到憤慨，然後決心要做一個成功的人。

我有一位做生意的朋友，他有十分類似的經驗。他是個四十歲的失敗者，一直擔心自己的能力不足會使「事情的結果如何」，也擔心自己是否能完成每一筆生意。他想用賒帳的方式購買機器，但被賣家的太太拒絕，讓他既恐懼又焦慮。她不相信他最後能付清機器的錢。剛開始，他覺得希望破滅，但後來他變得憤慨，為什麼他要像這樣被欺侮？為什麼他要縮頭縮尾、一直害怕會失敗？那次經歷喚醒了他內心的「某種東西」──某種新的自我，然後他立刻看到那個女人的批評和他對自己的看法，冒犯了這個「東西」。他沒有錢、沒有信用、也沒有管道去完成他的理想，但他找到一個方法，然後在三年內就變得比他所夢想的還要成功──不僅在一項事業上，而是三項。

愈渴望，你的想像就愈逼真

能夠有效改變信念和行為的理性思考，必須伴隨著內心深處的感覺和渴望。你想像一下自己想做什麼、想擁有什麼，接著在那一刻假裝那些事情是可能的。對這些事情興起內心深處的渴望、燃起對它們的熱忱，並加以思索，然後持續在心裡這麼做。你目前的負面信念，是由之前的思想加上感覺而組成的。現在，你要產生足夠的情緒──也就是內心深處的感覺，你的新思想與新觀念就會把它們一掃而空。

如果你能分析這一點，就會看到你正在使用一種以前你常使用的處理方法──擔憂，唯一的差別在於你把目標從負面改為正面的。當你擔憂時，首先你會想像出一些不愉快的結果或目標，而且非常逼真的呈現在你的想像中。你沒有動用任何力氣或意志力，但仍不斷思索最終結果；你一直想像、一直思索，最後把你想像出來的結果當成一種可能性，你假裝那個想法「可能成真」。

> 當你擔憂時，你會想像出一些不愉快的結果或目標，而且非常逼真的呈現在你的想像中。

如此一再重複想像事情的「可能性」，會使想像出來的結果對你愈來愈真實。再過一段時間之後，就會自動產生配合情境的情緒──恐懼、焦慮、氣餒，而這些情緒與你一直在擔憂的不愉快結果很相稱。現在，改

變「目標想像」，你就能輕易地產生良好情緒；持續想像，並且專注於思索你所嚮往的結果，這種結果會令可能性看起來更真實，而且同樣的，熱情、歡樂、鼓舞、快樂等配合情境的情緒也會自動產生。奈特．鄧拉普博士說：「在養成良好的情緒習慣和戒除壞的情緒習慣時，首先必須處理思考和思考習慣。『一個人在心裡怎麼看自己，他就會成為那樣的人。』」

理性思考做得到與做不到的事

　　記住，你的自動控置機制能夠輕易地發揮失敗機制，就像它能發揮成功機制一樣，端視你提供什麼樣的資料給它處理，以及你為它設下什麼樣的目標。它基本上是一種目標追尋機制，它要處理的目標操之在你。我們許多人都無意識或不知情地設下失敗的目標——藉著懷抱負面態度和習慣性地想像自己的失敗情境。另外也要記住，**你的自動化機制不會推斷或質疑你提供給它的資料，它只負責處理資料和對資料產生適當的反應。**

　　給予自動化機制關於環境的真實訊息，是相當重要的一點。這就是有意識的理性思考所要處理的工作：**得知真相**，才能形成正確的評價、預算和判斷。在這一層關係上，**我們大多數人都傾向低估自己並高估我們所面臨的困難。**心理學家兼藥劑師愛彌爾．庫埃說：「一直把你必須做的事情想成很簡單，它就會變得簡單。」他推行一套受歡迎的心理治療和自我改善方法——以樂觀的自我暗示為基礎。

　　無獨有偶，心理學家丹尼爾．喬斯萊恩（Daniel W. Josselyn）在其著作《為何而疲倦？》中寫道：

　　人們用刻意的努力來凍結思考性的大腦，為了找出它的普遍原因，我做了好些廣博的實驗。大體說來，原因似乎是過於誇大了你精神勞動的困難性與重要性，你把這兩者看得太嚴重，並且害怕它們發現你的無能。有人在非正式場合中口若懸河，可是一旦走上講臺就變成低能兒。你一定要知道，如果你能使某個鄰居感興趣，你就能使所有鄰居、甚至全世界感興趣，別被盛大的氣勢給嚇壞了。

心靈控馭小檔案

　　雖然有人害怕演講，但他通常不會害怕跟信任的朋友在公開場合聊天。你能在公開場合與朋友聊天，代表你**具備**演講的技能。現在你所需要做的，是把能跟朋友輕鬆聊天的那個「你」帶到一間大廳，在那裡，你會向一大群被視為朋友的群眾公開演講。先想像你自己在和朋友聊天→接著把同樣的想像在腦海裡擴大到一大群朋友身上→然後演講對你來說就變得輕而易舉。

▌沒試過，就永遠不知道結果

　　理性的工作是以有意識的思考去檢視和分析陸續傳入的訊息，接受正確的、排除錯誤的。許多人會輕易地被朋友偶然的評論給擊倒，像是「你今天早上看起來氣色不好」。如果他們被某人斥責或拒絕，他們會不明就裡的嚥下所謂的事實——也就是他們是等級低劣的人。我們大多數人每天都會受到別人的負面暗示，如果我們的意識心智有在運作並好好工作，我們就不必盲目的接受那些負面暗示。**「事情可以不用這樣」**是一句不錯的座右銘。

　　產生合邏輯和正確的結論，這是有意識的理性心智的工作，「從前我曾經失敗過，所以我未來也可能失敗。」這句話既不合邏輯也不理性，**還沒嘗試過，也沒有任何證據能證明會發生無可避免的失敗，就先做了「我不能」的結論，這就是不理性。**我們更應該像這樣的人才對——

　　有一個人被問到他會不會彈鋼琴，他說：「我不知道。」別人又問：「你說你不知道是什麼意思？」他回答：「我又沒有試過。」

▌決定你要什麼，而非你不要什麼

　　有意識的理性思考，是決定你要什麼，選擇你希望達成的目標，然後專注在這些事情上，而不要想那些你不要的事情。把時間和力氣花在專注於你不想要的事情上，是不理性的。

> 把時間和力氣花在專注於你不想要的事情上，是不理性的。

當美國前總統艾森豪還是二次世界大戰中的艾森豪將軍的時候，他被問到，假設侵襲敵軍的部隊在義大利海灘上被擊潰而退回海上，這會對盟軍產生什麼樣的影響。

「情況會很惡劣，」他說，「但我絕不讓我的腦子那麼想。」

緊盯著球

你的意識心智會對你手上要處理的任務、你正在做的事情和正發生在你周遭的一切緊盯不放，這些陸續傳入的感知訊息才能向你的自動化機制提供最新的環境消息，使它做出立即性的回應。用棒球的術語來說，就是**你必須緊盯著球**。

相對的，創造或「處理」手上的任務就**不是**你有意識的理性心智的工作了，所以，當我們在使用意識思考時忽略了它的使用方法，或是企圖把它運用在它不該使用的地方，我們就會陷入困境。我們無法用刻意的努力從創意機制中硬擠出創意思考，我們也不能用過分刻意的努力去「處理」要完成的工作，而且，如果我們試了卻發現做不到，那我們就會變得擔心、焦慮、挫折。自動化機制是無意識的，我們看不到它轉動的舵輪，我們無法看到在外表下所發生的事。由於它對目前和當下需要的反應是自然而然產生的，所以我們無法獲得事先的通知或保證，說它一定會有個答案。迫不得已，我們只能信任，也只有藉著信任和行動，我們才能收到信息與驚奇，簡言之，**意識和理性思考選擇目標，蒐集資訊，推論、評估、推演，然後開始轉動舵輪，但它並不對結果負責**。我們必須學會做我們的工作、依據最佳的假定來行動，和**讓結果水到渠成**。

要記憶的重點

（在此填入）

1. ....

....

....

2. ....

....

....

3. ....

....

....

4. ....

....

....

5. ....

....

....

你的案例記載

在此列出一項你過去的經驗，並依本章所提供的原理加以說明。

....

....

....

....

....

....

....

....

....

....

....

....

....

....

....

....

Chapter 6

不在意的力量

－先放鬆才能掌握局勢－

我以前很厭惡社交聚會，
只為了討好老婆或基於公務才參加，
我人去了，但在心理上是抗拒的，
而且往往表現出壞脾氣、不愛說話。
後來我決定，假如決定親自出席，
那麼我的心也要跟著去，
並且拋開所有抗拒的想法。
昨晚我不僅出席了以前我認為愚蠢的社交聚會，
還很意外的發現自己完全樂在其中。

在這個充滿壓力的時代，壓力已成為我們語言中的常用詞。憂心、焦慮、失眠和胃潰瘍等現象，在我們居住的世界中變成無法避免的一部分。不過我確信，事情可以不用這樣。

只要我們能夠對一個簡單的真相有所認知，即造物者賦予我們內建創意機制，藉此供給我們充分的必需品去順利度過這個時代或任何時代，那我們就可以放下煩惱、焦慮和憂心的沉重包袱，讓自己鬆一口氣。

我們的問題在於，**我們忽略了自動創意機制的存在，而試圖以有意識的思想或「前腦思維」來做任何事和解決所有問題。**

前腦相當於電腦的操作者，或是任何其他種類的自動控制裝置。因為前腦，我們才懂得思考「我」，並對認同有所感應，因為前腦，我們才能發揮想像力或設定目標。我們用前腦來蒐集資訊、做觀察、評估陸續進來的感測資料和產生判斷。

但是前腦無法創造，它無法「做」要完成的工作，就像電腦操作者無法「做」電腦要處理的工作一樣。前腦會提出問題，並且認清問題，但它在本質上是絕對無法去策劃解決問題的。

▌別太在意

話雖沒錯，但這正是現代人一直嘗試去做的：用意識思考來解決他所有的問題。

耶穌說：「你們哪一個能用思慮使身量多加一肘呢？」諾伯特・維納博士告訴我們，人甚至無法靠意志或意識思考來完成拿起桌上的筆這麼簡單的動作。

> 「你們哪一個能用思慮使身量多加一肘呢？」人甚至無法靠意志或意識思考來完成拿起桌上的筆這麼簡單的動作。

因為現代人幾乎完全依賴前腦，所以我們變得太在意、太焦慮和太害怕結果，而耶穌告戒我們「不要為明天而操心」，或聖保羅所說的「應當一無掛慮」，都被視為不切實際的廢話。

然而，這正是美國心理學泰斗威廉・詹姆士在多年前要給我們的忠告——假如我們當初肯聽的話。在他的短文〈放鬆福音〉（收錄於其著作

《儲備活力》）中，他說現代人太過緊繃、太關心結果、太焦慮（當時是一八九九年），過日子有更好和更輕鬆的方法：

　　若我們希望我們的觀念構成和決斷力能夠豐富、多樣、有效，就必須養成習慣，不要抑制對它們的想法，也不要以利己的立場全神貫注於它們的結果。就像其他習慣一樣，這種習慣是可以培養的。當然了，謹慎、責任與自重，抱負與焦慮的情緒，都是我們生活中必要的一部分，但當你在做一般性的決議和決定你的活動規劃時，要盡可能地壓抑它們，並將它們徹底排除在外；等到一旦達成決議、準備執行的那一天，就要拋開對結果所有的責任感和關注。總而言之，不要鉗制你具有智慧的實用機制，讓它自由地運作，然後它為你服務的效果會加倍的好。

▌以退為進的勝利

　　後來，詹姆士又在他著名的「基福德講座」（收錄於《宗教經驗之種種》）中引述一件件個案，指出許多人多年來試圖以刻意的努力來擺脫焦慮、憂心、自卑感、罪惡感，卻終告失敗，等到放棄刻意的奮鬥和停止嘗試以意識思考來解問題之後，才發現成功的到來。

　　「在這些狀況下，」詹姆士說，「如同無數的個人敘述中可靠的擔保，成功的方法是……臣服……是不抵抗，而非積極行動──**能掌控局勢的是放鬆，而非熱衷**。放棄責任感，放下你的堅持，把你的命運交付給更高層的力量，完完全全不要關心後果會變得如何……癥結在於，要讓你緊繃到痙攣的內在自我休息一下，並發現有一個更棒的靈性自我存在。無論來得慢或突然、大或小，在樂觀與期待下的結果、在放棄刻意努力後隨之而來的再生現象，始終是人類本質的堅定事實。」

▌放鬆後的靈光一閃

　　從許多作家、發明家和其他創意工作者的經驗裡，隨處可舉出能證

明我們所言不假的事實。它們千篇一律的告訴我們，創意概念並不是從前腦的思想中有意識地思考出來的，而是當有意識的心智放下這個問題、然後在努力思考其他事情時，創意概念就自動自發、自然而然的，靈光一閃地突然出現了。這些創意概念並不是跟起初的意識思考毫無關係、隨隨便便出現的，所有的證據都指向一個結論：為了得到「啟發」或「直覺」，當事人首先一定要對解決某個特定的問題或得到某個特定的答案產生濃厚的興趣，他必須專心思考、蒐集所有他能在那個主題上取得的資訊、考量所有可能的行動方式；還有最重要的一點，他對解決那個問題必須具有炙熱強烈的渴望。然而，在他認清問題之後，他在想像中看到了想得到的結果、盡其所能取得一切資訊和真相，但是之後他所付出的努力、煩惱和擔憂都沒有幫助，似乎只對問題造成阻礙。

著名的瑞士科學家亨利·費爾（Henri Fehr）說，他一些好的構想幾乎都發生於他未積極研究問題的時候，而且與他同期的研究學者的發現，大部分也發生於他們沒在工作的時候。

眾所皆知的，當湯馬斯·愛迪生思考問題受阻時，他會躺下來小睡片刻。查理斯·達爾文也表示，他曾認真思考長達好幾個月的時間，但都無法得到他寫《物種起源》所需的構想，之後他腦海裡突然靈光乍現，他寫道：「當解答應運而生時，我欣喜不已，我清楚記得當時我在路上某個地方的馬車上。」

美國廣播公司前總裁雷諾克斯·禮萊·羅爾（Lenox Riley Lohr）在《美國雜誌》中敘述幫助他事業的想法是怎麼來的，「我發現，想法多半發生於你在做使大腦保持警覺但沒有施太多壓力的某件事時，如刮鬍子、開車、鋸木板、釣魚或打獵等，或者是與朋友做激發性的談話時。有些最好的構想來自於偶然取得的資訊，而且跟我的工作完全沒關係。」

通用電氣公司的研究部主任舒茲（C. G. Suits）說，研究實驗室中，幾乎所有的發現都來自於密集思考和蒐集真相後放鬆期間的靈感。

伯特蘭·羅素在其著作《征服快樂》中寫道：「舉例來說，我發現，假如我要寫的主題相當困難，最好的方式是非常密集的（盡我最大的努力）去思考個幾小時或幾天，然後在思考結束時，工作便暗地裡展開。幾

個月之後，我的意識再度回到那個主題上，赫然發現工作已經完成。在我發現這個技巧之前，我會因為沒有進展而花好幾個月的時間擔心，但擔心不會幫我快點找到答案，而且那幾個月的時間就這樣浪費掉了，可是現在我可以把那些時間用在其他要追尋的事情上。」

擔心不會幫助人們快點找到答案。

心靈控馭小檔案

　　許多創作者指出，他們獲得最佳靈感的時機是在洗澡、海邊散步時，要不然就是在水裡或附近有水的地方——也許，是水的「流動」引發靈感湧現。

　　另一個常引發創意理解的「活動」是睡眠。如果你有一個想要得到答案的問題，或者你正在進行一項計畫，想趕快完成才能好好放鬆，那麼在入睡前，你可以指示你的心靈開放給有用的資訊，睡醒時再把資訊記起來。在床頭櫃上擺一本記事本和一隻筆，把靈感記錄下來，這是個不錯的辦法，當你使用這個方法時，你會很快地發現你所得到的靈感，比任何你醒著時所得到的想法都好太多。

人人都是「創意工作者」

　　我們所犯的錯誤是，假定這種無意識大腦活動的過程只專屬於作家、發明家和創意工作者，事實上我們都是創意工作者，無論我們的身分是父母親、學校老師、學生、推銷員或生意人，我們內在都有著相同的成功機制，而且這個機制會幫忙解決個人問題、做生意或賣東西——就像它能幫忙編故事或發明一樣。伯特蘭・羅素把他用在寫作上的方法，推薦給他的讀者去解決他們的個人常見問題。植物學家暨《超感官知覺與心靈學：探索心靈領域》的作者萊恩博士（J. B. Rhine）說，他認為我們所謂的「天才」只是一種處理方法，是人類心智運作以解決任何問題的一種自然方法，但我們誤會了天才的意思，只把這個詞用在寫書或畫畫方面。

「自然」行為與技巧的祕密

　　你內在的成功機制能像製造創意概念一般的去製造「創意做法」；任

何表現上的技巧——無論在運動、彈鋼琴、談話或販售商品方面，都不存在於以意識費勁地思考出來的行為當中，而存在於放鬆、舒緩的行為裡，讓工作自己透過你來完成。創意表現是自發且「自然」的（相對於自覺的和經由學習的），在彈鋼琴時，如果刻意想著哪一隻手指應該放在哪一個琴鍵上，那麼，即使是世界上技巧最純熟的鋼琴家也無法把簡單的曲子彈好；他之前已在這件事情上投入意識思考（學習時），然後一直練習，直到他的行為變成自動化和習慣性的。只有當他達到能夠停止刻意努力，並且將演奏的行為轉化為無意識的習慣機制、成為成功機制的一部分時，他才能成為熟練的演奏家。

別堵住你的創意機制

　　刻意努力會抑制和堵住自動化的創意機制。有些人在社交場合中感到不自在和尷尬的原因，就是因為他們太在意、太焦慮於要把事情做對，他們對於自己的一舉一動都費心去注意，每一個動作都是**思考出來的**，說出的每一個字都要算計它的效果。我們形容那樣的人很拘謹，真的很貼切，但是，如果我們說那種人是被他自己的創意機制給**拘束**住了，那會更有道理；假如這些人能放手、放棄刻意努力、不要在意、不要思考他們的一舉一動，他們就能自然而然的產生創意行為，做真正的自己。

心靈控馭小檔案

　　設定目標時要記住一個重點：大部分的時間裡，你會處於「旅行模式」，你要專注於過程和你達成目標所需採取的行動。如果你的目標是登上聖母峰，卻只想著人在山頂，那就「堵住」了你目前的成功機制。你必須注意一路上的每一步，大部分的時間都要專注於旅程——偶爾（當你想像時，每天一到兩次）朝著目標修正。然後回到旅行模式，把目標移交給潛意識或成功機制，讓自己毫不費力的接受引導而到達目的。

　　想改善財務狀況的人一定要留意這個忠告。如果你繼續執迷於你目前和想像中未來的財務狀況，你其實不太可能達到目的。為你的目標做好規劃，然後忙著**專注於過程**，如果你還不知道過程是什麼，就留一點空間，給自己去了解該怎麼做。當你放鬆時，你自然會知道該怎麼做——而不是當你緊繃或試圖在過程中奮力前進時。

▎釋放創意機制的五個法則

(1)「在下注前儘管擔心，不要等到開始後才焦慮」

　　我會有這層體認，主要是受惠於一位企業執行長，他的弱點是輪盤賭博，上面那句話就像魔法般幫助他克服了擔憂，同時也更成功、更有創造力地行使職責。我剛好對他引用了之前提過的威廉・詹姆士的箴言，說焦慮的情緒在規劃和決定行動方針上有其作用，但是，「等到一旦達成決議、準備執行的那一天，就要拋開對結果所有的責任感和關注。總而言之，不要鉗制你具有智慧的實用機制，讓它自由地運作，然後它為你服務的效果會加倍的好。」

　　幾個星期之後他衝到我的診所，像個找到初戀的小學生似的很熱切於他的「發現」。「我突然有了靈感，」他說，「就在造訪拉斯維加斯時，我一直嘗試，然後成功了。」

　　「你有了什麼靈感，又是什麼成功了？」我問。

　　「就是威廉・詹姆斯的忠告。當你告訴我的時候還沒造成多大影響，但當我在賭城玩輪盤時那句話又回來了。我注意到許多人似乎在下注前一點兒都不擔心，顯然成功率對他們來說不算什麼，然而一旦輪盤開始轉動，他們個個摒息以待，開始擔心他們押的號碼會不會出現。我心想，多蠢啊！如果他們要擔心、憂慮或計算成功率，時機應該是在決定下注之前，那時你還可以思考一下能做些什麼。你可以計算可能的最佳成功率，或者決定根本不要冒險，但是在下注和輪盤開始旋轉後，就盡情放鬆的享受吧——這時候思考沒有絲毫幫助，只不過是浪費精力而已。

　　然後我想到自己的事業和人生，我其實也一直在做同樣的事。我常常在沒充分準備和沒思考所有相關風險與最佳替換方案的狀況下做決定，或是展開一系列的行動。然後在我轉動輪盤之後（只是個比喻），我繼續擔心事情的結果會如何、我是不是做了正確的事情……我當時立刻下定決心，以後我在做決定前可以儘管擔心、可以盡量用前腦思考，但一旦做了決定、讓輪盤轉動之後，我就要『拋開對結果所有的責任感與關注』。說

出來你可能不會相信，這真的有用！我不僅感覺更好、睡得更香、工作更順利，連我的事業也進展得更順暢了。

我還發現，人生中其他諸多小事情也存在同樣的原理。譬如說，我以前對看牙醫和其他不愉快的事情會擔心苦惱，可是後來我對自己說：『這太蠢了，你在決定要去之前就知道會不愉快。如果不愉快本身會大到令你那麼在意──而且事實上並不值得擔心，你乾脆決定不要去就好了。但是，如果決定的結果是：這趟行程是值得忍受點兒不愉快的，而且已經確定要去了──那麼就忘掉不愉快吧！在輪盤轉動前，要先考量風險。』

從前，如果我要在董事會議上報告，那麼在開會前的那個晚上我會焦慮，後來我對自己說：『我只有報告或不報告兩條路可以走，如果決定是要報告，那麼就不用再想不用報告的事──或者在心理上逃避它。』我發現許多緊張與焦慮，都是心理上企圖逃避你決定要親身經歷的事情所引起的。如果你的決定是要去經歷──而不是在現實中逃避，那為什麼要在心理上一直想著或希望逃避呢？

> 許多緊張與焦慮，都是心理上企圖逃避你決定要親身經歷的事情所引起的。

我以前很厭惡社交聚會，只為了討好老婆或基於公務才參加，我人去了，但在心理上是抗拒的，而且往往表現出壞脾氣、不愛說話。後來我決定，假如決定親自出席，那麼我的心也要跟著去，並且拋開所有抗拒的想法。昨晚我不僅出席了以前我認為愚蠢的社交聚會，我還很意外的發現自己完全樂在其中。」

(2)養成對當下刻意回應的習慣

有意識地練習「不為明天煩惱」的習慣，方法是把你所有的注意力都放在當下，你的創意機制不能處理明天的事，它只能處理目前（今天）的工作，你可以為明天做長程規劃，但不要試圖**活在**明天或過去。創造性的生活代表著對環境**自然而然地產生回應和反應**，你的創意機制能夠適當且成功地對目前環境產生回應──只要你全心專注於目前的環境，並把現在正發生事件的相關資訊提供給它。為你在未來想要的一切做規劃，然後做

準備，但別擔心你明天、甚至五分鐘之後要怎麼做出反應。如果你有注意當下所發生的一切，你的創意機制就會在「現在」做出適當的反應，它明天也會這麼做，它無法對**可能**發生什麼事成功地做出反應——它只對**正在**發生的事情做出反應。

⊕生活在「日密艙」裡

《生活之道》的作者威廉・奧斯勒博士（William Osler）曾經說過，一個可以像任何其他習慣一樣養成的簡單習慣，就是他生活上幸福、成功的唯一祕密。他忠告他的學生，要生活在「日密艙」裡，無論瞻前或顧後，都不要超過那二十四小時的區間，**今日盡力生活，今日過得好，你就能將一己之力發揮到極致，使明天更好。**

威廉・詹姆士也把這種哲學奉為心理學與宗教領域中治療憂慮的主要原理，他說：「關於熱內亞的聖女凱薩琳，據說『只有當事情前仆後繼、接連呈現在她面前時，她才去注意到它們的存在。』對她聖潔的靈魂而言，最神聖的時刻就是當下……當當下本身及其關係受到評估時，和當它所涉及的任務完成之後，它就被允許消逝，像是不曾出現過一樣，然後遜位給後來的面孔和任務。」

> 別嘗試永遠不喝酒——只要說：「我今天不喝酒。」

匿名戒酒會也使用同樣的原理，他們說：「別嘗試永遠不喝酒——只要說：『我今天不喝酒。』」

⊕停、看、聽！

練習對你目前的環境變得更有所警覺，**此刻**你的環境中有什麼景象、聲音、氣味是你沒有注意到的？

刻意練習**看與聽**，對於感覺物體的存在要有所警覺。當你走路時，你對於腳底踩過的路真的有感覺嗎？美洲原住民和早期的拓荒者為了生存，必須隨時對環境中的景象、聲音和感覺保持警覺。現代人也是，只是理由不同——不是因為實質的危險，而是來自於紊亂思緒、無法創意地和自然而然地生活，和無法對環境做出適當反應的「緊張脫序」危機。

「對**現在正發生的事**變得更有警覺性，並且**只對**正在發生的事做回

應」——這在舒緩緊張不安上有近乎神奇的效果。下次你覺得自己緊繃、變得緊張不安、神經兮兮時,就讓自己稍微休息一下,問自己:「此時此地有什麼是我應該回應的?有什麼是我該做的?」**許許多多的緊張,都是因為你不經意地「試圖」做在此時此地不可能完成的事情所引起的**,你準備好要採取行動或去「做」,但這不可能發生。

要隨時記住,你的創意機制的工作,是對目前環境做出適當回應——**此時、此地**。許多時侯,假如我們不「停下來思考」這一點,我們會自動對過去的環境做出反應,我們沒有對當下和當下的情況做出反應,而是對之前的某個類似事件做出反應;簡言之,**我們不是對著現實、而是對著假象做反應**。充分認知到這一點,並了解自己在做什麼,才能產生速度快到驚人的「療癒」。

⊕別對抗來自於過去的稻草人

舉例來說,我有一位病人在企業會議、劇院、教堂或任何正式聚會的場合裡感到緊張不安、焦慮。人群是主要原因,但他沒有了解到這點,他一直試圖對他從前的某種「人群」環境做出反應,他記得在小學時弄溼褲子,嚴厲的老師把他叫到教室前當眾羞辱,這讓他感到自卑與羞恥。現在,只要所處環境中有觸發因素——人群,他便會反應得像過去的那個狀況整個重現那般。不過,當他能夠看清自己「反應得像」過往那個十歲的小學生一樣、好像每次聚會場合都是小學教室、好像每個聚會主人都是嚴厲的老師時,他的焦慮感就消失了。

其他典型的例子還有:一名女性對她遇到的每個男性,都反應得「就像」他是她從前認識的某個男性;有一名男子對每個權威人士,都反應得「就像」對方是他從前認識的某個權威人士。

⑶試著一次只做一件事

另一個造成困惑,以及感到緊張、匆促、焦慮的原因,是企圖同時做許多事情的壞習慣。例如學生同時讀書和看電視一樣;又如企業家沒有專

注且只試著「做」他目前正在口述的一封信，而是暗自想著他今天或本週**應該**完成的所有事情，並且無意識地在心裡企圖馬上完成。這種習慣是特別危險的隱伏危機，因為我們往往看不出來，當我們緊張不安、擔憂或焦慮地想著還有一大堆工作等著我們處理時，引起緊張不安感覺的並不是工作，而是我們的心態——那種「我應該要立即完成」的心態。我們變得焦慮，因為我們在嘗試做不可能的事，結果必然是徒勞無功與挫敗。

我們一次只能做一件事，了解到這一點，讓自己完全信服這個簡單明瞭的真相，就能在心理上停止嘗試做下一檔工作，把我們所有的察覺力、所有的回應力，都專注在我們正在做的這一件事情上。當我們用這樣的態度做事時，我們才能放鬆、才能擺脫匆促和焦慮的感受，而且**才能盡全力專注**與思考。

> 引起緊張不安感覺的並不是工作，而是我們的心態——那種「我應該要立即完成」的心態。

⊕沙漏的啟發

詹姆斯・高登・吉爾奇博士（James Gordon Gilkey）在一九四四年做了一次以「取得情緒平衡」為題的佈道，內容刊載於《讀者文摘》，並且幾乎在一夜之間成為經典。經過許多年的諮商生涯後，他發現，導致崩潰、擔憂和其他各種個人問題的主要原因是，覺得你現在應該做許多事的不良心理習慣。望著桌上的沙漏，他得到一個啟發：就像沙子只能一次一粒地穿過沙漏一樣，我們一次也只能做一件事，**問題不在於工作，而是我們堅持想著工作的態度導致問題的產生。**

基爾奇博士說，我們大部分的人都覺得生活匆促或受到催促，因為我們對自己的本分、義務和責任形成了錯誤的心靈藍圖。似乎在任何時刻都有一大堆事情擠到我們眼前、有一堆事情要做、有一堆問題要解決、有一堆壓力要忍受。

即使在最忙碌的一天裡，工作的尖峰時刻也是依序前來，無論我們面臨多少問題、任務或壓力，它們都是**一件件**到來，那是事件到來的唯一方式。為了獲得正確的心靈藍圖，他建議想像沙漏裡的沙**一粒粒**掉落的樣子；這種心靈藍圖會帶來情緒平衡，而錯誤的心靈藍圖會帶來情緒不安。

　　另一個我發現有助於我的病人的類似心理計策是告訴他們：「你的成功機制能夠幫助你做任何工作、執行任何任務、解決任何問題。將你自己想像成把問題『餵給』電腦的科學家似的，把你的工作和問題『餵給』你的成功機制。然而，成功機制的『送料斗』一次只能處理一件工作，就像當三種不同的問題混合在一塊一起輸入時，電腦便無法計算出正確答案一樣，你的成功機制也不能。減緩壓力，別再同時把多於一項以上的工作塞到機器裡。」

心靈控馭小檔案

　　你可以有許多目標，但一次專注於一件工作，遠比企圖同時專注於多項工作更能幫助你達成目標。在對一項目標專心致力的心靈中燃起渴望的烈火，你無需煽動，火焰自然會蔓延到其他地方。

(4)睡一覺再說

　　如果你一整天都在與同一個問題纏鬥而毫無進展，那麼試著將它從腦中拋開，暫時不要做決定，直到你有機會「睡一覺再說」，**記住，你的創意機制在不受到太多你的「我」意識干擾時功效最好。**在睡眠中，創意機制有很好的機會擺脫意識的干擾，以進行獨立作業——如果你之前就轉動過舵輪了。

　　還記得童話故事「小精靈與鞋匠」嗎？鞋匠發現，如果他裁好皮革、在就寢前將樣張放在桌上，小精靈就會在他睡覺時溜出來把鞋子縫好。許多創意工作者都運用過很類似的技巧。湯馬斯‧愛迪生的夫人說，他先生每晚臨睡前都會把他想在次日完成的事情想一遍，有時，他會把他想做的工作和想解決的問題列成一張清單。

　　據說，每當華特‧史考特爵士（Sir Walter Scott，英國小說家）的構想無法成形時，他會對自己說：「沒關係，等到明天早上七點鐘再說。」

　　被奉為「客觀心理學之父」的俄國神經學家弗拉迪米爾‧貝克托列夫（Vladimir Bekhterev）曾說：「這種狀況已經發生過好幾次，晚上當我專注

於一個我必須寫成詩體的主題，到了早上，我只需拿起筆就文思泉湧，就像是——自然流露般，我只要晚點再修飾一下就好了。」

愛迪生出名的「打瞌睡」，作用已不只是疲倦時的休息而已。喬瑟夫・羅斯曼（Joseph Rossman）在《發明家的心理學》中提到：「當被某件事情難住時，他會在他的門洛實驗室裡躺下，打個盹，從夢境中得到啟發來幫助他解決困境。」

普利斯特萊（J. B. Priestley）夢到三篇文章，內容鉅細靡遺：〈伯克夏郡野獸〉、〈詭異用品店〉和〈夢境〉。

坎特伯里樞機主教弗瑞吉克・坦普（Fredrick Temple）曾說：「所有決定性的思考都在臺面下進行，當它發生時我幾乎不知道……必定多半發生在睡著的時候。」

亨利・瓦德・畢雪（Henry Ward Beecher）曾天天佈道，為期長達十八個月。他的法門是什麼？他先「孵出」一堆想法，每晚就寢前選出一個「要培育的想法」，然後藉著對它認真的思考來「攪動」它。隔天早上，它就已經長成得很適合佈道。

其他還有奧格斯特・凱古勒（August Kelule）在睡覺時發現苯分子的祕密、奧圖・洛維（Otto Loewi）的諾貝爾獎獲獎發現（活性化學物質與神經衝動有關），以及小說家羅伯特・路易斯・史蒂文森（Robert Louis Stevenson）的「棕精靈」（Brownies，據他本人說，棕精靈在他睡覺時給了他所有的情節靈感），這些都是眾所皆知的。

但鮮少為人所知的是，許多企業家也使用相同的技巧，舉例來說，亨利・庫柏斯（Henry Cobbs）在一九三〇年代初期用一張十元鈔票創業，後來建立了數百萬美元資產的郵購水果企業，他在床邊放了一本筆記本，起床後立刻振筆寫下創意靈感。

維克・波克從匈牙利來到美國時，既沒有錢也不會講英語，他找到一份焊工的工作，一邊上夜校學英文，一邊把錢存起來。他的積蓄在大蕭條時賠光，不過到了一九三二年，他創立了自己的焊工店鋪，他把它叫做「鋼鐵裝配家」，後來成了日進斗金的公司。

「我發現你必須讓你自己休息，」他說，「有時我在夢裡找到應付問

題的靈感,然後很興奮的醒來。有許多次,我在凌晨兩點爬下床,然後一路奔到店裡看看某個靈感是不是有用。」

⑸在工作時放鬆

練習——讓放鬆變成一種習慣

在第四章,你學到如何在休息時誘導生理和心理的放鬆P085,請持續每天的放鬆練習,你會變得愈來愈熟練。在這期間,如果你養成心靈記憶的習慣——記住你所誘導出的美好放鬆感覺,你便可以在從事日常活動時誘導出一種放鬆的感覺和放鬆的態度。在一天裡偶爾停下來休息,只需要一下下的時間,你要仔細記住放鬆時的知覺和情緒,記住你的手臂、你的腿、背部、頸子和臉的感覺。有時塑造你自己的心靈想像,可以躺在床上、或放鬆並軟趴趴的坐在舒適的椅子上,都有助於憶起放鬆的感覺。在心裡多練習幾次「我覺得愈來愈放鬆」,也會有幫助。

你會很驚訝這種練習多麼能減少疲倦、多麼能令你把事情處理得更好,因為藉著放鬆和維持一種放鬆的態度,你能消除那些過度的擔心、緊張和焦慮——這些情緒干擾了你創意機制的運作效能,到時候,你的放鬆態度會變成一種習慣,你就不再需要刻意的去練習。

要記憶的重點

（在此填入）

1.

2.

3.

4.

5.

你的案例記載

在此列出一項你過去的經驗，並依本章所提供的原理加以說明。

_____

_____

_____

_____

_____

_____

_____

_____

_____

_____

_____

_____

_____

_____

_____

_____

_____

_____

Chapter 7

讓快樂成為你的人格時裝

－讓你不開心的，其實不是事情本身－

愛迪生在一場火災中損失了價值數百萬美元的實驗室，

而且沒有保險，

有人問：「你究竟會怎麼做？」

愛迪生說：「我們明天會開始重建。」

在這一章，我要從醫學的角度，而不是從哲學的角度，來討論主題——快樂。約翰·辛德勒博士把快樂定義為「當我們的思緒處在很愉快時的心理狀態」。從醫學的角度、也從心理學的角度上來看，我相信這個簡單的定義已經好到無法再修正了。

▌快樂是良藥

快樂是人類心理的天性，也是人類心理的療藥。我們在快樂的時候思考得愈好、表現得愈好、感覺愈好，也愈健康，連我們的生理感應器官都能發揮更好的功能。

俄國心理學家凱克柴耶夫（K. Kekcheyev）檢驗人們在想愉快和不愉快事情時的狀況，他發現，想著快樂的事情時，人們的視覺、味覺、嗅覺和聽覺都表現得更好，在觸摸時也可以察覺出更細微的差異。威廉·貝特斯博士（William Bates）證實，當一個人在想著愉快的事情或看到愉快的景象時，他的視力立即有所改善。視覺教育者瑪格莉特·柯爾貝特（Margaret Corbett）發現，當實驗對象想著快樂的事情時，記憶力會大幅改善，心理也放鬆了。

當我們快樂時，這種治療身心失調的藥就能促進我們的胃、肝臟、心臟，而且所有的內臟器官都發揮更好的功能。數千年前，有智慧的老索羅門王就說過這樣的箴言：「喜樂的心乃是良藥，憂傷的靈使骨枯乾。」還有一點也很重要，猶太教和基督教都把歡樂、欣喜、感謝、愉快描述成達到正直與美好人生的**工具**。

哈佛心理學家研究快樂與犯罪之間的關係，得到的結論是，荷蘭古諺「快樂的人絕不邪惡」是有科學根據的。他們發現，大部分的罪犯來自於不快樂的家庭，這個事實在不快樂的人類關係上其來已久。耶魯大學一項為期十年的挫折研究揭露，**我們所謂的不道德與對他人的敵意，大部分其實來自於我們自己的不快樂。**辛德勒博士曾說，不快樂是所有身心失調疾病的唯一原因，而快樂是唯一的療藥。英文字disease（疾病）的意思就是不快

> 不快樂是所有身心失調疾病的唯一原因，而快樂是唯一的療藥。

樂的狀態——「dis-ease」（不－舒服）。最近一項調查研究顯示，大體上，「往事情光明面看」的企業家樂觀又快樂，而且往往比悲觀的企業家更成功。顯然我們對追求快樂的普遍想法都本末倒置了，我們說：「表現良好，你就會快樂。」我們對別人說：「如果我能成功健康，我就會快樂。」「對別人仁慈與關愛，你就會快樂。」但假如我們這麼說會更正確：「要快樂——然後你會表現良好、更成功、更健康、懷有及展現更多的仁慈之心。」

快樂就是美德本身

　　快樂不是某種爭取到或應得的東西，快樂就跟血液循環一樣，都不是一種道德議題，而是健康與健全的必要條件；快樂其實是「我們思緒處在愉快時刻的一種狀態」。如果你不去思索愉快的想法，而要一直等待，直到你**值得**這麼做時，表示你可能有著自己「不值得」的不愉快想法。荷蘭哲學家斯賓諾沙（Spinoza）在其著作《倫理學》中說：「快樂不是美德的獎賞，而是美德本身。我們並不是因為克制欲望所以能沉浸於快樂之中，相反的，是因為我們沉浸於快樂之中，所以能克制欲望。」

追求快樂並非自私

　　許多忠厚老實的人不敢追求快樂，因為他們覺得那是自私或錯誤的行為。無私並不會導致快樂，因為快樂不僅引領我們的心靈走出自我和我們的內省、我們的錯誤、罪惡、困惑（不愉快的想法）、對自己「優點」的自大，而且還使我們能創意地表現自我，以及藉著幫助他人來實現自我。對任何人來說，最愉快的想法之一是被需要的想法——夠重要，而且有能力幫助別人和增加他人的幸福。然而，如果我們利用快樂來擬定一個道德議題，並且把快樂設想成是因自私而爭取來的一種獎賞，那麼我們對於得到快樂就會頗有罪惡感；快樂不來自於做人無私或行為無私——它是**做人無私**或**行為無私**的伴隨物，但不是「酬勞」或獎賞。如果我們因為無私而

受到獎賞，那麼，合理的下一步會是——假設我們捨棄得愈多、過得愈悲慘，我們就會愈快樂，導出這種荒謬結論的前提就是：得到快樂的方法是先過得不快樂。

假如在這方面有任何相關的道德議題，焦點都是放在快樂上，而不是不快樂。「不快樂的態度不僅惱人，而且卑賤、醜陋，」威廉‧詹姆士說，「無論可能是由什麼外在疾病引起的，還有什麼比痛苦、悲哀、鬱結的心情更卑劣與不值得？有什麼比這種情緒更能夠造成傷害？有什麼比這種情緒更無助於突破困境？它只是加速問題的惡化和使問題永遠無法解決，並增加了整個局面的負面影響。」

快樂並不寄託於未來，而是存在於現在

十七世紀的數學家暨哲學家布萊斯‧帕斯卡（Blaine Pascal）曾說：「我們從未享受人生，只是希望能享受人生，並且一直期望過得快樂。」

我發現，在我的病人中，不快樂的最常見原因之一是，他們靠延期支付計畫過日子，他們無法享受眼前的人生，而是把一切寄託在未來。他們在結婚時、找到工作時、買房子時、孩子讀大學時、完成某項任務或取得某種勝利時會感到快樂，然而在其他時刻，他們失望的情況依舊。快樂是一種心靈上的習慣，是一種心靈態度，假如現在不學習和練習，我們就無法去體會。快樂不會因解決某個外在問題而視情況產生，當一個問題決解之後，其他的問題會接踵而來，人生就是一連串的問題，**如果你就是要快樂，那麼你必須懂得快樂，就這樣！**沒有快樂是「因……而來的」。

> 快樂是一種心靈上的習慣，是一種心靈態度，假如現在不學習和練習，我們就無法去體會。

西元八世紀伊比利亞半島的統治者哈里發‧阿卜杜拉赫曼一世（Caliph Abd al-Rahman I）說：「到現在為止，我已經領導了五十多年的勝利或和平時期，我受人民愛戴、讓敵人畏懼、被盟國尊重。富貴與正直、權力與歡樂，都聽候我差遣，我似乎已擁有世界上所有的福祉。在這種情況下，我細數真正屬於我的快樂時光，總共是十四天。」

快樂是可以培養的習慣

大多數人快樂的程度，取決於自己的決定。

——亞伯拉罕・林肯

《以常識之名與重拾獨立自主》的作者、心理學家馬修・夏貝爾博士（Matthew N. Chappell）說：「快樂是純粹內在的東西，它不經由物質、而是經由概念、想法和態度製造出來的，它可以藉著個人自身的活動而發展和建構，與環境無關。」

除了聖人，沒有人能百分之百的一直快樂，而且，誠如蕭伯納的詼諧妙語，如果我們感到不幸，我們也許就會不幸。但是對於眼前讓我們不快樂的諸多日常生活瑣事和狀況，我們可以藉著思考和做簡單的決定來使自己快樂，並且在多數時間裡想著愉快的事。我們之所以對惱人、挫折等事情的反應絕大部分是暴躁、不滿、怨恨和易怒等，**純粹出乎習慣**。

我們長久以來都是這樣**做**反應的，因此已經變成一種習慣，這種習慣性的不快樂反應，**大多來自於我們將某件事自我解讀為對自尊的打擊**，諸如駕駛人對我們亂鳴喇叭、我們講話時被某個沒注意聽的人打斷、有人沒為我們著想——但我們認為他應該要那麼做。

即使非關個人的事情，也可能被解讀、反應為冒犯我們的自尊：我們要搭的公車誤點了、當我們打算要打高爾夫時下雨了、當我們要趕飛機時正好交通大亂……我們的反應是氣憤、怨恨、自憐，或者換個方法說——不快樂。

別再受事情擺佈

對於這種事情，我找到的最佳療方是利用不快樂本身的武器——自尊。「你上過電視節目，看過主持人如何操縱觀眾嗎？」我問一位病人，「主持人拿出一張寫著『鼓掌』的提示板，然後每個人都拍手，他拿出寫著『笑』的提示板，然後每個人都在笑，他們的反應跟羊一樣——好像他

們是奴隸似的，只依照吩咐做反應。你的反應也是一樣，你讓外在事件和別人告訴你該有什麼感覺、該怎麼反應，你的行為就像聽話的奴隸，你及時服從於所收到的某個事件或情況的訊息——要生氣、表現出焦慮不安、或現在要感到悶悶不樂。」

學習快樂的習慣，能把你的地位從奴隸提升為主人，或者就像羅伯特・路易斯・史蒂文森所說：「快樂的習慣將一個人從外在環境的掌控中釋放（或大幅度地釋放）出來。」

你的想法可能增加你的不快樂

即使在不幸的情況下和大部分的逆境裡，我們通常仍可以設法讓自己過得**更快樂**（或徹底的快樂）——**不要把我們自憐、怨憤、負面的想法再加諸於不幸之上。**

「我要怎樣才能快樂？」一個酒鬼的太太問我。

「我不知道，」我說，「但是妳可以決定不要把怨憤和自憐添加到自己的不幸上，而使自己更快樂。」

「我怎麼可能快樂得起來？」一位企業家說，「我才在股市裡損失了二十萬美元，搞得身敗名裂。」

「你可以**快樂**，」我說，「**不要對事實加上你的想法。**你損失二十萬美元是事實，但身敗名裂是你自己的想法。」我建議他記住古希臘哲學家愛比克泰德（Epictetus）的話，那一直是我最喜歡的銘言之一：「人並非受發生的事情所困擾，而是被自己對事情的看法所困擾。」

> 人並非受發生的事情所困擾，而是被自己對事情的看法所困擾。

當我宣布將來要當醫生時，有人告訴我那是不可能的，因為我家境不好。我媽沒錢是事實，但我永遠不能當醫生只是一個想法。後來，有人跟我說我永遠無法到德國讀研究所，而且一個年輕的整形醫師也不可能憑自己的力量在紐約掛牌開業，但這些我都做到了——而且幫助我的其中一件事，就是我不斷提醒自己，那些所有的不可能都只是想法，而非事實。我不僅設法達到自己的目標，而且在過程中很快樂，即使我必須當掉外套去

買醫學用書、為了買屍體而省下午餐費，還有我愛上一位漂亮女孩，但她嫁給別人，這些都是事實，但我一直提醒自己，「這是一個『大災難』、人生不值得留戀」都只是我的想法。我不僅度過了難關，它還變成我所發生過最幸運的事情之一。

快樂「需要」麻煩

以前就有人指出，因為人是目標奮鬥的生物，當一個人被導向某種正面目標和為嚮往的目標奮鬥時，他會自然且健全的發揮應有的功能。快樂是身心健全、自然的一種象徵，當一個人發揮目標奮鬥的功能時，他會感到相當快樂——無論處在什麼樣的環境裡。

我的一位友人是年輕的企業執行長，他因為損失二十萬美元而悶悶不樂。湯馬斯・愛迪生在一場火災中損失了價值數百萬美元的實驗室，而且沒有保險，有人問：「你究竟會怎麼做？」愛迪生說：「我們明天會開始重建。」他維持一種積極的態度，雖然遭受不幸，他仍然對目標充滿衝勁。而且，因為他有維持積極的目標奮鬥態度，所以他很明理的從未對自己的損失感到悶悶不樂。

理學家何林華（H. L. Hollingworth）說，快樂**需要**麻煩，再加上準備好遇到危難時以行動解決問題的心態。

威廉・詹姆士在《宗教經驗之種種》裡寫道：「許多我們所說的惡，完全是由於人們看事情的方式造成的。受害者內在態度的簡單轉變——從恐懼到對抗，往往能把惡轉變成令人振奮、振作的善；**在徒勞無功的閃躲之後，我們同意欣然的面對惡、承受惡，此時，惡的尖刺往往會脫落，而變成一種愉悅的滋味**；一個人因為榮譽的約束，在面對諸多乍看之下會擾亂他安寧的現實時，他只能採取這種方式逃開：拒絕承認它們的害處、輕蔑它們的力量、忽略它們的存在、將你的注意力轉移到別的地方，至少對你自己而言，即使現實也許仍然存在，但它們邪惡的特質已消失不復——**既然是你自己的想法讓事情變得有善與惡，那麼你首先要關心的，應該是掌控你自己的想法。**」

回顧我自己的人生，我可以看到我最快樂的時光中，有我在醫學院奮鬥、以及早年白手起家剛開業的日子。以前我常常挨餓，曾飢寒交迫、衣服捉襟見肘，每天工作至少十二小時；許多次我連續幾個月都不知道付房租的錢要從哪兒來，但我確實有個目標，我有強烈要達成它的欲望，並且有堅持不懈的決心去完成使命。

我把這一切告訴了那名年輕的企業執行長，還跟他說，造成他不快樂感受的真正原因，並不是他損失二十萬美元的事實，而是他失去了他的目標，他失去了原本積極的態度，他消極的認輸，卻沒有積極的反應。

後來他告訴我：「我當時一定是瘋了，竟要靠你說服我說，金錢上的損失不是使我不快樂的原因──但我很高興你所做的。」他不再哀傷於自己的不幸，從而改變立場，為自己設定另一個目標，然後努力朝著目標前進。五年之內，他不僅擁有比從前更多的財富，而且第一次體會到做生意的樂趣。

練習──想像你看見自己積極面對困難

養成面對威脅與疑難時，做出積極和正面反應的習慣；養成時時朝目標前進的習慣，無論發生什麼事。在實際日常生活中遇到的情況和你的想像中，用正面積極的態度做這個練習。在你的想像中看見自己採取正面、明智的行動去解決問題或達成目標；看見自己面對威脅時採取行動，不會逃離與躲避，而是正視它、應付它、用積極明理的態度與它搏鬥。「多數人只能勇敢面對自己已經習慣的危險，無論在想像或現實中。」

▋對惡想法關上心靈之門

隨處可發現善的個性，是心智健全的測量標準。

──萊福・瓦多・艾默森（Ralph Waldo Emerson）

快樂，或大部分時間裡保持愉快的思緒，可以用多少有點冷血的練習態度刻意與計畫性地培養出來，當我提及這一點時，我許多的病人都感到不可思議的震驚──如果他們不是覺得荒唐好笑的話。不過，經驗不僅指

出這種方式可行，而且還指出，這大概是能養成「快樂習慣」的唯一方式。首先，快樂不是發生在你身上的某件事，它是你所做的、你所決定的某件事，如果你只是等著快樂降臨到你身上、或「就這樣發生」、或由別人帶給你，你可能得等上好一陣子。除了你自己，沒有人可以決定你的想法，如果你想一直等著讓情況來「證明」你夠資格擁有快樂的想法，你一樣很可能要等到天荒地老。每一天之中都有善與惡，沒有任何一天或何任一個環境裡完完全全是百分之百的善；在世界上和我們的人生當中，一直有許多的元素和事實能支持悲觀和惹人厭的觀點、或樂觀和快樂的觀點，就看我們如何選擇。這多半是選擇、注意力和決定方面的問題，而不是為人在理性上正直或不正直的問題。**善跟惡一樣真實，問題只在於我們選擇把大部分的注意力放在哪裡**——和我們心裡秉持什麼樣的想法。

> 快樂並不是發生在你身上的某件事，它是你所做的、你所決定的某件事。

刻意選擇去想些愉快的主意，不只是一種治標的方法，它真的能達到非常實用的效果。著名的棒球投手卡爾・埃爾斯金（Carl Erskine）說，負面想法不僅破壞他的投球表現，還讓他陷入許多麻煩。如同諾曼・文生・皮爾（Norman Vincent Peale）在《虔誠使他們勝出》中所說：「一場佈道大會比任何教練的忠告更能幫助我克服壓力，它的精髓是：就像松鼠貯藏栗子一樣，我們應該把我們快樂和獲勝的時刻儲存起來，遇到危機時我們才能抽出這些記憶來幫助我們，並給予我們激勵。當我還小時，我會到一條鄉間小溪的河彎處釣魚，我可以在記憶中清楚的看見那個地方就在一片綠色大草原中央，四周環繞著高大、蔭涼的樹木。現在，每當緊張的氣氛在球場聚起或消散時，我都專心想著這個令人放鬆的場景，然後我心中糾葛的結就鬆開了。」

拳王基恩・唐尼（Gene Tunney）描述，專注在錯誤的「事實」上，如何幾乎讓他輸掉與傑克・丹普斯（Jack Dempsey）的首次對決。某天夜裡他從惡夢中驚醒，「我看到自己在流血、被毆傷、無助，沉沉的倒在擂臺上，快被倒數出局。我不住的發抖，我輸掉了對我而言就是一切的那場拳擊賽——冠軍寶座……

對於這個心驚膽顫的夢境，我能做什麼？我能猜測原因，我對於那場

比賽的想法一直都錯了。我看過報紙，他們都說唐尼會輸得如何如何，透過報紙，我已經在心裡輸了這場戰役。

部分的解決方式很明顯——別再看報紙，別再想著丹普斯所帶來的威脅、傑克的必殺拳和凶猛攻勢。我所要做的只是對破壞性的想法**關上心靈之門**——然後把我的思緒轉移到其他事情上。」

想法比鼻子更需要手術的推銷員

一名年輕的推銷員在向我諮商鼻子手術時，決定辭掉工作。他的鼻子比一般人稍大，但並不像他所堅持的那樣「令人反感」，他覺得客戶都在私底下笑他的鼻子或嫌棄他。他有一個大鼻子是事實，有三個客戶打電話去抱怨他粗魯和不友善的行為是事實，他的老闆把他列入觀察也是事實，再加上他最近兩個禮拜都沒賣出任何東西……

我沒建議他做鼻子手術，而是建議他做思想手術，他要用三十天的時間斷絕所有那些負面想法，要徹底忽略他環境中所有負面和不愉快的「事實」，並且刻意把注意力放在愉快的想法上。三十天之後，他不僅感覺變好，而且還發現客戶變得比以前更友善，他的銷售量一直在穩定增加中，他的老闆也在一場銷售會議中向他公開道賀。

科學家親身見證正面思考

艾爾伍德・沃爾瑟斯特博士（Elwood Worcester）在其著作《身體、心靈與精神》中提到一名享譽全球的科學家的證詞：

年屆五十歲的時候，我是一個既不快樂又無能的人，我的名聲所倚恃的研究，沒有一篇被發表出來……我一直活在陰鬱、失敗的感受裡。也許我最痛苦的症狀是痛到眼花的頭疼，它一週復發兩天，而在發病的期間我束手無策。

我讀過「新思潮」的一些文獻，當時對我來說顯然是沒用的廢話。我

也讀了威廉・詹姆士的一些主張，他建議把注意力放在好的、有用的事情上，並忽略其他事。他其中一個說法一直縈繞在我腦海裡：「我們也許必須捨棄邪惡的人生觀，那不正是獲得一個良善人生的相反對照嗎？」或諸如此類的話。

到目前為止，這些教條在我看來只是些神秘理論，但在了解到我的靈魂萎靡不振、每況愈下和人生已經到了令我無法忍受的地步時，我決定要做個驗證……我決定給自己一個月的時間去刻意努力，因為我認為這段時間已久到足夠證明它對我有價值或沒用。

在這一個月裡，我決心要對我的思想做某些限制，如果我想到過去，我要試著讓我的心靈只思索快樂愉悅的往事、我歡樂的童年、老師給我的啟發和我畢生事業一幕幕的揭露。在想到現在時，我要刻意把注意力放到吸引我的事情上、我的家、因獨居而產生的研究機會等等，而且我決心要把這些機會發揮到淋漓盡致，並且忽略它們表面上看似無用的事實。當想到未來時，我決定要把每個值得和可能的抱負，都看成是我能力所及的。儘管這在當時似乎很荒唐，但鑑於過去我所發生的種種，從這個觀點出發，我還覺得這個計畫的唯一缺點是目標太低、涵蓋的還不夠多。

> 當你想到未來時，要把每一個值得和可能的抱負，都看成是你能力所及的。

這名科學家後來提到他的頭疼如何在一週內終結，以及他這輩子從沒像現在這樣快樂、舒暢。不過，他補充道：

我人生的外在改變源自於我思考方式的改變，這比我內在的改變更令我驚訝──雖然外在改變是由內在改變產生的。舉例來說，我渴望某些優異人士的賞識，其中最重要的那個有一天突然寫信給我，邀我做他的助理，於是我的研究都出版了，也建立起我未來發表研究成果的基礎。由於性格的改變，我所共事的人大部分都樂於與我合作或提供幫助。從前他們或許得忍受我……當我回顧這所有的改變時，我覺得我是在人生中某條模糊晦暗的道路上絆倒了，然後把以前的阻力改變成人生的助力和動能。

發明家如何運用「快樂想法」？

　　史密森尼學會（Smithsonian Institution）的艾梅爾・蓋茲教授（Elmer Gates）是美國有史以來最成功的發明家之一，同時是位公認的天才。他每天練習「喚起愉快的想法和記憶」，並相信這對他的工作有所幫助，如果一個人想改善自己，他說：「讓他召喚那些善意和有幫助的較美好感覺，只要偶爾想起就好。讓他像舉啞鈴一樣規律地練習，讓他漸漸增加致力於心靈體操的時間，一個月後他會在自己身上看到令人驚訝的改變。他在行為與思想上的變化會很明顯，從修養上來說，這個人是比從前自我進步更多的改良品。」

心靈控馭小檔案

　　艾梅爾・蓋茲教授的喚起「愉快的想法和記憶」練習是心靈控馭術中最重要的部分之一。當我們無法憶起我們美好的記憶或最佳時光時，就像是我們與所有美好事物的來源失去聯繫似的，不過一旦我們想起和感受到我們最佳狀態時的樣子，開關就再度開啟。我們再度聯繫上——然後開始體驗內在與外在的無比快樂。不僅我們的思想是正面的，連感覺也是，而且說也奇怪，我們過去遇到的大部分負面情況，現在都變得愉快、和諧、充滿生氣。

▌如何學會快樂的習慣？

　　我們的自我形象和習慣是合而為一的，如果其中一個改變了，你便會自動去改變另外一個。英文中的habit（習慣）原本的意思是服裝、衣著，現在我們仍然會講riding habit（女騎裝）和habiliments（服裝）。這讓我們洞悉習慣的真正本質，**我們的習慣可以說是我們人格所穿著的衣裳**，它們不是偶發或偶然的事，我們之所以會有那些習慣，是因為它們適合我們，它們與我們的自我形象和我們整個的人格模式一致。當我們刻意、故意地去培養更好的新習慣之時，我們的自我形象會超脫舊習慣，然後發展成新模式。

　　當我提到改變習慣性的行為模式或養成新的行為模式直到它成熟時，我看到許多病人畏縮不前，他們把「習慣」與「上癮」弄混了，上癮是讓你覺得不得不去做的某種事，而且會引起嚴重的戒斷症狀，上癮的治療法已超出了本書範圍。

　　而習慣只是我們必須學習不經思考或決定就能自動表現出來的反應和回應，它們由我們的創意機制表現出來。

　　我們整整九十五％的行為、感覺和回應都是習慣性的。鋼琴家不用**決定**要彈哪個琴鍵，舞蹈家不用**決定**要把哪隻腳往哪兒移動，那些反應是自動且無需思考的。

> 我們整整九十五％的行為、感覺和回應都是習慣性的。

　　我們的態度、情緒和信念會變成習慣，也是差不多的道理。從前我們學習哪種態度、感覺的方式和思考會適合哪種情況；現在，每當我們遇到被自己解讀為「同樣類型的情況」時，我們就會用同樣的方式去思考、感覺和行動。

　　我們需要了解的是，這些習慣並不像上癮，是能經由費心的**刻意決定**——然後藉著執行或「表現出」新回應或新行為——而被修正、改變或逆轉。鋼琴家可以刻意決定彈不同的調——如果他選擇那麼做；舞蹈家可以刻意決定去學新的舞步，而且輕而易舉。這的確需要持續的警覺性和練習，直到我們徹底學好新的行為模式。

練習——每天用一個小動作，啟動不一樣的人生

　　習慣上，穿鞋時你會先穿右腳或左腳？習慣上，繫鞋帶時你會先把右手的帶子穿過左手的帶子下方，或是反過來做？

　　明天早上確定一下你先穿哪一腳的鞋和你怎麼繫鞋帶，然後刻意決定接下來的二十一天裡你要養成一個新的習慣：先穿另一腳的鞋子，和用另一種方式繫鞋帶。每一天早上，當你決定用特定的方式穿上鞋子時，讓這個簡單的動作提醒你去改變那一整天裡其他習慣性的思考、行為和感覺。當你繫鞋帶時對自己說：「我以又新又好的方式展開這一天。」然後，在那一整天裡刻意決定：

(1)我會盡量開心。
(2)我會試著去感覺和對別人表現得稍微更友善些。

⑶我會少挑剔他人並稍微多容忍他人的缺點、失敗和錯誤。我會盡可能對他人的行為做善意的解讀。

⑷在盡可能的範圍內，我會表現得像成功是必然的似的，而且我已經擁我想要的人格。我會練習「表現得像」和「感覺像」這種新的人格。

⑸我不會讓我的個人看法對事實產生悲觀或負面影響。

⑹我會練習一天裡至少微笑三次。

⑺不管發生什麼事，我會表現得盡量冷靜和理智。

⑻我會對所有我無力改變的悲觀和負面「事實」完全視若無睹、關閉心門。

　　簡單吧？沒錯。但是以上每個習慣性的表現、感覺和思考，確實都對你的自我形象有助益和建設性的影響。做二十一天的練習，好好去體驗，看看你的擔憂、罪惡感、敵意消失了沒？以及你的自信增加了沒？

要記憶的重點

（在此填入）

1.

2.

3.

4.

5.

你的案例記載

在此列出一項你過去的經驗,並依本章所提供的原理加以說明。

Chapter 8

換一張成功者的「臉」
－成功型人格的要素，以及該如何培養？－

伯特蘭・羅素曾經說過，
希特勒輸掉二次世界大戰的原因，
是他沒有完全了解整個情況，
帶來壞消息的人受到懲罰，
很快的就沒人敢告訴他真相；
不知道真相，他就不能適當地反應。

就像醫生利用症狀來診斷疾病一樣，失敗和成功同樣是可以診斷出來的。理由是，一個人不是**找到成功**或**變得失敗**那麼簡單，而是一個人的人格或性格中，都帶有成功或失敗的種籽。

我發現，幫助人們達到適合或成功人格的最有效工具是，首先要給他們一張說明人格是怎樣的圖解表。記住，你內在的創意引導機制是一種目標奮鬥機制，使用它的首要條件是，要有一個可以瞄準的明確目標或標的。太多人都想改善自己或渴望更好的人格，但對於改善的方式或良好人格的內涵卻沒有十分清楚的概念。好的人格讓你能夠有效及適當地應付環境及現實，並從達到重要的目標裡獲得滿足。

> 請記住，你內在的創意引導機制是一種目標奮鬥機制，使用它的首要條件是，要有一個可以瞄準的明確目標或標的。

一次又一次的，我看到困惑又鬱悶的人們在得到了一個要努力的目標和有條理的遵循路線之後，所有的疑慮就消除了。舉例來說，有一個四十出頭的廣告人，在獲得一次重要的晉升之後，對自己產生莫名的不安全感和不滿。

新角色需要新的自我形象

「這沒道理，」那個廣告人說，「這個職位是我努力的目標，我對它朝思暮想，它是我一直想要的，我知道我能夠做這份工作。但不知道為什麼，我的自信心動搖，我突然間醒了，就像一場夢一樣，我捫心自問，『像我這樣的小蝦米在這份工作上到底能有什麼成就？』」

他開始對他的外表變得超敏感，認為也許他的「短下巴」是令自己不安的原因，他說：「我看起來不像企業執行長。」他覺得整形手術或許能夠解決他的問題。

有一位媽媽是全職家庭主婦，她快被孩子們逼瘋了，而她的先生把她惹火到她至少整整一週毫無理由的對他怒言相向。「我到底怎麼了？」她問，「我的孩子真的是我應該引以為傲的乖孩子，我的先生也真的是個很好的人，我事後總是為自己感到羞恥。」她覺得拉皮手術也許能給她更多自信，並且讓她的家人「更欣賞她」。

這些人，以及許多像他們一樣的人的問題，並不在於他們的生理相貌，而在於他們的自我形象。他們發現自己要扮演新的角色，而且不確定為了演活那個角色應該「成為」什麼樣的人，或者，他們從沒有在任何角色上培養過一個**明確的自我形象**。

成功人格藍圖的七大處方籤

在這一章裡，我要給你一份「處方籤」，會跟你親自蒞臨我診所時開的一模一樣。

我發現，容易讓人記住的成功人格藍圖，就包含在success這個字裡。成功類型的人格包含：

Sense of direction：方向感

Understanding：理解

Courage：勇氣

Compassion：同理心

Esteem：尊重

Self-Confidence：自信

Self-Acceptance：自我接納

> 成功類型的人格包含：方向感、理解、勇氣、同理心、尊重、自信、自我接納。

方向感

一旦那名廣告公司執行長看清楚自己多年來的工作動力是受到理想職務的強烈個人目標（包括保住他目前的職位）所激勵，他在短時間內便「消除疑慮」並且重拾自信；正是這些對他而言很重要的目標使他固守崗位、未出差錯。然而，一旦他獲得晉升，他就停止思考**他所想要的**，轉而思考別人對他的期待，或思考他是否無愧於別人給他的目標和標準。他就像一個放棄船舵掌控權的船長，只希望自己能朝著正確的方向漂流；他也像一名登山者，只要望向他想登上的高峰，他的感覺和行動就充滿了勇氣

和膽識，但當他到達山頂之後，卻又覺得無處可去，於是往下看，然後開始感到害怕。

他現在處在防守的局面，捍衛他目前的職位，而不是有個能讓他繼續為了達成目標而進攻的奮鬥目標。當他為自己設下新的目標並開始思考「我想從這個職位上得到什麼？我想達成什麼目標？我下一步該往哪兒走？」時，他又重獲掌控權。

「在功能上，人有點像腳踏車，」我告訴他，「一輛腳踏車只要持續朝著某個東西前進就能夠維持平衡。你有一輛很好的腳踏車，你的問題在於，你只想靜坐在車上維持它的平衡，卻沒想要騎到哪兒去，難怪你會覺得搖晃。」

我們被設計成擁有目標追尋的機制，我們就是這樣被打造出來的。當我們沒有讓自己感興趣或覺得有意義的個人目標時，我們就容易在原地打轉，感到迷失，覺得人生缺乏目標和缺乏目的。我們生來就要征服環境、解決困難、達成目標，若是缺乏需克服的障礙和要達成的目標，我們在人生中就找不到真正的滿足或快樂。說人生沒有意義的人，其實他們真正要說的是，他們本身缺乏有意義的人生目標。

> 說人生沒有意義的人真正要說的其實是，他們本身缺乏有意義的人生目標。

處方 為自己找到一個值得努力的目標，但是要記得——最好事先擬定計畫。決定你想要得到什麼，在你前方一直保持一個你「期待」（努力爭取和期望）的東西。向前看，不要回顧。培養某個汽車製造商所說的前瞻能力，培養眷戀未來、而非眷戀過去的情緒，**前瞻能力**和**眷戀未來**能使你保持年輕。

當你停止做一個目標奮鬥者，並且「沒有什麼可期待的事情」時，連你的身體都不會發揮良好功能，這就是為什麼一個人往往會在退休後不久辭世的原因。**當你不再為目標而奮鬥、不再有所期待，你就不是真正活著。**除了你純粹的個人目標之外，至少再設定一個你能用來認同自己的非個人目標或動機，讓自己在某些情況下樂於幫助你的同事——不是出於義務或責任感，而是因為你**想做**。

心靈控馭小檔案

在本書中，也使用了對某些人來說比「目標」這個詞更有用處的字眼——「目標」這個詞會引起某些人的負面反應或緊張感，但是如果使用的是「計畫」或「動機」，他們會比較容易了解自己需要做些什麼。

舉例來說，鮑伯‧布萊（Bob Bly）是名成功的作家和行銷大師，他堅持自己這一生當中從未設定過目標，但他總是在自己的書桌上寫下計畫——總是寫下他正在設法完成的事情。

類似的情況，當我問我年幼的女兒（費絲）她有沒有想完成的事情時，她回答：「我不知道。」所以我把問題改為：「妳想做些什麼？」她立刻告訴我她想在某些事情上變得「很厲害」——而不只是去做。**假如「目標」這個詞不投你所好，就用另一個說法幫助你，別讓你在旅程上受到阻礙。**

理解

理解有賴於良好的溝通，溝通對於任何導引系統或電腦而言，都非常重要，如果讓你採取行動的資訊是錯誤或被誤解的，就無法做出適當的反應；許多醫生相信，「混淆」是精神官能症的基本要素。為了能有效解決問題，你必須對問題的真正本質有所了解。失敗的人際關係，大部分都是由於「誤解」。

我們大都期望別人從一堆「事實」和「條件」中，產生和我們一樣的反應、回應，然後做出同樣的結論。現在請你回憶一下前面說過的，**沒有人根據「事情的本質」做反應，而是根據自己的心靈想像做反應。**大部分時候，別人的反應或立場並不是要我們受苦，也不是頑固或惡意的，而是了解的方式和解讀的方式和我們不同，對方只是想對當時的狀況做出對他而言是正確的適當反應。

在有所誤解時，相信他人的真心誠意（指誠實地對狀況的理解做出反應），會比認為對方是蓄意、惡意的，更能夠緩和緊張的人際關係，使人與人之間更能相互了解。不妨這樣問問你自己：「這件事在他看來如何？」「他會怎麼解讀這個狀況？」「他對這件事的感覺是怎樣？」試著理解對方在這件事情上為什麼會「做出那樣的反應」。

⊕事實與看法

許多時候，我們會自尋煩惱的對一件事實添加自己的看法，然後做出錯誤的結論。

事實：做丈夫的會把他的指關節折得喀喀響。
看法：太太推論：「他這麼做是因為他以為這樣可以把我惹火。」

事實：做丈夫的吃完飯後會用舌頭去吸牙縫裡的菜渣。
看法：太太推論：「他對我若有任何一點尊重，他會改善他的禮儀。」

事實：你的兩個朋友正在耳語，當你走近時他們突然間停住，而且看起來有點尷尬。
看法：你認為：「他們一定在說我的壞話。」

前面提到的太太能夠了解丈夫討人厭的習慣並不是故意的，也不是存心想惹火她。當她停止反應得**像**是被針對、羞辱時，她就能暫緩下來、分析局面，然後選擇做出適當的反應。

⊕願意看清真相

我們常常會用自己的恐懼、焦慮或欲望來扭曲感官資訊，但為了有效的應付環境，我們必須甘願接受事情的真相**只有當我們了解情況時，我們才能適當地反應**。我們必須能看清真相，並且接受真相，無論真相是好是壞。伯特蘭‧羅素曾經說過，希特勒輸掉二次世界大戰的原因，是他沒有完全了解整個情況：他懲罰了帶來壞消息的人，很快的，就沒人敢告訴他真相；不知道真相，他就不能適當地反應。

我們許多人也犯了同樣過錯，我們不喜歡承認自己的失誤、錯誤、缺點，或是從不承認自己做錯過。我們不喜歡承認有一個我們不喜歡的狀況存在，我們在自欺欺人，而且因為我們沒有看清真相，我們就無法適當地反應。有人說，每天讓自己承認一件關於自己的痛苦事實，是一個很好的

練習。擁有成功類型人格的人，不僅不對他人欺騙或說謊，也會學習對自己誠實。我們所謂的「真心誠意」，就是以自我了解和自我誠實為基礎，把對自己說謊給**合理化**或對自己說**合理謊言**的人，沒有一個是真心誠意的。

處方　尋找並找出關於你自己、你的問題、其他人或整個狀況的正確資訊，無論是好消息或壞消息。謹記格言：「誰是對的不重要，什麼是對的才重要。」自動導引系統會藉由負面的回饋資料而修正行進路線，**它承認錯誤，才能修正錯誤，然後保持在正確的路徑上；你也必須如此**。承認你的錯誤或失誤，但不要為犯錯而哭泣；修正錯誤，然後繼續向前行。在與別人交涉時，試著從他們的觀點、也從自己的觀點看事情。

> 誰是對的並不重要，什麼是對的才重要。

勇氣

　　光是擁有目標並了解整個情況仍是不夠的，你必須有勇氣去行動，因為只有行動能將目標、欲望和信念轉換成現實。

　　海軍上將威廉・豪爾塞（William F. Halsey）引用尼爾森的話當做個人的座右銘：「任何艦長，一旦將他的軍艦貼近敵艦，都不會犯太大的錯誤。」「『最好的防禦就是攻擊』，這是軍事做戰原則，」豪爾塞說，「但它的應用不限於戰爭。所有的問題，無論個人、國家或戰鬥方面的，如果你不躲避它而是面對它，問題才會變得更小。怯懦的去碰觸荊棘，你會被刺到；大膽的攫住它，你才能捏碎它的刺。」

　　有人說，虔誠並不是不問證據而一味相信；然而，**勇氣是不問結果而毅然去做**。

⊕何妨放手一搏？

　　世界上從沒有絕對的肯定或保證，成功者與失敗者之間的差別，往往並非某個人的能力或想法較好，而是他有勇氣放手一搏、承擔算計過的風險——然後採取行動。

　　說到勇氣，我們往往想到的是戰場上、船難或類似危機中的英雄事蹟，不過真要說起來，**我們日常生活中也需要勇氣**。裹足不前、無法行動，往往使面臨問題的人變得緊張，感到滯礙難行、陷入泥沼，並且可能引發一堆生理症狀。

　　我鼓勵這樣的人：「要徹底研究局勢，將各種你可能採取的行動以及各種行動可能帶來的結果在腦海裡演練一遍，挑出最有希望的做法——然後去執行。**如果我們想等到絕對確定了才去做，就永遠做不成任何事。**你隨時有可能出錯，你做的任何決定也可能是錯誤的決定，但我們一定不能讓這種想法阻斷我們追尋理想目標的念頭。你平常就必須有勇氣去承擔犯錯、失敗、被羞辱的風險，踏出錯誤的一步，總比終其一生停在原點好。**一旦你向前移動，你才能在前進時修正路線，當你定住、靜止時，你的自動導引系統無法給你指引。**」

> 踏出錯誤的一步，總比終其一生停在原點好。

⊕信念與勇氣是天性

　　你可曾想過，為什麼賭博的衝動或欲望是一種人類天性？我自己的理論是：這個普遍的「衝動」是一種天性，當被正確利用的時候，能促使我們放手一搏，給我們自己的創意潛力一個表現的機會。當我們擁有信念和行動的勇氣——那正是我們在做的——的時候，就要拿我們創造性的天賦去放手一搏、去冒險。我的理論還有，有些人拒絕活得有創意、拒絕行動的勇氣而糟踏了這種天性，他們逐漸養成「賭博熱」，並且上癮到離不開賭桌。**不願放手一搏的人，賭的必定是其他東西。**沒有勇氣去行動的人，有時候會從杯中物裡尋找勇敢的感覺，**信念與勇氣是人們與生俱來的天性，我們覺得有表達這種天性的需要——無論用什麼方式。**

處方 願意承擔犯錯的風險，願意為了得到心裡所想而遭受一點點痛苦。別小看自己，陸軍精神與神經科學諮詢部主任錢伯斯（R. E. Chambers）將軍說過：「大部分的人都不知道自己到底有多勇敢，事實上，許多潛在的英雄——男女都有，都在自我懷疑中度過一生。他們要是知道自己擁有這種深藏的潛力，就能自立自強的去面對大部分的問題，即使前方是一個大

危機。」你已經擁有這些潛力，但若不行動，你就永遠不會知道你的潛力所在——遑論有機會讓它們為你效力。

我還有一個有效的建議：**練習對於小事情也要大膽且充滿勇氣地行動。**別等到在大危機中做大英雄，日常生活也需要勇氣——而且藉著在小事情上練習勇氣，我們能培養出在更重要事情上勇敢行動的力量和才智。

同理心

★在馬爾茲博士的《零抗拒生活》裡，他把S-U-C-C-E-S-S中的第二個C，從Charity（慈悲）換成Compassion（同理心），本書使用的是更新版。

擁有成功人格的人懂得關心與尊重他人，他們重視他人的問題與需要，他們尊重人格的尊嚴，並且以看待人的態度對待他人，而不是把他人當做自己遊戲中的棋子。他們了解每個人都是上帝之子，每個人都是獨一無二的，應該得到尊嚴和尊重。

從心理學的角度來看，我們對自己的感覺與我們對他人的感覺是一致的，當一個人較懂得設身處地為別人著想時，他必然也較會為自己著想．覺得「人並不是很重要」的人，心裡是沒多少自尊與自重的，因為他自己也是「人」，他用來評斷別人的想法，也會被他用來不智地評斷自己。熬過罪惡感最著名的方式之一，就是在你心中停止責備他人——停止評斷他們，停止為了他們的錯誤而責怪和厭恨他們，當你開始覺得他人更值得尊重時，你會培養出更好、更適當的自我形象。

對他人有同理心是成功人格的特徵之一，另一個理由是，那表示這個人是在真正的應付現實狀況。人是很重要的，人不能長期像動物和機器一樣被對待，也不能被當成確保達到個人目的的工具，希特勒發現了這一點，其他的暴君也會在任何可能之處——在家裡、在事業上、在個人關係中——發現這一點。

處方 培養同理心的處方有三重：第一重，透過理解關於他人的真相來培養對人由衷感謝的心；要了解他們是上帝之子、有獨特的人格、是獨一無

二的個體。第二重，花點心思想一想對方的感受、他的觀點、他的欲望和需求，多思索對方想要什麼，以及他真實的感受。我的一位朋友，每當他妻子問他「你愛不愛我？」時，他會跟妻子開玩笑的說：「愛，在我每次停下來思考這件事時。」其實這句話頗有道理，因為我們無法感覺他人的任何感受，除非我們能「停下來思考」。第三重，在行為上表現出他人的重要性，並且就用這樣的態度對待他們；我們用關心他人感受的方式對待他人，我們也會覺得那些人符合我們對待他們的方式。

尊重

幾年前我曾投稿到「生活中的忠告」，那是《本週雜誌》中以作家卡萊爾的話「啊！最可怕的懷疑就是不相信自己」為出發點的專欄：

在人生所有的陷阱和圈套裡，最可怕和最難克服的就是缺乏自尊，因為那是由你自己親自設計、親手挖的洞。那種心態一言以蔽之，就是：「那沒有用，我做不到。」

屈服於這個想法的代價極為沉重——就個人而言是物質獎賞的損失，就社會而言是未達成進步的目的。身為一名醫師我還要指出，失敗主義是缺乏自尊的另一個層面，它有點難捉摸且鮮少被察覺。很肯定的是，前面引述的話是卡萊爾的自白，揭露了在他冷峻的自信、暴烈的性情、震耳欲聾的聲音和駭人的苛政背後的祕密。

當然，卡萊爾是極端的例子，不過當我們屈服於「嚴重懷疑」、當我們嚴重懷疑自己和覺得無法勝任工作時，不也正是我們最難相處的時候？

看輕自己不是一種美德，而是一種罪惡。

我們在腦海裡一定要秉持這樣的觀念：看輕自己不是一種美德，而是罪惡。舉例來說，嫉妒是許多婚姻苦難的根源，但結果幾乎都是由於自我懷疑所造成的。有充分自尊的人對他人不會懷有敵意，他不需要證明任何事情，他可以將事實看得更清楚，他不會苛求別人。

認為拉皮也許能讓先生和孩子更欣賞她的那個家庭主婦，真的需要學習去更欣賞她自己。步入中年、有一點點皺紋和少許灰白的頭髮，令她喪失自尊，以致她對家人無意的話和行為變得超敏感。

處方 別再抱持「自己是失敗者、沒用的人」的心靈想像，別再把自己想像成遭遇不公的可憐蟲，快利用本書的練習建立一個適當的自我形象。

「尊重」一詞是指欣賞某種價值。為什麼有人會在讚嘆星辰、月亮、海洋的浩瀚、花朵或日落之美的同時，卻貶抑自己的身價？人不也是同一個造物者的傑作嗎？人難道不是所有創造物中最神奇的？欣賞你自己的價值並不代表狂妄自大──除非你認為你在創造自己上多少居了點功勞。不要只因為你沒有正確利用某種東西就貶低它的價值，別因為自己的錯誤而歸咎於東西不好，請像幼稚的小學生那樣說：「這臺打字機不會拼字。」

不過，自尊最大的祕密是：懂得更欣賞別人，看在人是上帝之子（因此有所價值）的份上，對任何人都要表現出尊重的態度。你在和別人打交道的時候，停下來思考一下，你現在面對的是造物者的所有創造物之中的一個獨特個體。和別人打交道時，練習把他們當成有價值的人──你會很驚訝的發現自己的自尊得到提升。因為**真正的自尊並非源自於你做了什麼了不起的事、擁有什麼了不起的東西、或你說了什麼了不起的話，而在於你能欣賞自己的身分**──上帝之子。當你了解到這一點之後，你必定也會因同樣的理由而欣賞別人。

自信

自信建立於成功的經驗之上。當我們剛開始承擔任何任務時，我們可能都沒什麼信心，因為我們無法從經驗中學習到成功的滋味。這個道理就跟學騎腳踏車、公開演講或執行手術一樣，成功是會造就成功的。**即使一次小小的成功，也能當做踏向較大成功的墊腳石。**拳擊經理人在對戰名單的配對上很謹慎，這樣才能獲得由小漸大的一連串成功經驗，我們可以使用相同的技巧，一開始慢慢來，先從小規模的成功經驗起步。

還有一個重要的技巧，便是養成回憶以前成功經驗的習慣，並忘掉失敗的經驗；這是電腦與人腦都應有的運作方式。

心靈控馭小檔案

我們可以輕易的從腦海中刪除負面想法，就像我們能在電腦螢幕上將文件拖拽到垃圾桶裡一樣簡單。

練習能增強棒球、高爾夫、擲馬蹄鐵或行銷術方面的技巧和成功率，不是因為「重複」本身有任何價值，如果是的話，我們「學習」到的會是我們的錯誤，而不是如何「命中」。舉例來說，一個人學習投擲馬蹄鐵，在命中之前會失誤好幾次，如果只靠重複的動作就能改善技巧，那麼練習應該會讓他成為失誤的專家，因為那是他練習最多的動作。不過，儘管他失誤的次數也許是命中數的十倍，透過練習，他的失誤會慢慢減少，命中次數變得愈來愈多，這是因為他**心裡的電腦記住並強化了他成功的嘗試，並且忘掉失誤**。

這就是電腦和我們的成功機制學習成功的方式。

心靈控馭小檔案

為了使我們的成功機制發揮功效，要重複有效的命令並牢記這些命令，忘掉錯誤和失誤。任何時候你按錯按鍵就退回來，回頭重複成功的步驟。

但是，我們大部分的人怎麼做？我們記住從前的失敗並忘掉以往所有的成功來摧毀我們的自信。我們不僅記住失敗，我們還用情緒把它們刻記到腦海中，我們譴責自己，我們羞悔交加地苛責自己（兩者都是高度自我主義、自我中心的情緒），結果自信就消失了。

過去的你失敗了幾次並不重要，重要的是應該要記住、增強和思索成功的嘗試。查爾斯・凱特林（Charles Kettering）說過，任何想成為科學家的年輕人，在成功一次之前必須願意接受九十九次的失敗，**並且不因此傷及自尊**。

處方 把失誤和錯誤當做一種學習的方式，然後從腦海中遺忘。刻意的記憶和想像自己以往的成功，每個人都有成功的時候，尤其在開始一項新任務之時，要喚起你以往體驗過的某個成功的感覺——不管它有多小。

美國精神醫學會主席、精神學家溫弗瑞·歐文赫瑟博士（Winfred Overholser）曾說，回憶勇敢時刻是恢復自我信念的健全方法，太多人都因為一、兩次失敗而抹去所有美好回憶。他還說，如果我們有計畫地讓我們的勇敢時刻在記憶中重演，我們會很驚訝的發現自己比想像中更勇敢。歐文赫瑟博士建議每當我們自信心動搖時，就在腦海中逼真的回憶起過去的成功和勇敢時刻，並把這種練習當做一項無價的幫助。

心靈控馭小檔案

當被問到以往的成功經驗時，有些人腦中一片空白，想不到任何例子。我以前會認為這些人在說謊，除了自我欺騙之外，愚弄不了任何人。不過，的確有些人不把自己的「成功」視為自己的成就，舉例來說，有一位醫學博士被問到當醫生是不是一種成就，他回答說他的父母希望他當醫生，所以他達成**他們的**目標——而不是他自己的。有一位男士親手建立起家園，但卻不把這種成就視為「成功」。有一位女士的在校成績皆為甲等，但她不認為那是一種成功，因為那是她「本來就應該要有的成績」。

然而，在把「成功」換成「歡樂時光」、「勇敢時刻」或「美好時光」之後，這些人就能回憶起他們的成功經驗。他們記得擊出全壘打、贏得網球比賽、狩獵時打中鴨子並聽到朋友歡呼：「射得漂亮！」就像目標可以被視為計畫一樣，**「成功的經驗」也能夠被叫做「歡樂時光」**等類似的東西。

自我接納

一個人在沒有一點自我接納之前，任何真正的成功或真心的快樂都是不可能的。世界上最悲慘、最苦難的人，莫過於不斷耗費心思、竭力說服自己和他人說自己是不同於自己本質的人。當一個人終於放棄虛偽做作、願意當自己時，沒有什麼能比得上這時候所獲得的舒緩和滿足。源自於自我表達的成功，往往會略過那些想盡辦法、一心一意要成為大人物的人；然而，當一個人願意放手做自己時，成功往往也水到渠成的到來。

改變你的自我形象，不表示改變你自己或改善你自己，而是改變你的

心靈想像、你對自己的評價、觀念和實現。培養出適當且合乎現實的自我形象之後，接繼產生的驚人結果**不是來自於自我轉變，而是來自於自我實現和自我流露**。現在，你的「自我」就是它一直以來的樣子，也是它始終所能呈現的樣子，你沒有創造它，你無法改變它；但是，你能夠實現它，並且能藉由獲得你真實自我的正確心靈想像而把既有的特點發揮到極致。費盡心思想「成為大人物」是徒勞無益的，你就是你，你很了不起，不是因為你日進斗金、開的是鄰近地區最大的車或贏了橋牌，而是上帝用自己的形象創造了你。

> 創造自我形象不等於創造新能力、新才幹、新力量——而是釋放與利用它們。

我們許多人都比我們自己所了解的更好、更有智慧、更堅強、更能幹。創造自我形象並不等於創造新能力、新才幹、新力量——而是釋放與利用它們。我們能夠改變我們的性格，但不能改變我們的基本自我。性格是一種工具、一種自我表達的途徑、一種我們用來和世界交涉的「自我」焦點。我們用來表達自我的方法，正是我們習慣、態度和所學技能的總和。

⊕你不是自己的錯誤

自我接納的意思是接受現在的自己、與現在的自己和睦相處，包括我們的錯誤、弱點、缺點、失誤，當然還有我們的才能與實力。不過，假如我們了解那些負面特點**屬於**我們，但不等於我們，自我接納就變得容易多了。許多人怯於健全的自我接納，因為他們堅持用他們的錯誤來認同自己，**你也許犯過錯，但這不表示你就是那個錯誤**，也許你不懂得適當的、完整的表達自己，但這不表示你不好。

我們必須在矯正我們的錯誤和缺點前先認清它們。

取得知識的第一步是看清你所忽視的地方，變得強壯的第一步是看清你的弱點。所有的宗教都教導人們，獲得救贖的第一步是懺悔自我的罪惡；以自我表達為目標，在通往目的地的旅途中，我們必須利用負面回饋資料來修正路徑，就像在任何其他的目標奮鬥情境裡一樣。

這需要我們承認並接受一個事實，那就是，我們的性格和我們所表達

的自我（也就是有些精神學家所謂的「真實自我」），一直是不完美的，
而且總是達不到目的。

從來沒有人能在一生當中做到完全表達自我，或是將真實自我中的所
有潛力完全付諸實現。在我們實際表達出的自我之中，我們從未用盡真實
自我的所有可能性和力量；我們總是能學到更多、做得更好、表現更好。
實際自我必定是不完美的，它在人的一生當中一直朝著理想目標前進，但
從未到達目標。實際自我並不是靜止的，而是一個動態的東西，它從未被
完成也從未結束，而是一直處於成長的狀態。

重點是，我們要學習接受這個實際自我以及它的所有不完美，因為它
是我們僅有的表達工具。神經質的人會因為他實際自我的不完美而排斥和
厭惡它，他試圖在它的位置上創造一個很完美、已經「達到目標」的虛構
理想自我。一個人企圖維持虛幻和想像不僅造成精神極度緊繃，當他想拿
虛構的自我放在真實世界運作時，更會不斷遭受失望和挫折。馬車也許不
是世界上最棒的交通工具，**但真實的馬車比虛構的噴射客機更能滿足你從
這一地到那一地的移動需求。**

處方　接受你原本的樣子──並且就從這裡開始。學習在情緒上包容你的
不完美，我們必需明智地看清我們的缺點，因為自己的缺點而厭惡自我，
只會帶來災難。要把你的自我和你的行為區分清楚，你不會因為犯了一個
錯誤或路走偏了，就使「你」完蛋或沒用，就像脫漏字的打字機或走音的
小提琴不會因此毫無價值。別因為不完美的緣故厭惡自己，有許多人都跟
你一樣，沒有人是完美的，那些假裝自己完美的人只是在欺騙自己。

⊕你可以出人頭地──就是現在！

許多人因為可以清楚的感受和體會到他們天生的生理欲望而厭惡和排
斥自己，有些人排斥自己則是因為他們的身材比例不符合時下的流行或標
準。在一九二○年代，許多女性因為自己的胸部很明顯而感到羞恥，當時
流行的是男孩般的身材，而胸部是禁忌，但到了今天，許多年輕女孩因為
沒有四十吋的大胸脯而憂慮不安。在一九二○年代，真的，婦女會到我診

所說：「我想出人頭地，幫我縮胸。」而現在女性的訴求則是：「我想出人頭地，幫我隆胸。」

　　這種認同感的追尋（利己欲望）、這種出人頭地的衝動是全球皆然的，然而，倘若我們要在順應潮流、贏得他人認同或在物質中追尋這種認同感，那就是犯了一個錯誤。**你本身就是上帝的恩賜**——就這樣；許多人也許會對自己說：「因為我太瘦、太胖、太矮或太高……等等，所以我微不足道。」其實你應該對自己這麼說：「也許我不完美，也許我有缺點和弱點，也許我曾行為偏差過，也許我有很長的路要走，但我仍然很重要，而且我會把我的重要性發揮到極致。」

　　「沒有信念的年輕人才會說：『我微不足道。』」艾德華‧博克（Edward W. Bok，曾擔任《婦女家庭雜誌》的編輯多年）說，「擁有正確觀念的年輕人會說『我就是一切』，然後去證明它。那不代表自滿或自負，如果有人會那麼想，就任由他們去想吧。我們自己知道那代表信念、信任、信心等人類證明上帝存在我們心中的證據，這就夠了。祂說：『盡我的本分。』去做就是了，不管是什麼。動手做，但要滿腔熱血、熱切、有幹勁的做，熱情到足以克服萬難、愈挫愈勇。」

　　接納你自己，做你自己。如果你不願意正視自己，反而為自己感到羞恥、厭惡自己或拒絕認同自己，那麼，你就無法了解你與身俱來、代表「你」的獨一無二特殊的潛力和能力。

要記憶的重點

（在此填入）

1.

2.

3.

4.

5.

你的案例記載

在此列出一項你過去的經驗，並依本章所提供的原理加以說明。

_____

_____

_____

_____

_____

_____

_____

_____

_____

_____

_____

_____

_____

_____

_____

_____

_____

Chapter 9

為自我形象整容
－讓失敗機制為你效勞，而非壓抑你－

一位拳擊手成績一直很好，直到贏得冠軍。
他在接下來的比賽將冠軍拱手讓人，
失去這個頭銜之後他又打得很好，
並再度獲得冠軍。
一位睿智的經理人對他說：
「你在冠軍寶座上，
可以打得跟你是挑戰者角色時一樣好，
只要你記住一件事。
當你走進擂臺時，
你不是在捍衛冠軍寶座──
你是在為爭奪它而奮鬥。」

蒸汽鍋爐的壓力表能顯示壓力在何時會達到危險範圍。**認清潛在的危險**才能採取正確的行動——然後確保安全。死巷子、死胡同和無法通行的道路，若沒標示清楚或沒看清楚，都可能造成你的不便並延誤你到達目的地的時機。但是，如果你能看到繞道標示牌或死巷標示牌，並採取正確而適當的行動，就能更輕鬆、更有效率的到達目的地。

人體有它自己的「警示燈」和「危險標示」，醫生把它們稱之為症狀或症候。病人會把症候視為不好的東西，例如發燒、疼痛等，都是「壞現象」，事實上，這些負面跡象正在對病人發揮功能，對他有益——如果他能了解這些負面跡象的意義，並且採取正確行動的話。

這些負面跡象就是有助於維持身體健康的壓力表和警示燈，得盲腸炎會疼痛，對病人而言不是壞事，實際上它的作用是讓病人生存下來。因為如果病人沒感到疼痛，就不會採取行動做闌尾切除術。

失敗類型的人格也有它的症狀，我們必須認清我們自己的失敗症狀，才能設法處理。當我們學會認清某些做為**失敗指標的人格特質**時，這些症狀就會自動發揮負面回饋的作用。不過，我們所需要的不僅是能夠察覺它們，我們還需要把它們視為討厭的、不要的東西，最重要的是要真真切切的確信，這些東西無法帶來快樂。

沒有人對這些負面感覺和態度免疫，即使擁有最成功人格的人也會常常體驗到，重點是要認清它們的本質，並且採取正面的行動去修正路線。

▌認清失敗人格的指標

我發現，當病人把負面回饋訊息與「failure」的字母做聯想時，他們就能記住這些訊息，也就我所謂的失敗機制。

這些負面回饋訊息是：

Frustration：挫折、無望、徒勞無益
Aggressiveness：侵略進取（被誤導的）
Insecurity：不安全感

Loneliness：孤單（缺乏「同一性」）

Uncertainty：不確定

Resentment：怨恨

Emptiness：空虛

　　沒有人會為了想當壞人，就心懷不軌的蓄意培養出這些負面特質。這些負面特質不會「就這樣發生」，它們也不是人類不完美天性的跡象，這些負面特質中的每一個，原本都是用來解決一項困難或問題的方法，我們採用這些負面特質，是因為我們誤把它們視為能夠解決某種困難的方法。它們的存在有其意義和目的，儘管所依據的前提有誤，它們仍構成了我們的生活方式之一。

　　記住，人類天性中最強大的推進力之一是適當地反應；我們可以治癒這些失敗症狀，不是靠意志力，而是經由了解——**了解它們沒有用、也不適當。**

　　真相能解開我們對負面特質的執迷不悟，當我們能看透真相時，令我們一開始採納負面特質的直覺，會為了我們自身利益而將它們連根拔除。

挫折

　　挫折是一種情緒上的感覺，每當某個重要的目標無法實現或某種強烈欲望被遏抑時，我們就會有挫折感；我們所有人必定都會因為身為人的不完美、不完整、不完滿而遭受一些挫折。隨著年紀增長，我們應該學會，並非所有的欲望都能立即得到滿足，我們也要學會，我們「所做的」永遠無法像我們所想的那麼好。我們還要學會接受一個事實，那就是，**完美既不必要也不需要，接近完美對所有的實用目的而言，已經夠好了。**我們要學會對挫折有某種程度的容忍，不要為它坐立難安。

　　只有當挫折性的經驗帶來情緒上過度的不滿和徒勞無功感時，才會產生失敗的症狀。**長期挫折通常代表我們為自己設定的目標不切實際，或是我們為自己設定的形象不適當，甚或兩者皆有。**

⊕切合實際的目標與理想主義目標

吉米對他的朋友而言是個成功的人,他從股市營業員發跡,一路做到公司副總裁。他是高爾夫好手,成績通常在八十桿左右,他有深愛他的美麗妻子和兩個孩子,然而他卻有長期的挫折感,因為這一切都不符合他不切實際的目標:他並不是在各方面都很完美的人,但是他**應該要**;他現在**應該**已經是董事會主席了;他的高爾夫成績**應該**再降到七十幾桿;他**應該**做個完美的先生和父親,好讓太太對他無可挑剔,他的孩子們也絕不會行為不端。命中靶心還不夠,他必須命中靶心正中央的那個極小點。

「你應該把高爾夫高手傑基‧博克(Jackie Burke)建議用在果嶺上的技巧運用到你所有的事情上,」我這麼跟他說,「現在並不是要你精準的瞄準球,用長推桿把球推到小洞裡,而是要推到像浴缸那麼大的範圍裡。這樣可以解除壓力,放鬆你自己,讓你表現得好。如果這對專業好手來說已經夠好了,那麼對你來說絕對夠好。」

⊕增加失敗確定性的自我實現預言

哈利的情況不太一樣,他沒有完成過任何一項代表成功的事蹟,雖然他曾經有過許多機會,但都被他搞砸了。他曾三度快要獲得他想要的工作,但每次都有「意外發生」——每當成功在望時,都發生了打敗他的意外,還有兩次造成他的失戀。

他的自我形象是卑微、無能、地位低下的人,沒資格成功、沒資格享受人生中更美好的事,而且他在不知不覺中忠於這個角色。他覺得他不是那種能夠成功的人,並且總是設法做些什麼來讓這種自我實現預言成真。

⊕把挫折當做解決問題的方式是沒用的

表達挫折、不滿或不平是我們在嬰兒時都「學過」的反應問題方式,嬰兒肚子餓時,他會用哭來表達不滿足,這時就出現一雙溫暖的手,神奇地為他帶來乳汁。不舒服的時候,他用同樣的方式表達不滿,此時同一雙手又出現了,神奇地為他解決問題,讓他感到舒適。許多孩子繼續使用這樣的方式,只要表達出挫折的情緒,過分寵溺孩子的爸媽就會幫忙解決問

題;孩子所要做的就是感到挫折和不滿,然後問題就會得到解決,這種生活方式對嬰兒和有些幼童「有效」,但在成人世界是**行不通的**。

但我們許多人仍繼續這樣嘗試:對人生感到不滿足和抒發牢騷,冀望人生能懂得自我憐憫——貿然闖入然後解決我們的問題——只要我們感覺夠糟的話。吉米在無意識中使用了這種幼稚的方法,冀望有神奇魔法為他帶來他夢寐以求的完美。哈利已經練習過太多次感受挫折和挫敗,因此挫敗感對他來說是家常便飯,他也設想未來會失敗與落空;他習慣性的失敗者感受,為他建立了一個自己的失敗者藍圖。思想與感覺是不可分割的,感覺是思想和想法賴以維生的土壤,這就是本書一直建議你想像和感受自己成功的原因——**現在就去感受。**

侵略進取

在過度與被誤導的侵略進取之後,隨之而來的是日以繼夜的挫折——這個事實在許多年前就被一群耶魯大學的科學家證實,並發表在他們的書《挫折與侵略進取》中。

有些精神學家曾經相信,侵略進取本身並不是一種異常的行為模式。侵略進取——加上情緒衝力——在達成目標上是非常需要的,我們對於以積極態度(而非防衛或遲疑)爭取的東西必定全力以赴,我們必須積極地解決問題。擁有一個重要的目標,單是這件事就足以為我們創造情緒衝力和侵略進取的心態,只不過,當我們受到阻礙或挫折而無法達成目標的時候,問題也隨之而來,於是情緒衝力被堵塞住、形成一種壓力,一直想找到一個出口,在被誤導或誤用的情況下,這種情緒壓力變成一種毀滅性的力量。員工想給他的老闆一記拳頭,但不敢真的那麼做,於是回家後罵妻兒或踢貓咪出氣;或者,也許他會把怒氣發洩到自己身上,就像南美有一種蠍子,在生氣時會用尾刺螫自己,結果死於自己的劇毒。

⊕不要盲目抨擊:你需要集中火力
失敗類型的人格並不會引導他的進取心去完成一項有價值的目標,相

反的，侵略進取會造成潰瘍、高血壓、憂慮、過度抽菸和強迫性過度工作等自我毀滅的影響。或者，在有的人身上的表現是易怒、魯莽、說閒話、嘮叨、吹毛求疵等；又或者，假如一個人的目標不切實際又不可能實現，當他遇到挫敗時，對於這種人格類型的人來說，解決方式就是「試著比以前更強硬」，當他發現他是在以卵擊石的時候，他在無意識中想到的解決方式，就是讓他手中的卵更硬。

應付侵略進取的方法並不是徹底消除它，而是去了解和提供適當、合宜的管道讓它發洩。著名的維也納醫師暨動物社會學家康拉德·勞倫斯博士（Konrad Lorenz）在紐約市的心理治療研究中心（現在叫做心理健康研究中心）告訴精神學家們說，研究動物行為多年的結果顯示，侵略性的行為是很基礎及根本的，而且除非得到管道來宣洩侵略性的情緒，否則動物無法感受到或表達出情感。當時，該中心的副主任伊曼紐史·瓦茲博士（Emanuel K. Schwartz）說，勞倫茲的發現對人類有極大影響，而且或許我們應該重新評估我們對人類關係的整體觀點；他說，那些發現指出，為侵略性情緒提供適當的宣洩出口是很重要的，給予愛與溫柔也同樣重要。

> 應付侵略進取的方法並不是徹底消除它，而是去了解和提供適當、合宜的管道讓它發洩。

⊕知識就是力量

光是了解相關機制，就足以讓一個人應付「挫折－侵略進取」的惡性循環。被誤導的侵略進取心，是企圖以亂槍打鳥的方式射中一個目標（既定目標），但這是沒用的，你不能以製造其他問題的方式來解決問題。如果你覺得自己說話的口氣好像在罵人，立刻停下來問自己──「這只是因為我在工作上遭受挫折嗎？是什麼使我受到挫折？」**當你了解自己的反應並不恰當時，其實你已經花了很多功夫去控制它。**

當有人對你很失禮的時候，如果你能了解那或許不是存心的行為，而是自動化機制運作的結果，就已經撫平了許多疙瘩；對方是在宣洩他無法用在達成某種目標上的情緒衝力。許多交通意外其實是由「挫折－侵略進取」的機制所造成，下次若有人在行車中對你無禮，試試這樣做：收斂起侵略的態度，別擺出一副凶神惡煞的模樣，告訴你自己：「那個可憐的

家伙並不是針對我，也許今天早上他的吐司烤焦了，也許是因為付不出房租，或是被老闆臭罵一頓。」

⊕釋放情緒壓力的安全閥

當你在達成某個重要目標的途中受到阻礙，那有點像冒著滿滿蒸汽的火車頭，但它哪兒也不能去；所以，你需要一個宣洩情緒壓力的安全閥。所有類型的心理鍛鍊都很適合排解侵略衝動，例如：長程快走、伏地挺身、舉啞鈴等；能讓你做打擊動作的運動更好：高爾夫、網球、保齡球、擊沙包等。許多遭受挫折的人直覺地認同重量訓練的價值，因為它能夠宣洩侵略衝動，所以他們在感到焦慮不安時會很想重新佈置屋裡的家具擺設。另一個很好的方式是，透過寫作一吐怨氣，寫信給令你受挫或生氣的某個人，鉅細靡遺、毫不保留，**然後把信燒掉。**

在所有宣洩侵略衝動的管道裡，最好的方法是把它用光，就像它原本計畫的一樣──用在完成某個目標上。工作依然是最好的療方之一，也是心神不寧的最佳鎮定劑之一。

心靈控馭小檔案

打開氣閥排放掉情緒衝力的練習在武術中也會使用到，但大部分是在所謂的內功裡，例如太極、合氣道和俄羅斯武術「西斯特瑪」。在這些練習中，你不僅要刻意運用身體，還要調勻呼吸和學習放鬆緊繃的肌肉。大多數的生理活動即使有助於釋放侵略性的情緒，但都未涵蓋如何放鬆和呼吸等可以跟隨你一整天、用在每件事情上面的技巧。

不安全感

不安全感的產生是基於一種內在不足的觀念或信念，如果你覺得自己不符合被要求的期望，你就會產生不安全感。許許多多的不安全感並非由於我們的內在資源真的不夠充分，而是由於我們使用了錯誤的量尺──我們拿自己的實際能力與想像中的「理想」、完美或絕對自我做比較，用絕對的眼光來看待自己，就會引發不安全感。

有不安全感的人會認為，他應該**表現優良**、應該**成功**、應該**快樂、滿足、從容**。這些都是值得去達成的目標，但是應該被視為（相對於他們的絕對眼光）要達成的目標、要去做的某件事，而不是**應該**的。

因為人是目標奮鬥機制的，所以只有當人朝著某個東西前進時，自我才能完整的實現它自己。還記得我們在前面一章用腳踏車做的比喻？人只有在向前進（或追尋）時才能維持平衡、平穩和安全感。當你認為自己已經**達到**目標，你會變得靜止不動，然後你就失去當你在前進時所擁有的安全感與平衡感。當一個人認為自己表現「良好」且深信不疑時，他不但沒有想做得更好的動機，還因為自己必須為這個騙局和假象做辯護而沒安全感。一位大企業的總裁最近跟我這麼說：「認為自己已經『達到目標』的人，差不多也用盡了他對人類的益處。」當有人稱耶穌「良善」時，他告戒對方：「你為什麼稱我是良善的？除了神一位之外，再沒有良善的。」一般人將聖保羅視為良善者，但他自己的態度是：「我不是以為自己已經達到了……但仍向著標竿直跑。」

⊕ 腳踏實地

想要站在東西的尖端是不安全穩固的；在心理上，放下傲慢的姿態會令你覺得更有安全感。這個事實的適用性非常切合實際，它解釋了運動方面的**落水狗心理學**，當一個冠軍團隊開始把自己視為「冠軍者」，他們就不再有奮鬥的動機，而是處於防禦的狀態。冠軍的角色是防禦，試圖證明自己的地位；落水狗則是奮力去爭取，而且往往意外地擊敗對手。

從前我認識一位拳擊手，他打得一直很好，直到贏得冠軍。他在接下來的比賽將冠軍拱手讓人，他看來為此很不好受，失去這個頭銜之後他又打得很好，並再度獲得冠軍。一位睿智的經理人對他說：「你在冠軍寶座上，可以打得跟你是挑戰者角色時一樣好，只要你記住一件事。當你走進**擂臺時，你不是在捍衛冠軍寶座**——你是在為**爭奪**它而奮鬥。你還沒得到它——當你踏入擂臺之時，你就要盡你所能的去較量。」

產生不安全感的心理態度是一種「方法」，一種把現實替換成虛偽和假象的方法，一種向你自己和他人證明你優越性的方法，但它是不攻自破

的，如果你現在就很完美、優越——那麼你就沒有必要去奮鬥、努力解決和嘗試了。事實上，要是你被抓到真的有在認真努力，也許反被認為是你不優越的證據——所以別嘗試，你會輸掉你原本會贏的戰鬥。

孤單

　　我們都會有孤單的時候，孤單，也是我們身為人類和個體所要付出的代價——一種自然懲罰。不過，極度和長期的孤獨感——與他人隔離和疏遠——卻會造成失敗機制的症狀。

　　這種類型的孤單，是由生活中的疏離所造成，它是一種面對真實自我時所產生的孤單感受。一個與真實自我疏離的人，斷絕了他與生活的基礎與根本「接觸」。孤單的人往往會建立起一種惡性循環，由於他在面對自我時感到孤單，所以與人接觸時的表現也不盡理想，進而導致他變成社會隱閉者。這個做法讓他斷絕了一條找尋自己的道路，使他失去與他人在社交活動中交流的機會。與他人共同努力、與他人共享歡樂，能幫助我們忘卻自我；藉著具激發性的交談、跳舞、一起玩樂，或是為了共同目標而一起努力，我們變得對其他事情更有興趣，而不會只想維持我們自己的虛偽和假象。當我們開始認識別人時，我們會覺得較不需要虛偽矯飾，於是我們解凍冰封的心，變得更自然。這一點我們做得愈多，我們就愈覺得能夠承擔不去虛偽矯飾的結果，並且對於只做自己覺得更舒服。

⊕孤單是一種沒用的方法
　　孤單是一種自我保護的方法，與別人溝通的管道——尤其是任何的情緒繫帶——被切斷；它是保護我們理想自我免於被揭露、受傷害、受屈辱的方式。孤單的人格會害怕他人，孤單的人常抱怨自己沒有朋友、也沒有一群人能讓他打成一片。在大部分的案例中，他在不知不覺中用這種消極的態度安排事情，讓別人決定要不要去找他、去踏出第一步、關於他是否開心，他從來不會想到自己也應該在任何社交場合裡付出些貢獻。

　　不管你的感覺如何，要強迫自己與其他人打成一片。有了第一次的冒

險嘗試，假如你能堅持下去，你會發現自己變得熱衷並且樂在其中。培養某種能促進他人快樂的社交技巧，像是：跳舞、打橋牌、彈鋼琴、打網球、聊天等。持續接觸害怕的事物能培養抵抗害怕的免疫力，這是一種古老的心理治療原理，當孤單的人持續強迫自己融入與他人的社交關係之中——並非消極的，而是扮演一個積極的貢獻者——他會漸漸發現大部分的人都很友善，而且願意接受他，然後他的害羞與膽怯便開始消失，他在別人面前和對自己感到更自在，而且有了被別人接受的經驗之後，他將更能接受自己。

> **持續接觸害怕的事物能培養抵抗害怕的免疫力。**

不確定

> 一個人所能犯的最大錯誤，就是害怕犯錯。
>
> ——亞伯特・哈伯德（Elbert Hubbard）

不確定是避免犯錯和逃避責任的一種方式，它的誤謬前提是：假如沒做出錯誤的決定，就都不會出錯。對於以完美看待自己的人來說，「錯誤」是難以言喻的可怕。他從不出錯，在各方面表現完美；如果他曾經出錯，那麼他完美、全能的自我形象便會毀於一旦。對這樣的人來說，做決定就變成了生死存亡的問題。

於是，第一種「解法」是盡量避免做決定，並且盡量拖延；另一種「解法」是找個代罪羔羊來責怪。這種類型的人會做決定——但既倉促又不夠成熟，而且是出了名的不明就裡、操之過急。他不會因做決定而惹上麻煩，他是完美的，無論如何他都不可能出錯；所以，為什麼要考量事實或後果呢？當他的決定產生反效果時，他依然能維持這種假象，只要說服自己這是別人的錯就行了。

我們很容易看出這兩種類型的缺失之處，第一種是因為一點兒也不願意採取行動而陷入困境，另一種是因衝動和未深思熟慮的行為而不斷惹上麻煩。

換言之，**用不確定的方式來保持正確，是沒有用的做法。**

⊕沒有人能夠永遠是對的

要了解，**一個人不必要一直是百分之百正確的。**沒有任何棒球打擊者能達到百分之百的打擊數，十次中有三次就不錯了。貝比・魯斯（Babe Ruth）保持最多全壘打數的紀錄許多年，但他同時也是被三振次數最多的紀錄保持人。我們藉著行動、犯錯和修正錯誤而有所進步，這是很自然的事；自動導引魚雷就是經由一連串的錯誤和不斷修正路線，才能夠擊中目標。如果你站在原地不動，就無法修正你的路線，你無法改變或修正任何事情。你必須思考情況中的已知事實，想像採取各種行動的可能後果，選擇看似能提供最佳解決方案的其中一個——然後放手一搏。你可以在進行的過程中修正路線。

> 如果你站在原地不動，就無法修正你的路線，你無法改變或修正任何事情。

⊕只有小人從不犯錯

克服不確定性的另一個訣竅，是了解自尊和保護自尊在優柔寡斷中所扮演的角色。許多人都會難以做決定，因為他們害怕在被證明有錯之後喪失自尊。

要用自尊來支持你自己，而非對抗你自己，讓自己相信這個真理：**偉大的人物和偉大的人格會犯錯並且承認錯誤，只有小人才會害怕承認自己的錯誤。**

沒有人能不歷經許多錯誤和大錯而變得偉大或優秀。
　　　　　——威廉・葛萊史東（William E. Gladstone）

我從錯誤中學習到的，比從成功中學習到的還要多。
　　　　　——漢弗里・戴維爵士（Sir Humphry Davy）

我們從失敗中學到的智慧比從成功中學到的更多；我們往往藉著找出不能做的事而發現能做的事；從不犯錯的人或許也從無收穫。
　　　　　——塞繆爾・史邁爾斯（Samuel Smiles）

　　愛迪生會使用消除法不斷的研究一個問題，如果有人問他是否會因為歷經許多次被證明是徒勞無功的嘗試而感到氣餒，他會回答：「不，我並不氣餒，因為每一次拋卻錯誤的嘗試，就等於又向前邁進一步。」

——湯馬斯·愛迪生夫人

怨恨

　　當失敗類型的人格在尋找代罪羔羊或藉口來掩飾其錯誤時，他往往歸咎於社會、體制、生活和驟變。他怨恨別人的成功與快樂，因為這證明了生活對他的虧欠和他受到不公平的待遇。怨恨是企圖將失敗透過解釋為受到不平等、不公平待遇而變得令人安慰，但將怨恨當做失敗的安慰劑，只怕療癒不成反成禍害；將快樂變得遙不可及、耗盡可以獲致成功的巨大能量，對一個人的精神來說是致命毒藥。

　　這往往會建立起一個惡性循環，一個總心懷不滿、一有機會就爆發的人，不會成為最佳夥伴或同事：同事沒跟他變得熱絡、上司指出他工作上的缺失，他都有理由憤慨。

⊕怨恨是一種失敗的方式

　　怨恨也是讓我們覺得「重要」的一種方式，許多人從感受「被虐」中得到變態的滿足感；不公平、不公正下的受害者，對於造成不公的人有道德上的優越感。怨恨也是徹底催毀或消滅已發生的「真實或想像的錯誤」的一種方法或企圖，我們可以這麼說：心懷怨恨的人企圖在人生的法庭上「證明他的案件成立」。若是他心中的怨恨積累到讓他有藉口「證明」不公的存在，那麼他所得到的回報就是，會有一股莫名的力量（怨念）使招致怨恨的事件或情況變得「不是那樣」（但符合他扭曲的期待）。就這方面而言，怨恨是一種心理上的抗拒，抗拒一個已經發生但不被接受的事件，這個詞的英文resentment來自於兩個拉丁字：re代表「往回」，sentire代表「去感覺」。怨恨是對於從前某個事件在情緒上翻舊帳，或重新對抗。**你贏不了，因為你正在嘗試不可能的事──改變過去。**

⊕怨恨創造出自卑的自我形象

然而，即使是因為真實的不公與違法而怨恨，那也不是贏得勝利的方式；它很快就會變成一種情緒上的習慣，你會習慣性地覺得自己是不公正之下的受害者，開始把自己想像成一個受害者角色。在你內心飄搖不定的感覺一直在尋找一個可以停靠的外在港口，因此你很容易在大部分無心的批評或灰色地帶狀況中看到所謂的不公證據，或是想像自己受委屈。

習慣性的怨恨必然會導致自我憐憫，而這是最糟糕的情緒習慣。當這些習慣變得根深蒂固之後，一個人便無法在沒有怨恨時感到「正確」或「自然」，然後他會開始追尋和尋找不公正。有人說，這種人只有在處境悲慘時才會覺得自在。

怨恨的情緒習慣及自我憐憫也伴隨著無能、卑微的自我形象，代表你會開始想像自己是一個本來就不該快樂的可憐蟲、受害者。

⊕造成怨恨的真正原因

記住，你的怨恨並非由他人、事件或環境造成的，它是由你自己的情緒回應（你自己的反應）所造成。光靠你自己就有掌握這一切的力量，如果你堅定地說服自己確信怨恨和自憐並非獲致快樂或成功的方式——而是招致失敗和不幸，你就能掌控它。

> 堅定地說服自己確信怨恨和自憐並非獲致快樂或成功的方式，你就能掌控怨恨。

只要你懷有怨恨，你就不大可能把自己想像成一個自立自強、獨立自主、「自己靈魂的舵手、自己命運的主人」的人。心懷怨恨的人把自己的命運交給別人，他們被允許支配他的感覺、支配他的行動，他完全仰賴他人鼻息，就像乞丐一樣。他對別人做出無理取鬧的命令和要求；假如每一個人都應該盡力讓他開心，當沒達到效果時，他便會感到怨恨。如果他覺得有人「虧欠」他無盡的感激、無止息的謝意或不斷認同他無比的價值，當這些「債務」沒被償還時，他會覺得憤慨。如果一個人覺得人生虧欠他一個理想的生活，當那個理想生活沒到來時，他會覺得怨恨。

因此，怨恨與創意目標奮鬥機制是相違逆的。在創意目標奮鬥機制中你是一個積極的行動者，而非消極的接受者。你是設定目標的人，沒有人

對你有任何虧欠，你追隨自己的目標，你要對自己的成功與快樂負責。怨恨並不契合這個情境，因為它是一個失敗機制。

空虛

你也許會反駁，有人懷有挫折感、被誤導的侵略性進取心、怨恨等，卻依然能夠「成功」。別太肯定，許多人擁有外在的成功象徵，但當他們打開追尋已久的藏寶箱時，卻發現裡頭空空如也。那就像是他們用盡力氣掙得的錢最後卻變成了假鈔，到頭來終究失去了享受的能力。**當你失去了享受的能力，再多財富或任何東西都無法帶來成功與幸福。**這些人贏得成功的果實，但當他們切開時卻發現裡頭是空的。一個內在「享受能力」活躍的人，能在生活中許多平凡簡單的事物上找到樂趣，能盡情享受他在物質上所達到任何類型的成功。享受能力已死的人在任何事物上都找不到樂趣，沒有值得努力的目標，人生無趣的要命，沒有事情是值得的……你可以看到這些人在無數個夜晚、夜復一夜的在夜店玩得精疲力盡，試圖說服自己說他們很開心；他們不斷趕場、換場，陷入派對漩渦，期望能發現樂趣，但找到的總是一只空殼。事實上，歡樂是創意功能和創意目標奮鬥機制的附加價值，一個人可能贏得虛偽的成功，但代價是空虛的歡樂。

⊕當你擁有值得的目標，人生也變得有價值

空虛是你沒有過著創意生活的徵兆，表示你沒有一個夠重要的目標，或者你沒有運用才能和努力去奮力達成重要的目標。只有對自己沒有目標的人，才會悲觀的說：「人生沒有目的。」只有沒有值得努力的目標的人才會說：「人生沒有價值。」只有沒有重要工作好做的人才會抱怨說：「無事可做。」積極爭取或為了重要目標而努力向前邁進的人，根本不會被人生無意義或人生徒勞無益的悲觀思想所困擾。

⊕空虛不是取得勝利的方法

失敗機制是自我綿延不朽的，除非我們介入並打破它的惡性循環。一

且我們感受到空虛，空虛就可能變成逃避努力、工作和責任的方法，它變成無創意生活的一種藉口或辯解。假如一切都變得空虛，假如太陽底下沒有新鮮事，假如再也找不到樂趣，那又何必費心？何必去試？假如生活只是單調乏味的例行工作──我們一天工作八小時來換取讓我們安心入睡的房子，為的是能睡八小時以獲得休息，而休息是為了明天的工作──那又為什麼還要為生活感到興奮？然而，當我們放下令人厭倦的工作、不再待在這個圈圈裡毫無目的的打轉、並且找出一個值得努力的目標然後追求它時，所有憑理智而產生的這些理由都消失了，而且我們會確實體會到歡樂與滿足。

⊕空虛伴隨不適當的自我形象

空虛也可能是不適當自我形象的一個徵兆，你在心理上不可能接受你覺得不屬於你的東西──或與你不相符的東西。擁有卑微、我不配等自我形象的人，也許在獲致名符其實的成功時已懷有負面傾向很久了，因此他在心理上無法接受和享受這樣的成功。他甚至可能會有罪惡感，好像這個成功是偷來的一樣，或許基於著名的過度補償原理，他的負面自我形象甚至激勵他有所成就（指奮力追求其他成就或滿足來掩飾負面的自我形象）。

然而，我並不因為這有時會導致外在的成功象徵，而贊同「一個人應該為自卑情結感到驕傲、或感謝」。當「成功」終於來臨時，這種人幾乎不會有什麼滿足感或成就感，他心理上無法將他的成就視為一種榮耀。對世人來說他是一個成功者，但他自己仍然感到自卑、不配，幾乎把自己看成一個小偷，偷了在他看來很重要的「地位象徵」。他會說：「如果我的朋友和同事真的知道我是這麼一個冒牌貨……」

這種反應太常見，精神學家稱之為「成功症候群」──當一個人察覺到自己已經「成功」時，他反而感到罪惡、不安全與焦慮；這就是為什麼成功對他而言竟變成一個負面的詞。**真正的成功從不會傷害任何人**，努力為重要的目標而奮鬥是健康的，這不是因為成功是一種地位象徵，而是因為成功契合你內心深處的渴望。透過創造性的成就來為追求真正的成功（你的

> 為了取悅他人而追求虛假的成功，只會帶來虛假的滿足。

成功）而努力，會帶來有深度的內在滿足，為了取悅他人而追求虛假的成功，只會帶來虛假的滿足。

速覽負面訊息，專注正面目標

汽車會配備負面訊息顯示器，就安置在駕駛人的正前方，告訴你什麼時候電池該充電、什麼時候引擎過熱、什麼時候油壓太低等等，忽視這些負面訊息可能會毀掉你的愛車，但當有負面訊息閃爍時，也不需要過度緊張，你只要停在加油站或車庫裡，然後採取正面行動來修正。出現負面訊息不表示車子狀況不好，所有的車子有都有引擎過熱的時候。

話雖如此，駕駛人不必老是盯著控制面板，這麼做可能會釀成災難。他必須專注於擋風玻璃外的路況，**把主要的注意力放在他的目標上**──他想去哪裡。他只要偶爾瞥一下負面訊息顯示器就行了──注視或專注在那上面，然後迅速把視線拉回眼前的路，專注在他想去的正面目標上。

如何利用負面思考？

對於我們自己的負面徵兆，我們也應該採取類似的態度，當正確使用時，我堅信負面思考的好處。我們必需對負面訊息有所**警覺**，才能對它們有全盤透澈的了解，一個高爾夫打者必需知道沙坑和沙坑障礙的位置──但他不用一直想著他不想去的沙坑，他的頭腦「速覽」沙坑的位置，但專注在球場上。

正確利用這類負面思考，能幫助我們、引領我們走向成功，假如：(1)我們對負面訊息很敏銳，能感應到它的危險警示。(2)我們能辨識出負面訊息──它是某種討厭、我們不想要的東西，某種不能帶來真正快樂的東西。(3)我們採取立即性的正確行動，從成功機制中相對的正面因素來取代它。這種練習屆時能創造一種自動反應，並成為我們內在導引系統的一部分，而負面回饋將會產生一種自動控制的作用，幫助我們避開失敗，並引導我們朝向成功邁進。

要記憶的重點

（在此填入）

1.

2.

3.

4.

5.

你的案例記載

在此列出一項你過去的經驗,並依本章所提供的原理加以說明。

Chapter 10

幫你自己做情緒「拉皮」
－去除情緒傷痕－

有位太太發現她先生不忠，但決定原諒他，

為了做到原諒，她沒有離開他。

從外表的行為上看來，

她是個盡職的妻子，

把屋子打理得整齊清潔、準備好三餐⋯⋯

但她用許多微妙的手法讓他的生活如人間煉獄。

當他有所抱怨時，她的回應是：

「親愛的，我是真的原諒你了——只是我無法忘記。」

她的「原諒」變成了他胸口的一根刺。

要是她早能拒絕這種原諒然後離開他，

她就可以對他更和善，讓自己更快樂。

當你遭受生理創傷時——像是臉被割傷，你的身體會形成比原本的皮肉更硬更厚的疤痕組織。疤痕組織的目的是形成保護層，是確保傷處不再受到傷害的自然方法。如果不合腳的鞋子摩擦到你腳上脆弱的地方，首先造成的結果就是疼痛和敏感，不過，此時身體又會自然形成保護層——繭，來防止進一步的疼痛和傷害。

每當我們遭受到情緒傷害、當有人傷害我們或和我們產生「不對的摩擦」時，我們也會產生極類似的反應。我們會形成自我保護的情緒疤痕或精神疤痕，我們對世界非常易於變得硬心腸、長保護繭，並縮回我們的保護殼中。

當自然需要幫助時

形成疤痕組織，從自然的角度來看是對人體有益的，然而在我們的現代社會裡，疤痕組織——尤其是臉上的，對我們造成的負面影響可能比幫助多。我舉喬治（George T）為例，他是一名年輕有為的律師，和善、優雅，卻在正朝向成功的生涯邁進時發生車禍，從他左臉頰中央到左嘴角留下一道可怕的疤痕，此外，他右眼上方的割傷癒合後，上眼瞼被緊緊的往上拉，造成他怒目而視的怪異表情。每次他在浴室中看著鏡中的自己，他看到的是一個面目可憎的形象，他臉上的疤帶給他永久的橫眉豎目，或是他所謂的「邪惡表情」。

出院之後，他在法庭上輸了他第一個案子，他確信是他的「邪惡」、怪異外貌影響了陪審團。此外，他也覺得老朋友都因為他的外貌而排斥、厭惡他，甚至連太太在被他親吻時他都會感覺到她稍稍畏縮。這真的只是他自己的想像嗎？喬治開始推掉案子，他開始在白天喝酒，他變得易怒、有敵意，而且有避世的傾向。

喬治臉上的疤痕組織是為了未來可能發生的車禍而形成的保護層，但是在他生活的社會裡，他臉上的生理創傷並不是主要的危險：他比以前更容易受到來自社會的「刺傷」、創傷和損傷。疤痕對他而言並不是有利的資產，反而是一種障礙。

如果喬治是原始人，並且因為遭遇熊或劍齒虎而使臉上留下疤痕，那麼他的疤痕或許會令他在同儕間更受歡迎。即使是在近代，從前的士兵會驕傲的展示他們的戰疤，在德國不受法律約束的決鬥社會裡，刀疤是榮譽的象徵。在喬治的案例中，自然的意圖是好的，但是自然也需要幫助，我透過整形手術把喬治原來的面貌還給他，也就是移除疤痕和恢復他的相貌。

手術過後，他在人格上的改變相當巨大，他又變得善良、有自信，他不再喝酒，拋卻孤狼的生活態度，重新回歸社會，再度成為人類的一員。他可以說找到了「新的生活」。

然而，這個新的生活只是經由移除生理組織的整形手術間接帶來的，真正的療藥是**情緒傷痕**的移除、具備對社會「刺傷」的安全防禦、情緒傷害和創傷的療癒，以及被社會接納的自我形象的恢復。在他的案例中，手術使這一切成為可能。

▋情緒傷痕如何使你與生活疏離？

許多有內在情緒傷痕的人從未遭遇生理創傷，但對人格造成的結果是一樣的。這些人在過去被某個人傷害過，為了抵抗將來可能的傷害，他們在原來受傷的地方形成一個心靈上的厚繭、一道情緒上的疤痕來保護他們的尊嚴。然而，這個疤痕組織不止「保護」他們免於原來加害者的傷害，它也為了「保護」他們而抗拒其他所有的人，於是他們心中築起了一道無論敵友都無法通過的情緒之牆。

一位被男性傷害過的女士，發誓絕對不再信任任何男人；一個自尊被專制蠻橫的父母或老師踐踏過的孩子，也許會發誓以後再也不信任任何權威；一位向女子求愛被拒的男士，也許會發誓以後絕對不再與任何人有感情上的糾葛。

一如在顏面疤痕的案例中，以過度的保護來抗拒創傷的原始來源，結果可能使我們更脆弱，而且讓我們在其他領域中的處境更危險。我們建築起保護我們免於某人傷害的情緒之牆，也隔絕了我們與其他所有人和我們的真

> 以過度的保護來抗拒創傷的原始來源，結果可能使我們更脆弱。

實自我的聯繫。就像我之前提過的，感到孤單或斷絕與其他人聯繫的人，也會脫離與他的真實自我和人生的聯繫P161。

易助長少年犯罪

精神學家伯納德・赫藍（Bernard Holland）指出，雖然少年犯看起來很獨立，而且是眾所皆知的吹噓浮誇——尤其是他們多麼厭惡每一個專家及權威人士的態度，他們抗議反對得太過火了，但在這看似剛強的外殼之下，「是內心柔弱、想找個人依靠的人。」然而，他們卻無法接近任何人，因為他們不信任任何人，他們在過去的某個時間點被重要的人所傷害，所以不敢敞開心胸——他們害怕自己再度受到傷害。他們總是處處防備，為了不受到更多的拒絕和痛苦，他們會先採取攻勢，因此，他們趕跑了只要有機會就願意愛他們、幫助他們的人。

導致破損與醜陋的自我形象

情緒傷痕對我們的自尊還有另一個負面影響，它們會導致破損、毀損的自我形象，那是不被人們所喜歡或接受的形象，也是一個人無法與世人和平共處的形象。

情緒傷痕遏抑你的創意生活，或是阻礙你成為亞瑟・康斯博士（Arthur W. Combs）所謂的「自我實現」者。康斯博士是教育心理學教授，目前在佛羅里達大學擔任諮詢服務，他說每一個人的目標都應該是要成為一個自我實現的人，他還說，這並不是與生俱來的東西，而是必須要達成的目標。自我實現者有下列特徵：

⑴他們自視為受歡迎、被需要、被接受與有能力的人。
⑵他們對自己的身分有高接受度。
⑶他們覺得自己與他人有同一性。
⑷他們擁有豐富的資訊與知識。

　　具有情緒傷痕的人不僅具有多餘、討厭、無能者的自我形象，他所居住的世界在他心裡的印象，也是個充滿敵意的地方。他和世界的主要關係是敵對的，他與人相處的基礎不是施與受、合作和同甘共苦，而是戰勝、搏鬥和抵禦。他不以寬容對待他人或自己，挫折、侵略和孤單是他要付出的代價。

▌避免情緒傷害的三大祕訣

(1)強大到感覺不到威脅

　　許多人受一點小事或我們所謂的社交瑣事的干擾就感到被嚴重傷害，大家都知道家庭、辦公室或朋友圈裡總有些臉皮薄和敏感的人，大家對他們要時時提高警覺，以免無心的話或動作讓他們覺得被冒犯了。

　　心理學上有一種著名的現象是，最容易被冒犯的人，也最容易自卑。我們會被自己認為會威脅到尊嚴或自尊的東西所「傷害」，若自尊健全的人沒有留意到（而避免）這些想像出來的情緒針刺，就會嚴重劃傷這些人──即使真正的挖苦和言語攻擊會嚴重創傷自卑的人，卻絲毫不會傷害到對自我有正面想法的人的自尊。覺得不配、對自我能力感到懷疑的人才會覺得自己差勁，並在轉眼間燃起妒火；私底下懷疑自己價值的人、內心懷有不安全感的人才會杯弓蛇影的覺得尊嚴受到威脅，並且將實際威脅所可能造成的傷害誇大其詞。

　　我們都需要某種程度的情緒堅強和自我安全感，來保護自己的尊嚴不受實際上和想像上的威脅。讓你的身體完全被堅硬的外層包裹住或躲在像龜殼般的保護層裡，都不是明智的做法，這會讓我們將自身屏除在所有歡樂的感覺之外。我們的身體確實擁有一層表皮，也就是皮膚，用來保護我們免於細菌的侵襲、抵禦小碰撞、擦傷和小刺傷；皮膚的厚度和堅韌足以保護身體抵擋小創傷，但不至於厚到或堅硬到擋住所有感覺。許多人的自尊並沒有包覆在表皮的保護之下，只有一層薄而敏感的內皮，他們需要擁有更厚的表皮和更堅強的情感才能忽略微小的傷害和細微的尊嚴威脅。

此外，他們需要建立起自尊，獲得更好、更適當的自我形象，才不會對每個偶然的批評或無意的舉動感到受威脅。一個強大、強壯的人在面對小小的危險時不會感到受威脅，但弱小的人會，同樣的道理，一個健康、強壯而有充分自尊的自我，也不會覺得任何無意的批評會威脅到他。

⊕健康的自我形象不會輕易受傷

自我價值會因小小的批評而感到受威脅的人，其自我很脆弱又自卑，這種人很自我中心、自私自利、難以相處──即所謂的自我本位。但是，我們不能用打擊、暗中傷害的方式來治療一個不健康或脆弱的自我，而克己犧牲或變得無私的方式也只會讓它變得更脆弱而已。自尊對於精神的重要性，就像糧食對於身體一樣，自我中心、自私自立、自我主義和關於自我的一切缺點，治療的方式就是**建立起自尊以培養健康、強壯的自我**。當一個人有足夠的自尊時，小麻煩根本不會造成威脅──它們就是「過去了」和被忽略了，連更深層的情緒創傷都可能療癒得更快、更俐落，不會遺留任何毒害生活或損害幸福的潰爛膿瘡。

> 當一個人有足夠的自尊時，小麻煩根本不會造成威脅。

(2)自立自強、負責的態度使你不易受傷

如同赫藍博士所指出，外表剛強的少年犯其實內心是軟弱、脆弱的人，希望有人可以依靠、渴望他人的愛。

有推銷員告訴我，一開始看起來最抗拒推銷的人，一旦你突破他的心防，往往變成很容易促銷的對象；需要高掛「謝絕推銷」告示牌的人之所以會這麼做，是因為知道自己耳根子軟，所以需要（告示牌）保護。強硬而板著臉孔的外表，通常是透過直覺培養出來的，因為這種人了解自己內心軟弱，需要保護。

幾乎不懂或根本不懂自立自強的人，在情感上會想要倚靠他人，但這只是讓他更容易受到情感上的傷害。每一個人都想要和需要愛與關懷，然而，有創造力、能夠自立自強的人，也會有**需要付出愛**的感覺。他希望付

出的愛與得到的愛一樣多（或者更多），他並不期望愛要被畢恭畢敬的放在銀盤中呈獻給他，他也不會有「每個人」都必須愛他和認同他的心理衝動——他有足夠的自我安全感，所以可以容忍某個範圍內的人數不喜歡和不認同他。他對自己的人生有某種程度的責任感，會把自己設想成一個根據自己期望而行動、決定、付出、進行的人，而不是只等著生活中一切好事從天而降的消極接受者。

消極的依賴者會把他的整個命運交給其他人、各種狀況和運氣。他會覺得他的人生應該由生活來安排，而且其他人應該為他考量、賞識他、愛他、讓他快樂，他會對別人做出不可理喻的命令和要求，並且在願望沒實現時感到被欺騙、受委屈、受傷害。這是因為人生實際上並不是個這樣子的，他在追求的根本是不可能的事情，徒讓自己「敞開」情緒傷害和創傷的大門。有人說過，神經質的人格永遠與現實相「衝撞」。

要培養自立自強的態度，承擔起你自己的人生責任和情緒需求。試著對他人付出情感、愛、認同、接受和了解，你會發現你所付出的最後會像反射作用那樣回報給你。

(3)放鬆能遠離情緒傷害

曾經有病人問我：「如果疤痕組織會自然、自動形成，那為什麼整形手術的切口不會留下疤痕組織？」

答案是，如果你割傷你的臉，臉會「自然痊癒」，於是形成疤痕組織，因為在傷口底層有某種程度的張力，會將表皮往回拉，形成一種我們姑且稱之為「縫隙」的東西，把縫隙填滿的就是疤痕組織。而當整形醫師進行手術時，他不僅藉著縫合技術把皮膚緊密地拉在一起，而且還切除皮膚下的少量血肉，才不會產生張力；手術切口會平滑、均勻地癒合，不會出現扭曲的表面疤痕。有趣的是，同樣的事情也發生在情緒傷口上，如果沒有張力存在，就不會產生扭曲的情緒疤痕。

你曾注意過嗎？當你遭受挫折、恐懼、憤怒或失意所帶來的**精神緊張**（張力）時，「傷害你的感情」或「發怒」是多麼容易的事情？

我們會因為某種負面經驗而開始覺得情緒不佳、抑鬱沮喪或動搖自信。一個朋友經過時說了玩笑似的評語，平常我們十有八九會笑、覺得有趣、認為沒什麼，然後很有風度的也以笑話回敬他。但現在可不是這樣，現在，我們正遭遇自我懷疑、不安全感和焦慮的精神緊張，我們誤會評語的意思，因而被觸怒和受傷，然後開始形成情緒傷痕。

這個簡單的日常經驗最能說明我們情緒上遭受傷害的原理，**並不真的是被別人傷害或因為他們說了什麼或沒說什麼，而是被我們自己的態度和我們自己的反應所傷害。**

⊕放輕鬆能緩和情緒爆發

當我們覺得受傷或覺得被冒犯，這種感覺就是我們自己反應的整個問題所在，事實上，感覺就是我們的反應。

我們必須關心的是我們的反應——而不是別人的反應。我們可以緊繃起來、變得憤怒、焦慮，或者怨忿和感到受傷，又或者，我們可以不做任何反應、保持放鬆，並且不感到受傷害。科學實驗證實，當身體肌肉保持完全放鬆時，絕對不可能感覺到恐懼、憤怒、焦慮或任何負面情緒，我們必須「做些什麼」才會感到恐懼、憤怒和焦慮。希臘哲學家迪奧真尼斯（Diogenes）說：「一個人除了自己，沒有人能使他受傷。」

要對你的回應和反應負責的，只有你自己，你可以根本不回應，你可以保持放鬆並且免於傷害。

> 要對你的回應和反應負責的，只有你自己。你可以根本不回應，你可以保持放鬆並且免於傷害。

▍理智再教育和日常放鬆課

在麻塞諸塞州的雪萊中心，團體心理治療法所獲得的結果超越典型心理分析療法，而且時間短得多。有兩件事情受到強調：**思想控制**和**日常放鬆課**的團體訓練。根據一篇發表在《心理衛生》的研究報告指出，訓練的目的是「為了找出達到基本的成功與快樂人生的方法，所做的理智與情緒上的再教育」。

除了「理智再教育」與思想控制方面的忠告，病人也被教導要放鬆，方法是以舒適的姿勢躺著，此時指導者以愉悅的話語為他們建構一幅平和寧靜的戶外景象。病人同時被要求在家裡每天做放鬆練習，然後一整天都懷著心平氣和的心情。

在該中心找到新生活方式的一位病人寫道：「我病了七年，一直無法安然入睡，我的脾氣很暴躁，像我這樣的討厭鬼讓人很難一起生活。多年來，我一直認為自己的丈夫是個蠢貨，當他小酌回家後，也許他正在抵抗喝酒的渴望，但我會變得激動並用惡劣的話刺激他，而那只會迫使他狂飲無度，卻無法幫助他對抗酒精。現在我什麼也不說，只是保持冷靜，這樣反而能幫助他，並且讓我們倆相處融洽。

從前我用充滿敵意的態度過生活，我把小問題誇大，令自己瀕臨自殺邊緣。自從我去上課後，我開始了解並不是世界在為難我。我現在比以前更健康、更快樂，從前我不曾放鬆過，連睡覺時也不會；現在我不再像從前那樣忙亂，我的工作量和以前一樣多，但我能處理得好又不會像以前那樣把自己累壞。」

如何除掉情緒舊傷痕？

我們可以藉著練習先前提到的三大法則來預防和免除情緒傷痕，但是從前所形成的舊情緒傷痕——那些舊傷害、嫌隙、對生活的不滿和怨恨要怎麼辦？

一旦情緒傷痕已經形成，就只一種方法能夠應付，那就是像移除生理疤痕一樣的用手術移除它。

幫你自己做心靈拉皮

你自己就能做移除老舊情緒傷痕的手術，你必須成為你自己的整形醫師——幫你自己做心靈拉皮。結果你會得到新的生活和新的活力，也會發現心靈的平靜和快樂。

使用情緒拉皮和「心靈手術」的說法，只是一種比喻。

舊的情緒傷痕是無法醫治或投以藥物的，它們必須被徹底「除去」、拋棄、根絕。許多人運用各種藉慰方式或藉慰物來撫平情緒創傷，但就是沒有用，他們也許會自以為正義地放棄表面的和身體的報復，但用許多微妙的方式「出氣」或「扯平」。

舉個典型的例子，有位太太發現她先生不忠，在牧師和／或精神科醫師的忠告下，她同意自己應該原諒他，為了做到原諒，所以她沒有射殺他，也沒有離開他。

從所有外表的行為上看來，她是一個盡職的妻子，她幫丈夫把屋子打理得整齊清潔，她為他準備好三餐等等，但是她用許多微妙的手法讓他的生活有如人間煉獄，像是對他冷言冷語和炫耀她在道德上比他更優越。當他有所抱怨時，她的回應是：「嗯……親愛的，我是真的原諒你了——只是我無法忘記。」她的「原諒」變成了他胸口的一根刺，因為她意識到這樣能證明她的道德優越。要是她早能拒絕這種原諒然後離開他，她就可以對他更和善、可以讓自己更快樂。

原諒是去除情緒傷痕的手術刀

「『我可以原諒你，但是我無法忘記』只是『我不會原諒』的另一種說法。」亨利・瓦德・畢雪說，「原諒應該像被廢除的記錄——撕成兩半，然後燒毀，這樣才永遠不能被拿出來對抗相關人。」

當原諒是真實、誠心且完全的——然後遺忘——就是能夠從舊的情緒傷口移除膿疱、治癒傷口並消除疤痕組織的手術刀。部分或非全心全意的原諒，效果不會比部分完成的顏面整形手術好到哪兒去。基於義務的假裝原諒，作用不會比仿冒的顏面手術好。

你的原諒以及被原諒的錯誤都應該要被遺忘，**被記住和老是被想著的原諒，會再度感染你試圖麻木的傷口。**

如果你太驕傲於你的原諒，或記得太清楚，你會非常容易感到對方虧欠你原諒他的代價；你原諒他一件事情，但為了這一點，他又欠你一次，

很像是小額借貸公司的放款人註銷一張借據、然後每兩週又生出一張新的借據一樣。

⊕原諒不是一種武器

　　關於原諒有許多常見的謬誤，其中一個原因是，人們往往未看清它的真實治療價值，因此很少嘗試真正的原諒。舉例而言，許多作者都告訴我們說，我們應該原諒，才能使我們成為一個「好人」；很少有人告訴我們說，**原諒也許能使我們快樂。**

　　另一個謬誤是，原諒讓我們擁有崇高的地位，或是原諒是戰勝敵人的一種方法。這種想法常見於許多看似冠冕堂皇的措辭中，像是「不要只想著『報復』——原諒你的敵人，你就會『超越』他。」十七世紀的坎特伯里大主教約翰·蒂洛森（John Tillotson）曾說：「當對手開始受傷，我們便應開始仁慈，戰勝敵人的最光榮勝利莫過於此。」這只是「原諒本身可以被當成復仇的有效武器」的另一種說法——它是真的可以，然而，報復性的原諒並不是具療效的原諒。

> 報復性的原諒並不是真正具療效的原諒。

　　具療效的原諒能去除、根絕、刪除錯誤，好像錯誤從未發生過，具療效的原諒就像外科手術。

⊕像放棄壞死的手臂一樣的盡棄前嫌

　　首先，錯誤——尤其是我們自己對它的非難——必須被視為一種令人不快、而非值得擁有的東西。在一個人內心真正同意截去他的手臂之前，他必須不再將他的手臂視為值得保有的東西，而是糟糕、毀損、對健康有威脅性而必須放棄的東西。

　　在顏面手術上，不可能有部分、暫時性或不完的估量，疤痕組織一定要整個、完全、徹底去除，傷口才能均勻整齊的癒合，然後再仔細觀察每個細節的恢復狀況，是否跟受傷前一樣、是否像創傷不曾存在過一樣。

⊕如果你願意，你可以原諒

　　具療效的原諒並不難，唯一難的地方在於你能不能保證自己會心甘情

願地放手，並且不懷任何譴責之心——你願意一筆勾仇怨，沒有任何保留。我們發現原諒很難，只因為我們喜歡非難他人；我們在悉心調理創傷之餘獲得一種任性而病態的樂趣，只要我們能夠責難他人，我們就能感到比他優越。

原諒很難，只因為我們喜歡非難他人，只要我們能夠責難他人，我們就能感到比他優越。

沒有人能否認，為自己感到可憐也是一種邪惡的滿足感。

原諒的理由很重要

在具療效的原諒中，我們一筆勾銷與他人的仇怨，並非因為我們已決定要寬厚、或向對方表達善意、或因為我們是道德優越的人。我們拋棄仇怨，當它是「無效和空虛」的，並非因為我們已讓對方為他的錯誤「付出足夠的代價」——而是因為我們體認到，仇怨本身並沒有根據。

只有在我們能夠了解、在情感上能夠接受從以前到現在並沒有什麼是需要我們原諒的時候，才會發生真正的原諒，我們打從一開始就不應該責難或憎恨他人。

不久前我參加了一個午餐會，與會者有許多神職人員，會議的主題是很普遍的原諒，另外再特別提到耶穌原諒通姦婦人的例子。我很專注聆聽他們透澈討論為什麼耶穌能夠「原諒」那個女人、他如何原諒她、他的原諒在當時如何成為那些準備拿石頭丟她的教徒的訓斥等等。

⊕耶穌並沒有原諒那個通姦的婦人

我努力忍住不指出「事實上耶穌從未表示過原諒婦人」，以免在場的男士太震驚。在《新約》裡，沒有任何一處的敘述用到「原諒」的字眼，連暗示都沒有，根據故事的內容也不可能合理推斷出這樣的結論；我們只看到在指責她的人離去後，耶穌問她：「有人定妳的罪嗎？」當那個婦人否認後，耶穌又說：「我也不定妳的罪，走吧，從此不要再犯罪了。」

你無法原諒一個人，除非你先定他的罪，耶穌打從一開始就沒有要定那個女人的罪——所以他也沒什麼可以原諒的。他了解她所犯的罪或錯

誤，但並不覺得有必要為此厭惡她，他在事情發生前就已了解這個道理，而你我必須在事後的練習治療性原諒後才能了解：

當我們因一個人的錯誤而憎恨他、當我們譴責他、把他歸類為某種類型的人並把他這個人與他的行為混為一談時，或是當我們自認為要讓對方恢復在我們心目中的地位前、在情感上被我們接受前，必須先「付出代價」時，我們自己就犯了錯。

無論你是否「應當」這麼做、無論你是否「應該」這麼做，或是無論你是否可以合理的在別人的期望下這麼做，都是超出本書範疇、也超出我專業領域的問題。身為一名醫生我只能告訴你，**如果你願意那麼做，你將會遠感到更快樂、更健康，並且獲得更多心靈上的平靜**。我認為這才是具療效的原諒，而且這是唯一一種真正「有效」的原諒。假如有任何原諒的條件比這個差，那我們也無需多談了。

原諒你自己，也原諒別人

不只是別人可能會造成我們的情緒傷口，**我們大多數的人也會自我感染傷口。**

我們用自責、悔恨與懊悔痛擊自己，我們用自我懷疑貶抑自己，我們用過度的罪惡感抨擊自己。

悔恨與懊悔是在情感上還企圖活在過去，過度的罪惡感則是企圖將我們在過去做錯的事或想錯的事扭轉成正確的。

當情緒正確且適當的使用時，它能幫助我們對目前環境裡的某種現實做出恰當的回應或反應。因為我們無法活在過去，所以我們便無法在情緒上對過去做出適當的反應。就我們的情緒反應而言，過去可以被一筆勾銷、被關閉、被遺忘。對於過去也許造成我們迷失的迂迴道路，我們不需設法採取任何「情緒性的觀點」，因為**重點在於我們目前的方向和我們當前的目標。**

我們需要看清自己的錯誤，否則無法修正路線，也不可能控制方向或導航。不過，為我們的錯誤憎恨或責難自己，是既徒勞無益又致命的。

你造就錯誤，但錯誤不會造就你

還有，在想到我們自己所犯的錯誤（或別人的錯誤）時，要從我們做了什麼或沒做什麼的方面來想，這是有幫助又切實的，而不要只想著錯誤造就了我們。

我們所能犯的最大錯誤之一是，把我們的行為與我們「自己」混為一談……然後做出結論說，因為我們做了某種行為，所以那種行為就是我們是某種人的特徵。

> 我們所能犯的最大錯誤之一就是，把我們的行為與我們「自己」混為一談。

如果我們能了解，錯誤包含了我們所做的某件事——它們與行動有關，所以若要切合實際，在描述時，我們應該用動詞來表示行動，而不是用名詞來表示一種存在的狀態，這樣才能闡明想法。

舉個例子，說：「我失敗了。」（動詞形式）才能辨明錯誤，並且有助於在未來走向成功。

但如果說的是：「我是個失敗者。」（名詞形式）這句話並未描述出你所做的事，而是指出你認為錯誤造就了你。這對學習一點兒用都沒有，卻徒使錯誤「固著」不滅，這一點在臨床心理學實驗上，已經得到一次又一次的證實。

我們似乎都能認同所有的孩子在學走路時，都有偶爾跌倒的時候。我們說：「他跌倒了。」「他絆倒了。」我們不會說：「他是個跌倒者。」「他是個絆倒者。」

然而，許多父母卻無法認同所有的孩子在學講話時也會犯錯或「不流暢」——遲疑、有障礙、重複音節和字彙。焦慮、憂心忡忡的家長往往會因此定論道：「我的孩子是個口吃的人。」像這樣的態度或判斷——**不是針對孩子的行為，而是針對孩子本身**——會影響孩子的心理，讓他開始覺得自己是一個口吃的人，他的學習會因而被限定住，口吃似乎就這樣跟著他一輩子。

根據全國首席口吃權威溫德爾・強森博士（Wendell Johnson）的觀點，這種事才是導致口吃的原因。他發現，不口吃者的父母比較會用描述性的

措辭（「他不說話」），而口吃者的父母比較會用批判性的措辭（「他不會說話」）。

強森博士在一九五七年一月五日的《週六晚報》中寫道：「漸漸地我們開始領悟到已遺落好幾世紀的關鍵點，自這個關鍵點發展而來的一件件案例，都被過度焦慮而又不熟悉正常語言發展情況的人診斷為口吃。看來，最需要理解與指導的人，其實是家長而不是孩子，是聽話者而不是說話者。」

奈特・鄧拉普博士做過一項二十年的習慣研究，包括習慣的養成、消失，以及它與學習的關係，他發現幾乎所有的「壞習慣」都適用同一個原理，包括情緒習慣。他說，**如果病人想治好壞習慣，重點是他要學會不再為了那些習慣而責怪自己、非難自己和感到極度後悔**，他還發現，「我毀了」或「我一無是處」這類的話尤其具傷害性，因為病人已經做了／或正在做某種行為了。

所以記住，**你造就錯誤，但錯誤不會造就你**——一點兒也不。

▋誰想像躲起來的牡蠣？

關於預防和去除情緒傷害，最後還有一點要提。為了活得更有創意，**我們必須願意帶一點點脆弱感**，在有創意的生活中，**我們必須願意受一點點傷害**——假如必要的話。許多人都需要擁有比原本更厚更堅韌的情緒表皮，但他們需要的只是一層堅韌的情緒掩護或外皮——而不是一個硬殼。為了信任他人、愛他人、開誠佈公地與他人展開有情感的溝通，就要承受被傷害的風險。萬一我們受到傷害，我們有兩種選擇：可以築起厚厚的保護殼或疤痕組織來防止再次傷害，像牡蠣一樣活著，不再受到傷害；或者我們也可以置之不理，依然會受傷害，但繼續過著有創意的生活。

牡蠣絕對不會受到「傷害」，它有厚厚的殼保護它對抗任何侵略。它受到隔離，它的生活安全無虞，但沒有創意，它不能追求它想要的——它必須等待它想要的主動來臨。與環境做情緒性溝通所產生的傷害，牡蠣於此一無所知——但它也無法得知其中歡樂。

心靈拉皮讓你更年輕

　　試著幫自己做心靈拉皮，這不是在玩文字遊戲而已，它使你有機會接觸到一個更值得的人生、更多活力和造就你的「東西」。你會感覺變年輕，你會真的看起來更年輕；有許多次，我看到無論男性或女性，在除卻舊的情緒傷痕之後，外表很明顯的年輕了五到十歲。看看你周圍，有沒有年逾四十卻擁有年輕外表的人？是那些性格乖戾的人？心懷怨恨的人？消極的人？痛苦的人？還是開心、樂觀、好脾氣的人？

　　總是對某人或生活有嫌隙的人，可能引起老年駝背，就像在肩膀上負載重物的結果一樣。有情緒傷痕與心懷怨恨等等的人一直活在過去，這正是老年人的特徵。年輕的態度與年輕的精神能夠撫平心靈與臉上的皺紋，令眼神煥發，使你展望未來並懷有遠大的抱負。

> 有情緒傷痕與心懷怨恨的人一直活在過去，這正是老年人的特徵。

　　所以，何不試試幫你自己做心靈拉皮呢？你的DIY套組包含**預防疤痕用的負面緊張放鬆練習、移除舊疤痕的治療性原諒、建立堅韌的（非堅硬的）外皮（非硬殼）、創意生活、願意有一點點脆弱，以及憧憬未來、不要緬懷過去。**

要記憶的重點

（在此填入）

1.

2.

3.

4.

5.

你的案例記載

在此列出一項你過去的經驗，並依本章所提供的原理加以說明。

_____

_____

_____

_____

_____

_____

_____

_____

_____

_____

_____

_____

_____

_____

_____

_____

_____

Chapter 11

釋放你真實的「面孔」

－翻轉差勁的性格，不壓抑的表現自我－

曼根還發現，

當他拜訪大人物或在任何其他場合時，

只要告訴自己：「我正要去和爸媽吃飯。」

然後在想像中想起自己以前的感受和舉止，

然後就那樣表現，

便可以克服他的登臺恐懼症和膽怯。

性格的吸引力和神祕感雖然可以輕易辨識卻難以定義，它不是一種可以從外部獲得、而是一種**發自內心**的東西。

我們所謂的「性格」是一個獨特、獨立創意自我的外在證據，是依照神的形象建構的──令我們內在隱約閃爍神性──或者也可說是你真實自我的釋放與完全表達。這個在每個人內心的真實自我是具吸引力的，它有魅力，它對他人確實有強大的衝擊和影響力。我們會覺得自己與某種真實（且基本）的東西有所接觸，而它也對我們有所反應，但另一方面，騙子是普遍被討厭與嫌惡的。

為什麼大家都喜歡嬰兒？當然不是因為嬰兒能做什麼、知道什麼或擁有什麼，而是因為他就是嬰兒。每個嬰兒都有「正量性格」，沒有表面性的東西、沒有欺騙、沒有虛假；他用自己的語言──大部分是哭或呀呀兒語，來表達自己的真實情感。他**所說的都是真心話**，沒有欺詐，嬰兒在情緒上是誠實的；他將心理學真言「做你自己」推展到極高的第N級，他對於表達自己一點兒也不擔心、一點兒也不羞怯。

▎每個人內心都有被深鎖的性格

每個人都有種神祕感，我們稱之為性格。

當我們說某人「有好的性格」時，真正的意思是他釋放了內心的創意潛力，並且能夠表達他真正的自我。

差勁的性格和壓抑的性格其實是一樣的。一個「性格差勁」的人不會表達他內在的創造性自我，他會壓抑它、束縛它，把它鎖起來，然後丟掉鑰匙。「壓抑」的意思差不多等同於停止、阻止、禁止和遏制，壓抑的性格對真實自我的表達會加以制止，不管怎麼樣，他就是會害怕表達自己，把他的真實自我監禁在內心的籠牢中。

> 「壓抑」的意思差不多等同於停止、阻止、禁止和遏制。

壓抑的症狀種類繁多：害羞、膽怯、怕難為情、懷有敵意、過度的罪惡感、失眠、緊張、易怒、無法與他人相處。

挫折幾乎是壓抑性格在每個領域和活動中的特徵，擁有壓抑性格的

人，他實質和基本上的挫折來自無法做自己，以及無法適當的表達自己，這種挫折很可能多到超出他的負荷，進而影響到他所做的一切事情。

過度的負面回饋是造成壓抑的關鍵

心靈控馭科學讓我們從一個新的角度來看壓抑性格，並且指出去除壓抑、解脫和如何從自我束縛的籠牢釋放自己心靈的方法。

在自動控制機制中的負面回饋就等於**批評**，實際上負面回饋是在說：「你錯了，你偏離軌道了，你需要採取正確行動來回歸正確的航向。」然而，負面回饋的目的是要**修正回應**，並改變此後的行動路線，而不是讓一切就此停止。

如果負面回饋能適當的發揮功能，飛彈或魚雷對「批評」的反應就剛好能修正路線，然後繼續朝著目標前進。這個路線會像我們之前說明過的，是一連串的Z字形曲折路線。然而，假如這個自動控制機制對負面回饋太過敏感，就會產生矯枉過正的現象，它不再朝向目標前進，而是形成誇張的橫向Z字形路線，甚至完全停止前進。

我們的內建自動控制機制也是以同樣的方式運作，我們必須有負面回饋才能有目的的運作、才能找出我們的方向（或是被引導至目標）。

用別的辦法，而不是停止行動

負面回饋事實上是在說：「別這樣做，或者別用這種方法做事——**用別的辦法。**」它的目的是要修正回應改變後續行動的程度——而不是停止所有的行動。負面回饋不是在說：「停，就這樣！」它是說：「你現在所做的是錯的。」但它沒有說：「做任何事都不對。」

不過，當負面回饋過多時，或是當你的自動控制機制太敏感以至於辨識不出負面回饋時，結果就不是修正回應——而是完全壓抑住回應。

壓抑和過多的負面回饋其實是同一件事，當我

> 當負面回饋過多，或自動控制機制太敏感時，結果就不是修正回應，而是完全壓抑住回應。

過度的負面回饋會干擾或完全終止適當的回應。

們對於負面回饋或批評反應過度時，我們做出的結論就可能不只是我們目前的路線稍微偏離正軌或錯誤，而是連我們想要繼續前進都是錯的。

樵夫或獵人常把車子停在明顯的地標旁，以引導自己找到走回車子的路——例如在幾哩外就可看見的參天大樹。當他準備回到車上時，只要尋找那棵樹（或目標）並且朝著它走過去就行了，那棵樹會不時的從他視線中消失，但是只要看得到時，他便能比較樹的位置和自己前進的方向來檢查路線。如果他發現他目前的路線是往樹的左方偏離十五度，他一定會了解他現在做錯了，他會立刻修正路線，然後繼續朝著樹的方向前進，**他不會就此認定繼續前進是錯誤的。**

不過我們許多人在這麼愚蠢的結論上都犯過錯，當我們注意到我們表達的方式離題、沒講到重點或「錯誤」時——我們的結論是，**自我表達**本身是錯誤的，或是成功（達到我們的特定目標）對我們而言是錯誤的。要記住，過度的負面回饋會干擾或完全終止適當的回應。

口吃是一種壓抑症狀

若要了解過度的負面回饋如何引起壓抑、以及如何干預適當回應，口吃就是一個很好的例子。

當我們說話時，我們透過耳朵利用聽或「監控」我們自己的聲音來接收負面回饋資料，但我們大多數人都沒意識到這個事實。這也是全聾的人很少能把話講得好的原因，他們無法得知他們發出的聲音是尖銳、刺耳或含糊難辨的，這也是天生失聰的人根本不學習講話的原因——經特別教導者例外。如果你懂得唱歌，也許你曾意外的發現自己在因感冒而發生暫時性失聰或部分失聰時，無法唱準音調或與他人和音。

因此，負面回饋本身對於說話能力並不會造成任何阻礙或障礙，相反的，它使我們**能夠**說話和正確地說話。發音老師會建議我們錄下自己的聲音來聽，做為改善語調和發音清晰等等的方法，這麼做使我們察覺到以往在講話方式上不曾注意到的錯誤，我們可以很清楚的了解我們哪裡做「錯

了」——然後我們才能修正。然而，假如負面回饋本來就是要發揮幫助我們把話說得更好的功能，它應該(1)是多少有一點兒自動化或潛意識的，(2)是自發性地產生，或是在我們說話時產生，(3)對於回饋的回應不應該太敏感而導致壓抑。

如果我們對自己的說話能力太過刻意去批判，或者如果我們**太留心**於嘗試事先防範錯誤，卻忽略了自發性的反應，就可能造成口吃的結果。

假如能夠緩和口吃者過度回饋的問題，或是假如回饋能夠自然而然的產生而非預先設想好的（預先批判），那麼，患者的說話能力便將能出現立竿見影的改善。

▋小心預先批判

在英國科學期刊《自然》中，柯林‧茄利博士（E. Colin Cherry）指出，他相信口吃是由**過度監控**引起的。

為了證明這個理論，他讓二十五名嚴重的口吃者戴上耳機，耳機裡喧鬧的聲音會蓋過他們自己的聲音，當他們受要求在幾種情況下（已排除自我批判）唸出一段研究人員為他們準備的文字時，說話能力的進步是「驚為天人」的。

還有另一組接受「跟讀」訓練的嚴重口吃者，則被要求盡量貼近地跟讀，那是一種跟著誦書人或廣播、電視的聲音「一起講話」的訓練；經過短暫的練習之後，這些口吃者能夠很輕易的學習「跟讀」，而且他們大多數人在這些跟讀的情況下能夠正常且正確地講話——因為已經消除了**預先批判**，並且幾乎是強迫他們不由自主的說話或同步說話及「修正」。更多的跟讀練習，能讓口吃者學習如何隨時隨地正確地說話。

當過多的負面回饋或自我批判被排除的時候，壓抑便消失，表現也進步了。當事前沒有時間擔心或過多的「小心翼翼」時，表達方式便獲得立即的改善。

這樣的發現給了我一個珍貴的線索，讓我們知道我們可以怎麼解除壓抑或釋放一個被封鎖住的性格，然後促進其他方面的表現。

避免過度的謹慎

你曾試過拿縫衣線穿針嗎？如果有的話，而且又不熟練的話，你也許會注意到，直到接近針孔之前你都可以穩穩的捏住線頭，然後試著把線頭插入那個很小的孔，但每次你試著將線穿過小孔時，你的手會莫名其妙的顫抖，以致讓線頭錯過針孔。

嘗試把液體倒入瓶口窄小的瓶子，往往也會導致同樣的行為。你可以讓自己的手保持得非常平穩，直到你試著去完成**你的目的**，然後某種難解的原因就讓你的手顫抖、搖晃了。

在醫學界，我們把這種現象稱為**意向性震顫**。

當一般人過度努力嘗試、或在完成某個目標時**太小心**於不要犯錯時，就會發生上述的狀況。在某種病理學的情況裡——例如大腦某個部位受到創傷，這種意向性震顫的現象可能變得非常明顯。

舉例來說，一個病人只要不試著去完成任何事，他也許能讓他的手一直保持平穩，但讓他嘗試把鑰匙插入自家大門的門鎖，他的手也許會在往前伸的十五到二十五公分的距離裡呈現左搖右晃的現象；他也許能一直穩穩的握住筆，但當他嘗試要簽下自己的名字時，手便開始不聽使喚的顫抖，如果他對此感到羞赧，而且在陌生人面前變得非常在意犯錯，他或許連簽名都做不到。

> 當一般人過度努力嘗試、或在完成某個目標時太小心於不要犯錯時，結果卻導致壓抑和表現惡化。

這些人是能得到幫助的，經由放鬆技巧的訓練，效果可以非常驚人，他們要**從過度的努力和「意圖」中學習放鬆**，並且對於嘗試避免錯誤或失敗不能過分在意。

過度謹慎或過分焦慮於不犯錯，是過度負面回饋的一種類型。如同口吃者的案例一樣，口吃者預期可能的錯誤，並且過分在意於不要犯錯——結果卻導致壓抑和表現惡化。過度謹慎和焦慮是非常相似的，兩者都與過分擔心可能的失敗、或做「錯事」及過分刻意努力把事情做好有關。

亨利‧瓦德‧畢雪說：「我不喜歡那些冷漠、精準、完美的人，他們為了不說錯話而從不說一點兒話，為了不做錯事而從不做任何事。」

冷淡的價值

　　「什麼樣的學者會在誦書室裡感到慌亂？」威廉・詹姆士說，「是那些想到可能失敗和感覺舉止受到矚目的人。什麼樣的人能背誦好一段文章？往往是那些最不看重事情的人，他們可以讓自己不受背誦這件事的牽絆。為什麼我們那麼常聽到有人抱怨說，新英格蘭的社交生活比起世界上某些地方，不是不夠精采豐富就是更讓人感到乏味？由於人們的過分警覺，使人們不是害怕話說得太淺薄或說一些太顯而易見的事，就是怕說得讓人感覺不夠誠懇、不值得對方回應或不知怎麼的就是不適合當下的場合，難道事實不是如此嗎？一段談話究竟要怎麼在負山載岳的責任中和極其壓抑的情況下找出方向繼續進行？答案是，無論在什麼狀況下，只要人們忘了自己的顧忌和去除心中礙手礙腳的枷鎖，盡量真情流露、沒有責任包袱的暢所欲言，那麼人們交談的內容真的會變豐富、社會也有了生氣，而且談話這件事既不會令人感到乏味也不會令人疲勞厭倦。

　　今日他們在教育的領域中談論很多關於老師事先為每一堂課做準備的責任。在某種程度上這是有益的，但是對於我們這些北方佬來說，這麼基本的原則根本不應該拿出來說教，我們對於這個道理就是太謹慎了。我要給大部分老師的忠告，是出自於一位本身就很令人欽佩的老師，他說，你在那一個科目上的準備，要充分到隨時都可以拿出來運用，然後在課堂上你要信任自己的自發性，並且拋開所有的擔心。

　　我給學生的建議——尤其是女學生，也差不多是這樣。就像腳踏車的鍊子也許會太緊，一個人也可能因為其謹慎度和責任心太緊繃而阻礙了大腦的運作。就拿考試即將來臨前那段期間的許多日子來說，考試中一分良好的緊張調適，比得上事前十分的焦慮學習。如果你希望能在考試中發揮真正的實力，就在前一天拋開書本，對自己說：『我不會在這個討厭的事情上多浪費一分鐘，我一點兒也不在乎自己是否成功。』由衷的說出來、體會它，然後到外頭去玩或上床睡覺，我保證隔天的結果會鼓舞你永久使用這個方法。」

> 考試中一分良好的緊張調適，比得上事前十分的焦慮學習。

不斷受他人影響的自我意識

過度負面回饋和所謂「自我意識」之間的因果關係，我們可以輕而易舉地看出來。

在社交關係中，我們會不斷接收到來自他人的負面回饋資料，微笑、皺眉等表示贊同或反對、有興趣或沒興趣等等，持續告訴我們表現如何、是否過關、是否達到或錯失目標之類的百百種微妙線索。

在任何社交場合裡，說話者和聽話者、行動者與觀察者之間，都有一種持續的交互作用存在。若沒有這種一往一返的持續性溝通，人類關係和社交活動幾乎不可能發生；就算有可能發生，也必定是乏味、無聊、沒激勵性、沉悶、沒有「火花」的。

好的演員和演講者，可以從觀眾的反應感覺出這些訊息，然後這些訊息會幫助他們表現得更好。擁有良好性格的人在社交場合中受歡迎又富魅力，他們能從別人身上感應到這種溝通訊息，然後以創造性的方式自動自發地反應和回應。把他人的溝通訊息當做負面回饋，能夠令一個人的社交表現更好，假如一個人無法回應別人的溝通訊息，他就是高冷的人——與人相處不熱絡的拘謹性格。沒有這種互動溝通，你將會成為沒人感興趣、難以了解的「社會冗員」。

他人的想法創造壓抑

然而，這種類型的負面回饋若要發揮效用，就應該要是創造性的，也就是它應該多少是潛意識和自動自發的，而不是刻意做作或預想過的。

一旦你變得太刻意關心別人的想法、一旦你變得太在乎刻意嘗試去討好別人、一旦你變得太敏感以至於無法辨明他人真實或想像的反對，這時你反而就擁有過多的負面回饋、壓抑和差勁的表現。

每當你持續且刻意地監控自己的一舉一動、一言一行或習性，你也會變得壓抑、彆扭。你變得太在意要給人好印象，如此一來便遏止、抑制、壓抑了你的創意自我，最後反而留下更糟的印象。

在別人心裡留下好印象的方法是：絕對不要刻意「嘗試」在別人心裡留下好印象；絕對不要單純為了精心設計的效果而有所為或不為；絕對不要刻意懷疑別人對你有什麼看法或他怎麼評判你。

在別人心裡留下好印象的方法是：絕對不要刻意「嘗試」在別人心裡留下好印象。

一位推銷員如何治好他的怯懦不安？

著名的推銷員、暢銷作家暨演講者詹姆斯・曼根（James T. Mangan）說，初次離家當時他感到極為怯懦不安，尤其是在豪華的餐廳或高級飯店吃飯時。當他走進餐廳，他覺得每隻眼睛都在盯著他、批判他、挑剔他，他的一舉一動——他走路的方式、他坐下的方式、他的餐桌禮儀和他吃東西的方式——都讓他感到強烈的難為情。為什麼他會這麼不自在？他知道自己的餐桌禮儀很好，也很清楚應對進退方面足夠的社交禮節。明明他在家裡和爸媽一起吃飯時從來都不會覺得彆扭和不自在啊？

他認為，那是因為他在和爸媽一起吃飯時，並不會想著或擔心自己的表現如何。他不用處處小心或自我批判，他不用擔心會引發什麼樣的影響，他覺得平靜、輕鬆、一切都沒問題。

曼根利用憶起自己和爸媽在家裡吃飯時的感覺、舉止來治好他的怯懦不安。之後，每當他走進高級餐廳時，他都會**想像**或假裝自己正要去跟爸媽吃飯——然後就那麼表現。

曼根還發現到，每當拜訪大人物或在任何其他場合時，他只要告訴自己：「**我正要去和爸媽吃飯。**」然後在想像中回憶起自己以前的感受和舉止——接著就那樣表現，便可以克服他的登臺恐懼症和膽怯。在他的著作《自我推銷的訣竅》裡，曼根建議推銷員把「我正要回家和爸媽吃晚餐！我已經這麼做過千百次了，這次也不會有什麼意外」的態度用在各種新奇的場合中。

「這種不害怕陌生人或陌生場合的態度，這種完全無視於所有未知或無法預期之事的心理有一個名稱，它叫做自信。**自信就是能夠把所有來自於新的和無法掌控的局面中的恐懼，從容的拋諸一旁的態度。**」

心靈控馭小檔案

　　曼根能夠把和爸媽在家吃飯時的自在回憶運用在任何他想放鬆的事情上，即使那些事件應該是與吃飯無關的。他挑出一個與父母一起吃飯的回憶，然後把那種從容的感覺應用在任何他要用餐的場合，這在邏輯上是很合理的。但是利用這個相同的吃飯回憶去激發銷售、公開談話、運動或其他活動上的正面情緒，似乎是向外延伸了。只要懂得利用心靈控馭術，無論任何場合的任何正面記憶，都能適用於任何其他場合——不管這些場合的差異有多大。

▎少管別人的眼光

　　心理學家、演講者兼數本心靈類書籍的作者亞伯特・艾德華・韋岡博士曾說，他小時候極度害羞，幾乎無法在課堂上回答問題；他躲避其他人，若不低著頭就無法和他們說話。他不斷對抗自己的害羞，並努力嘗試去克服它，但一點兒用也沒有。

　　有一天他想到了一個新點子，他的問題根本不在於**自我意識**，而是有太多的**他者意識**，他太強烈的敏感於別人對他所說或所做的一切、他的一舉一動的可能想法，這讓他做起事來綁手綁腳——他無法清晰地思考、他想不到該說些什麼，但他在獨處時卻不會這樣。當自己一個人的時候，他非常平靜、輕鬆、自在、從容，還能想到許多有趣的點子和事情來說，而且他對自己非常了解，一個人時感到相當自在。

> 太強烈的敏感於別人對你的一舉一動的可能想法，會讓你做起事來綁手綁腳。

　　然後他不再對抗、也不再試著去克服他的害羞，**反而專注於培養更多的自我意識**：感覺、行動、舉止、思考都和獨處時一樣，不用管別人可能怎麼看他或評判他。

　　這種完全不理睬別人意見和批評的心態，並未讓他變得冷漠、自大，或對別人完全沒有知覺。無論你多努力去消除負面回饋，就算完全根除也不會造成危險，不過，這種反向的努力會降低一個人整體回饋機制的過度敏感性。後來他與他人相處得更好，然後繼續以接受諮商和為大團體做公開演講維生，「一點兒都沒有不自在的感覺。」

▌錯誤良知使我們變成懦夫

「良知使我們變成懦夫。」這句莎士比亞名言得到許多現代精神學家和見多識廣的神職人員的回響。

良知本身是一種經過學習且與道德倫理有關的負面回饋機制，假如學來的和儲存的資料是正確的（關於什麼是「對」、什麼是「錯」）、假如回饋機制不但不會過分敏感，而且非常切合實際，那麼結果就會是（就和其他任何目標奮鬥情況的結果一樣）：我們終於能放下必須不斷「決定」什麼是對、什麼是錯的包袱，鬆一口氣。

良知導引我們經由「正道」達到正確、適當、切合實際的行為等符合倫理道德標準的目標。良知和其他任何回饋系統一樣，會在潛意識裡自動運作。

你可能被自己的良知愚弄。

——哈利‧艾默森‧佛斯迪克博士

你的良知有可能是**錯的**。

你的良知取決於你自己關於對錯的基本信念。如果你的基本信念是正確、切合實際、合理的，你的良知就會成為你待人處世時的可貴盟友；它的作用像指南針一樣讓你避開麻煩，一如水手的指南針可以幫他們閃避暗礁那樣。但是，如果你的基本信念本身就是錯誤、不正確或不合理的，這只會令你的指南針偏離「真北」，就像金屬工具的磁黏頭會擾亂水手的指南針，並引導他陷入困境，而非遠離困境。

對於許多人來說，良知可以有很多種不同的意思，舉例來說，就像有些人一樣，如果你被教導去相信在衣服上縫上釦子是罪惡的事情，那麼當你這麼做時，你的良知就會令你感到不安；如果你被教導去相信砍下另一族人的頭、把它縮小，然後掛在牆上是對的、正當的、是成為一個成年人的象徵——那麼當你不設法做出一個縮骨人頭時，你就會有罪惡感，覺得自己可恥、不配。

你良知的工作是令你快樂——而非痛苦

良知的目的是幫助我們變得快樂、富生產力，而非相反的事情。但若我們要「以我們的良知做為指引」，我們的良知就必須根據事實真理——它一定要指向正確的目標；否則，盲目服從的良知可能只會讓我們陷入困境，而不是從困境中逃脫，並且令我們不快樂、做事情徒勞無功。

自我表達並非道德議題

許多的爭執起因於，我們把一些基本上與道德無關的問題定位成**道德議題**。

舉例來說，懂不懂得自我表達基本上不是道德上的問題——先不談我們有義務利用造物者賦予我們的天賦這個問題。不過就你的良知而言，假如你是壓抑、沉默寡言、害羞、自卑的人，或者小時候因發言而遭受責罰、表達想法時被當成**愛現**，那麼你的自我表達可能會變成道德上的「錯誤」——因為你「學習」到，表達自己、為任何值得一提的想法而出頭、甚至也許連說話都是「錯誤的」。

如果一個孩子因為表達出憤怒的情緒而遭受責罰，或是太羞愧於表達他的恐懼，又或許在表達出愛時被嘲笑，他會學到表達自己的真實情感是錯誤的。有些孩子學到，只要表達出「壞的情緒」——憤怒或恐懼——就是罪惡或錯誤的。但是，**當你壓抑壞情緒時，你也壓抑了對好情緒的表達。**衡量情緒的標準不是指情緒本身的「好」或「壞」，而是適當或不適當的問題。在荒野小徑上遇到熊的人會感到恐懼，這是適當的情緒表現；如果基於法律上的需要而以全然的武力和毀滅性的手段來摧毀障礙物，那此時感到憤怒也會是適當的——在適當的導引和控制之下，憤怒是勇氣的一項重要元素。

> 衡量情緒的標準不是指情緒本身的「好」或「壞」，而是適當或不適當的問題。

扭曲和不切實際的良知的確會使我們都成為懦夫，我們可能變得過分敏感，連我們是否「有權利」順利完成一件值得努力的事情都變得太過小

心地去擔心，我們變得太過小心地擔心自己是否「值得這樣」。許多人受到錯誤良知的壓抑而在各種努力的事情上退縮或退居二線——即使是在教會活動裡，他們私底下覺得「自詡為」領導者或「膽敢做大人物」是不對的，否則他們會過分擔心別人是否認為他們在炫耀。

登臺恐懼症是普遍及常見的現象，讓我們設想一下有過多出自於**被誤導的良知**的負面回饋，就能理解這個狀況。登臺恐懼症是害怕因發言、表達我們的意見、自以為是大人物或愛現——我們大部分人在小時候都被教導說這是錯誤和該處罰的行為——而遭受責罰。從登臺恐懼症可以看出，自我表達的抑制和壓抑是多麼普遍的現象。

▌解壓抑：不經思考先行動

如果你是因壓抑而遭到苦悶和失敗折磨的幾百萬人中的一個，你會需要刻意做解壓抑的練習。你需要練習不要太過小心、不要太過擔心、不要太過認真，你需要**練習先說話再思考，而不是先思考再說話**：不經思考先行動，而不是思考或「謹慎考慮」後再行動。

通常當我建議病人做解壓抑練習時（最壓抑的人也最反對），我比較常聽到這樣的話：「當然，你不會認為我們需要做到對結果一點兒都不在乎、不關心、不擔心的程度。不過在我看來，這世界的確需要某種程度的壓抑，否則我們會像野蠻人一樣，然後文明社會就崩潰了。如果我們毫不保留的表達自己、毫不節制的表達感情，我們就會到處和我們意見不合的人大打出手。」

「是的，」我說，「你說的沒錯。這個世界的確需某種程度的壓抑，但不是你。關鍵在於『某種程度』，你太過於壓抑，這就像發燒到四十二‧二度的病人在說：『但體溫肯定是身體健康的必要條件。人是溫血動物，沒有一點兒體溫是活不下去的——我們的身體都需要溫度——但你卻告訴我說，我應該全心全意集中精神去**降低我的體溫**，並且完全忽略完全沒有體溫的危險。』」

> 這個世界的確需某種程度的壓抑，然而關鍵在僅限於「某種程度」。

那名因「道德緊張」、過多的負面回饋、自我批判的分析和壓抑而受到極大阻礙以至於根本無法說話的口吃者，當我要他完全忽略負面回饋和自我批判時，也是這麼與我爭論。他能引經據典的使用無數諺語、格言等等，來證明一個人應該先思考再說話、證明口無遮攔會使你惹上麻煩、證明一個人應該對他說話的內容和態度相當謹慎，因為「優雅的談話很重要」，而且話一出口便覆水難收。他所要說的其實是，負面回饋是有用、有益的東西；但**對他而言不是**。然而，當他藉著吵雜的音樂來隔絕其他聲音或做跟讀而完全忽略負面回饋時，他就能正確的說話。

壓抑與解壓抑的一線之隔

曾經有人這麼說過，壓抑、自尋煩惱、惶惶憂慮的人格「怎麼說話都口吃」，他們所需要的是平衡與協調。

當體溫太高時，醫生會試著把體溫降低，當體溫掉到太低時，醫生會試著讓體溫回升；當一個人無法擁有充足的睡眠時，醫生開的處方是讓病人多睡一會兒，當一個人睡得太多時，開的處方會刺激他保持清醒……問題不在於何者是「最好的」——高溫或低溫，睡眠或清醒——治療方法在於往反方向跨躍一大步。在此，我們再次把心靈控馭的原理運用到想像中，我們的目標是一個有能力的、自我實現的、有創造性的人格。我們達到目標的途徑，就介於太過壓抑和太少壓抑之間，當壓抑太多時，我們利用忽略壓抑和練習更多解壓抑來修正路線。

▎你需要解壓抑嗎？

能夠告訴你是否因為太缺乏顧忌而使你偏離路線的「回饋」信息有很多種，包括：

- 你一直讓自己因為過度自信而陷入困境。
- 你常常「橫衝直撞闖入天使不敢涉足之處」（魯莽行事）。

- 你發現自己常常因衝動、冒失的行為而淌混水。
- 你發現結果事與願違，因為你總是「先做再說」。
- 你永遠無法承認自己的錯誤。
- 你只會說大話，要不就是個大嘴巴。

如果你太缺乏壓抑，你需要先三思而後行；你像頭在瓷器舖裡的蠻牛，所以有必要停下來更謹慎的規劃你的下一步。

然而，大多數人的表現其實是太壓抑，而太壓抑的信息也有許多種：

- 你在陌生人面前會害羞，你害怕新奇的場合。
- 你自覺能力不足、有許多煩惱、焦慮、過度擔心。
- 你老是緊張，容易忸怩害羞，你有面部抽搐、不必要的眨眼、顫抖、難以入眠等**緊張症狀**。
- 你在社交場合中感到不自在。
- 你遇事**退縮**或一直**退居二線**。

這些症狀指出你太過於壓抑，你在每件事情上都太謹慎，或者你計畫得太過小心。你需要聽從聖保羅對以弗所人的建議：「應當一無掛慮。」

養成說話比平常大聲的習慣。壓抑型的人說起話來是無可救藥的溫言軟語，所以，請你提高自己的說話分貝，你不必用憤怒的語氣對別人大喊大叫——只要刻意的練習比平常提高聲音。說話大聲本身就是一種有效的解壓抑方法，最近的實驗指出，若你在舉重時能放聲大喊、哼氣或呻吟，你就能多發揮最多十五％的力量並舉起更多的重量。這個現象的解釋是，**發聲喊叫能夠解除壓抑**，讓你發揮所有力量，包括那些被壓抑封鎖和束縛住的力量。

當你喜歡一個人的時候，要讓他知道。壓抑的性格不論好的感覺和壞的感覺都怯於表達，這種人在表達愛時會怕被批評為多愁善感；在表達友誼時會怕被認為是奉承或拍馬屁；在稱讚別人時會怕被認為膚淺或被懷疑他別有用心。請完全忽視這些負面回饋信息，每天至少讚美三個人，如果

你欣賞某人做的事、穿戴的服飾或所說的話,就讓他們知道,要誠懇的表達出來,「我喜歡這個點子,喬。」「瑪莉,妳今天的表現真棒。」「吉姆,這件事向我證明你是個聰明的人。」而且,如果你結婚了,每天至少對你的另一半說兩次「我愛你」。

練習──不要事先預設自我批判的立場

不要預先胡思亂想自己要說什麼,只管開口說出來就對了,視情況隨機應變(耶穌勸告我們,假如我們被送交政務會時,對於我們想說的事情不要猶豫多想,屆時我們的心靈會告訴我們該說什麼)。

不要規劃(不要為明天憂慮),行動前不要多想──隨著事情的發展來修正行為。這個建議看起來也許激進些,但它確實是所有自動控制機制必須運作的方式,魚雷不會事先「想出」它所有的錯誤,然後事先修正,它一定是**先行動**──開始向目標移動──然後修正任何可能發生的錯誤。「我們無法先想好再行動,」英國哲學家兼數學家懷海德(A. N. Whitehead)說,「打從出生開始,我們就與行動密不可分,而且只能透過思考來持續地指導我們的行動。」

別再批判你自己,個性壓抑的人往往沉溺於不斷的自我批判分析。在每一次的行動之後──不管是多麼簡單的行動,他都會對自己說:「我懷疑自己該不該那樣做。」在他聚集了足夠的勇氣想要說話時,他會立刻對自己說:「也許我不該那麼說,也許別人會誤解。」

別再做這種折磨自己的事情。有用、有益的回饋會在潛意識裡自然而然、自動自發的運作,刻意的自我批判、自我分析和反省是好的、有益的──**也許一年做一次的話**;但是把這些手段當做持續、時時刻刻、日復一日事後批評你自己的工具──或對你過去的行為做馬後炮的批評,只會使你更挫折。要當心這種自我批判,振作起來,然後別再這麼做了。

要記憶的重點

（在此填入）

1.

2.

3.

4.

5.

你的案例記載

在此列出一項你過去的經驗，並依本章所提供的原理加以說明。

Chapter 12

秒甩臭臉的心靈鎮定劑

－不回應的定心技巧－

在第二次世界大戰即將結束的前幾天，

有人評論杜魯門總統，

說在他充滿壓力與緊張的任期內，

顯然比之前任何一位總統都更有擔當；

說這個職位顯然並未使他「變老」或枯竭他的活力，

遑論他擔任戰時總統所要面對的許多問題。

他的回答是：「我的心裡有一個散兵坑。」

鎮定劑能使心靈寧靜、沉著，透過**保護傘行動**減少或消除緊張症狀。就像傘能保護我們不被雨淋濕一樣，各種的鎮定劑也能樹立起一個介於我們和惱人的刺激物之間的**心靈帷幕**。

沒有人完全了解鎮定劑怎麼會有辦法樹立起這個保護傘，但我們確實了解為什麼這能帶來寧靜，鎮定能發揮作用——因為它們大大降低或消除了我們對外在惱人刺激物的回應。

鎮定劑無法改變環境，惱人的刺激物依然存在，我們仍然能憑智力分辨出來，但是我們不再做情緒化的**回應**。在第七章裡，我們說我們自己的感覺並不取決於外在事物，而是取決於我們自己的態度、反應和回應，還記得嗎？鎮定劑就是這個事實的有力證據。事實上，它們是在減少或降低我們對負面回饋的過度回應。

▌要命的「全面回應」

我們假設當你讀到這裡時，你正靜靜地坐在你的小房間裡。突然間，電話響起了——根據習慣和經驗，這是一種你已經學會服從的「信息」或刺激——想都不用想、不用為這個事件刻意做決定，你便已經做出回應：你從舒適的椅子上跳了起來，然後趕緊跑去接電話。外在的刺激已經對你產生「移動」的影響力，它改變了你的心靈場景和你的「立場」或行動的自主路線；你本來是要安靜、放鬆的坐下來讀書、打發時間的，你內心已經計畫好要這樣做，但現在這一切突然被你對外在環境中的刺激物的回應改變了。

我想要表達的重點是：你**不必接電話**，你不必服從。**如果你選擇**，你可以完全忽略電話鈴聲；如果你選擇，你可以繼續安靜的坐著和放鬆——維持你自己原本規劃的狀態，只要**拒絕對信息有所回應**。把這個心靈藍圖清晰地放在你的腦海裡，因為它在克服干擾你的外在刺激力量上非常有幫助，想像你安靜地坐著，就讓電話一直響，忽略它的信息，對它的命令不為所動，儘管你知道這個命令的存在，但你不再在乎它

> 外在的信息本身對你沒有控制力，過去你曾服從它、回應它，純粹是出於習慣。

或服從它。還有，你要很清楚一件事實，那就是外在的信息本身對你沒有控制力，沒有能指使你的力量，過去你曾服從它、回應它，純粹是出於習慣，如果你希望，你可以養成一個不回應的新習慣。

另外要注意，你的「不回應」關鍵並不在於做某事、付出努力、抗拒或對抗等作為，而在於「什麼也不做」——無所作為。你只需放鬆、忽略訊號，無視它的召喚就對了。

心靈控馭小檔案

當我們受到電子郵件、簡訊，以及各種電子通訊的刺激攻擊時，追求全面回應的壞習慣真的很要命，而且今日的情況更甚於以往。

▌你服從「鈴聲」了嗎？

你自動服從或回應電話鈴聲，也是極類似的情況，我們都被調適成會以某種方法回應環境中各種刺激物的狀態。

在心理學的範疇中，**條件性反射作用**（conditioning）一詞產生於帕洛夫（Pavlov）著名的實驗，在該實驗中，他使一隻狗在聽到鈴聲時「形成條件反射」地流口水，方法是把食物端給牠之前先響鈴聲，然後把這個程序重複許多次。首先讓鈴聲作響，幾秒鐘後再端上食物，狗**學會**了對鈴聲做回應——也就是流著口水期待食物出現。

這個回應原本是合理的，因為鈴聲是食物即將到來的信息，所以狗會流著口水準備吃飯，但是，當這個流程重複好幾次之後，不管食物會不會立即出現在眼前，狗還是會在每次鈴響時繼續流著口水期待。現在，狗變得只要聽到鈴響就會條件性反射地流口水，現在牠的回應是不合理的、不適用於牠所期待的良好目的，牠只是出於習慣而繼續以同樣的方式回應。

在我們的各種生活情境中，也有一大堆的「鈴聲」或干擾性刺激物使我們調整自己去順應，然後我們出於習慣而繼續回應，不管這樣的回應是否合理。舉例而言，由於父母告戒不要理睬陌生人：「不要接受陌生人的

糖果。」「不要搭陌生人的車。」所以許多人學會害怕陌生人。避免與陌生人接觸的回應，在幼童身上可以發揮良好結果，但許多人在經過兒童期之後仍繼續在所有陌生人面前感到不自在、不安——即使他們知道對方的身分是朋友而非敵人。陌生人變成「鈴聲」，而學會的回應變成恐懼、逃避或想逃離的渴望。

還有，也有人因為害怕回應群眾、密閉空間、開放空間、老闆之類的權威人士，而感到恐懼和焦慮。在每個案例裡，群眾、密閉空間、開放空間、老闆等等，都成為告訴你「危險出現了，快跑，要感到害怕」的鈴聲。然後，出於習慣，我們會繼續用一貫的方式回應。我們**服從鈴聲**。

如何消除條件性反射的回應？

不過，如果我們利用做放鬆練習來取代回應，就可以消除這種條件性反射的回應。如果我們願意，我們可以像電話的例子一樣，學會忽略鈴聲，然後繼續安靜地坐著，**就讓它去響**。我們可以秉持一個關鍵性的想法，用在每當我們遇到任何惱人的刺激時，那就是對自己說：「電話鈴響了，但我不必接，我可以就讓它響著。」這個想法會鍵入到你的心靈想像中，你在想像中靜靜地坐著、放鬆、不回應、什麼也不做、不理睬電話鈴響的讓它一直響。以後當電話響起時，這個想法會變成喚起你這種相同態度的觸動器或「提示」。

如果無法忽略回應，就拖延它

在消除條件性反射作用的過程中——尤其在一開始時，我們也許會發現自己很難完全忽略鈴聲，特別是當它出其不意的響起來時。在這樣的狀況下，只要延後回應，你最後仍可以消除條件性反射的回應。

瑪莉在群眾面前會感到焦慮和不自在，但練習過前述的技巧之後，她在大部分的場合中已經能夠不受群眾影響，可以抗拒惱人的刺激而鎮定下來。不過有的時候，想逃離、躲避的渴望仍使她幾乎無法忍受。

　　「記得《飄》裡面的郝思嘉嗎？」我問她，「她的哲學很簡單：『我現在無法思考這件事，如果我這麼做，我會瘋掉，明天再說吧！』」她之所以能夠維持內心的平衡，並且在戰爭、烽火、瘟疫和得不到回報的愛中運用能力應付周遭環境，所用的方法就是延後回應。

　　延後回應能中斷、阻礙條件性反射作用的自動運作。

　　在你開始感到生氣時「從一數到十」，也是根據相同的基本原理，而且這是非常好的建議——如果你慢慢數，事實上就是在拖延回應的時間，而不是只忍住憤怒的吶喊或拍桌子的衝動。因為憤怒的回應不是只有吶喊或拍桌，你肌肉上的緊繃也是一種回應，當你的肌肉保持完全的放鬆時，你就無法「感覺」到憤怒或恐懼的情緒；因此，如果你能將**感覺憤怒**延後十秒鐘，只要延後回應，你就能消除自動化的反射作用。

心靈控馭小檔案

　　當你被惹火時，從一數到十的正面效果——延後十秒鐘回應——也可以透過把注意力放在調勻氣息的深呼吸來大幅強化。三回深呼吸已經足夠「退一步」，並且創造以不同方式應付該場合的思考空間。

　　後來，瑪莉真的做到利用延後回應來消除她對群眾的條件性恐懼。當她覺得自己必須逃離時，她會對自己說：「很好，但不是現在。我要延後離開這個房間兩分鐘，只要在這兩分鐘裡拒絕服從就可以了！」

放鬆心情能樹立起心靈帷幕或形成鎮定劑

　　現在你心裡很清楚，我們的惱人情緒——憤怒、敵意、恐懼、焦慮、不安全感——是由我們自己的回應、而不是由外界造成的。回應代表緊張，沒有回應代表放鬆。已有科學實驗證實，只要你的肌肉保持在完全放鬆的狀態，你根本不可能感到憤怒、害怕、焦慮、不安全感和危險；這些事實上都是我們自己的感覺。肌肉上的緊張是「準備好要行動」或「準備好

> 回應代表緊張，沒有回應則代表放鬆。

要回應」；肌肉的放鬆會造成「心靈的放鬆」或平靜的「放鬆態度」。因此，**放鬆是天然的鎮定劑，能夠在你和惱人的刺激之間樹立起一個心靈帷幕或保護傘。**

　　基於同樣的理由，心靈放鬆是有力的解壓劑。在上一章我們學到，壓抑產生於過多的負面回饋，或者也可說是我們對負面回饋的過度回應，放鬆代表──不回應。因此，在你的日常放鬆練習裡，你除了學習解壓抑，也提供你自己天然的DIY鎮定劑，而且可以用在日常活動中。透過維持放鬆的態度，保護你自己免於惱人的刺激。

▌隱退到內心

　　「人們往往尋求隱退：過著鄉間、海邊或山上的生活；而你其實也非常渴望這樣的事情，」羅馬皇帝奧古斯都說，「總而言之，這是一般人最常見的願望，因為你隨時都可以隱退到你的內心。一個人在任何時候都不可能比當他隱退到自己的心靈中時來得更寧靜或更無憂無慮，尤其是當他內心有這樣的想法時，只要稍微思索一下就能立即處於完全的安寧之中。我敢斷言，寧靜就是心靈的良好秩序。因此，你要時常隱退到你的心中，使自己煥然一新。」

　　在第二次世界大戰即將結束的前幾天，有人評論杜魯門總統，說在他充滿壓力與緊張的任期內，他顯然比之前任何一位總統都更有擔當；說這個職位顯然並未使他「變老」或枯竭他的活力；說這實在太了不起了，遑論他擔任戰時總統所要面對的許多問題。他的回答是：「我的心裡有一個散兵坑。」他繼續表示，就像一個士兵要撤退到散兵坑裡以尋求保護、休息和恢復元氣一樣，他會定期地隱退到他的心靈散兵坑中，在那兒沒有任何事可以打擾他。

蓋一間你自己的減壓室

　　每一個人的心靈都需要有一個安靜的空間──內心的寧靜中心，就像

海的深處絕對不會受到干擾一樣，無論表面是多麼的波濤洶湧。這個寧靜的空間是以想像力建造出來的，用來當做心靈和情緒的減壓室，它紓解你的緊繃、擔憂、壓力、壓迫和緊張，使你重新振作，讓你回到現實世界，做更好的準備、迎接一切。

我的信念是，不管什麼樣的人，內心都有一個寧靜的中心，那個地方絕不會受到干擾、撼動，就像每個輪子或承軸的中心點一樣的靜止不動。我們所要做的是，找出我們內心的這個寧靜中心，然後偶爾隱退到那兒休息、復元和恢復活力。

我為病人開過的最有效處方之一，是建議病人學習隱退到這個安靜寧謐的中心，而我發現進入個寧靜中心的最佳方法之一，是運用想像力為你自己建立一個小小的心靈空間。這個空間裡可以有任何對你來說最悠閒、最提振精神的東西：假如你喜歡畫畫，那也許就是優美的風景；假如你喜歡詩，也許有一本你最愛的詩集。牆壁的顏色是你最喜歡的愉悅色彩——但要從悠閒的色系中選擇，像是藍色、淺綠色、黃色、金色等。房間裡的擺設盡量樸實簡單，不要有令人分心的元素存在，它要非常整潔有序，並顯出簡單、寧靜、美麗的基調。裡頭要有一張你最喜歡的休閒椅，從一扇小窗戶望出去，你就能看到美麗的海灘，浪潮在沙灘上起伏，但你聽不到聲音，因為你的房間非常非常安靜。

在想像中建造這個空間時，要像建造真正的房子一樣小心，對於每個細節都要相當熟悉。

每天度假一小下

在一天當中，每當你有一點兒空閒時間，例如兩個約會之間或搭公車的時候，就隱退到你寧靜的空間裡；每當你開始感到壓力提高，或覺得忙碌苦惱，就隱退到你的寧靜空間一下下。只要從繁忙的一天裡抽出少少幾分鐘這樣做，獲益卻物超所值。這不是浪費時間，而是拿時間去投資，跟你自己說：「我要到寧靜小間稍微休息一下。」

> 每天找點空閒時間隱退到你寧靜的空間裡。這不是浪費時間，而是拿時間去投資。

接著在腦海中，想像你自己踏上房間的臺階，對自己說：「現在我要爬樓梯了、現我要開門、現在我進來了。」在想像中留意所有寧靜、有用的細節。想像自己坐在你最喜歡的椅子上，完全放鬆、內心與世無爭。你的空間是密閉的，沒有任何東西可以干擾到你，沒有事情好擔心，你把煩惱丟在樓梯腳下，不需要做任何決定——不慌忙、不煩惱。

你需要某種程度的逃避現實

是的，這是**逃避現實**，睡眠是逃避現實，在雨中撐傘是逃避現實，為你自己蓋一間遮風避雨的房子也是逃避現實。我們的神經系統需要某種程度的逃避現實，它需要一些自由與保護，以躲避外在刺激的間歇轟炸，我們需要度年假來清空生理上的舊事、舊義務、舊責任，拋開一切煩惱。

你的心靈和你的神經系統需要一個空間來休息、復元，使每一吋都受到保護，就跟你的身體需要一間實質的房子是相同的道理。你心靈上的寧靜空間能給予你的神經系統每天一點點的假期，在那個時刻，你能清空心靈上的世俗義務、責任、決定、壓力，並且藉著隱退到你的「無壓小室」裡來拋開一切煩惱。

想像的影響力對於你的自動機制來說是無可言喻的，尤其是那個想像剛好具有強烈的象徵意義時。我發現一種非常有用的心靈想像，是像下列的一則故事：

在參觀黃石公園的途中，我耐心地等著老忠實間歇泉的噴發——它大約每小時休止一次。突然之間，泉水大量的噴發、湧出，就像巨型鍋爐的安全塞被拔掉一樣。一個站在我附近的小男孩開口問他爸爸：「為什麼會這樣？」

「這個嘛……」那個爸爸說，「我猜地球媽媽像我們所有人一樣，當她的壓力累積到某種程度時，偶爾就要噴發出來，這樣才能維持健康。」我心想，我們人類內心的情緒累積起來時，若能夠像那樣不具危險性的「噴發壓力」，不是很棒嗎？

我頭上並沒有間歇泉或汽閥，但我確實有想像力，所以當我隱退到

我的心靈寧靜小室時，我就開始運用這個心靈想像。我會記住老忠實間歇泉，然後形成一個想像，在這想像中，情緒壓力都從我的頭頂跑出去，然後不造成任何危險的蒸發掉。當你激動或緊張時，試著把這個心靈想像用在自己身上，**噴發壓力**和**頭頂冒煙**的概念，會在你的心靈裝置中建構起強大的聯想力。

在承擔新問題前先清除裝置上的舊問題

如果你在使用計算機或電腦，你必須清除裝置上的前一項問題，才能處理新的問題，否則，部分的舊問題或舊情況會「轉嫁」到新的問題裡，使你得到錯誤的答案。

這個隱退到你心靈中寧靜空間的練習，能夠完成你成功機制中的清除作用，基於這個原因，在需要不同心情、心靈調適或「心境」的兩個任務間、場合間或環境間做練習是非常有幫助的。

轉嫁或未能執行清除功能的心靈裝置，常見例子如下：

一位企業執行長把他白天工作上的擔憂和情緒帶回家，他已經苦惱、忙碌、奮戰了一整天，隨時準備爆發。也許他感到有點兒挫折，這令他急躁易怒。他回到家時實際上已停止工作了，但他把戰鬥、挫折、忙碌和苦惱的殘留情緒帶回家，他仍然隨時待機，無法放鬆，並對太太和家人感到不耐煩。他在辦公室裡一直思索這個問題，但仍一籌莫展。

失眠和無禮往往是一種情緒轉嫁

許多人在應該休息時，仍帶著自己的問題上床。他們會在心理與情緒上企圖設法解決某個問題，即使那是在不恰當的時間點。

在一整天裡，我們會需要許許多多各式各樣的思緒與情緒整理，你需要不同的心情與思緒整理去和老闆講話、去和顧客講話。如果你剛剛才和一位發怒煩躁的顧客講過話，在和下一位顧客講話前，你需要改變心境，否則，來自前一個情況的情緒會不適當的轉嫁到下一個情況裡。

有家大公司發現，他們的業務主管們會不自覺的以匆促、生氣、敵意的語氣講電話。若電話響起時正逢會議討論激烈、或某個業務主管正陷入挫折或因為某種原因而懷有敵意，那麼他憤怒、有敵意的語氣就會冒犯和嚇到無辜的來電者。所以那家公司指示所有的業務主管，在接電話前先等五秒鐘——並且微笑。

⊕情緒轉嫁所引發的意外

一些保險公司和代理商針對意外發生的原因做過調查，他們發現情緒轉嫁造成許多車禍。假如駕駛人剛和妻子或老闆有過口角、假如他剛剛經歷過挫折，或是假如他才剛從一個需要侵略行為的狀況中脫身，那麼，他很有可能會發生意外。他帶入了不當的開車態度和情緒，他並不是真的對其他駕駛人生氣，他有點兒像是早晨從夢境裡極憤怒情緒中醒過來的人一樣，雖然他了解加諸在他身上的不公平只是在夢裡而已，但他仍然感到憤怒——就是這樣！

恐懼也可以用同樣的方式轉嫁。

⊕冷靜也可以轉嫁

不過真正有用的是，明白友善、愛、平靜、安寧和冷靜等情緒也是可以轉嫁的。

如前所述，要在完全放鬆、平靜和鎮定的狀態下體驗或感受恐懼、憤怒或焦慮，是不可能的。因此，隱退到你的「安寧小室」會是清除殘留情緒和心情的理想方法。舊的情緒揮發、消失的同時，你體驗到平靜、寧靜，並且感到舒暢，這些感覺也會轉嫁到任何接下來馬上要進行的活動當中。你的安靜時光按下裝置上的清除鍵，也就是拭去殘存情緒，然後把乾淨的空間留給下一個要進行的活動。

我在手術前後都會做即時的平靜練習。手術需要高度集中力、冷靜和控制力，如果把匆促感、侵略態度或個人擔心的事情帶到手術中，後果是不堪設想的。因此，我會花一點時間在我的安寧小室裡完全放鬆下來，以清除我心靈上的殘存情緒。

另一方面，手術中所需要的高度集中力、意志力和忽略周遭環境，對社交環境來說是相當不適宜的——無論社交場合是不是在我的診所或豪華的舞池裡。

因此每次在手術結束後，我也一定要花幾分鐘待在安寧小室裡「清除桌面」，來迎接新型態的活動。

▌建立你的心靈保護傘

透過練習這一章的技巧，你能夠建立你自己的心靈保護傘，這個保護傘能幫你隔絕惱人的刺激物，為你帶來更多心靈上的平靜，使你的表現更出色。

最重要的，請牢記在心，你會感到困擾或寧靜、害怕或冷靜，問題並不在於外在刺激——無論那是什麼，而在於**你自己的回應和反應**，你**自己的**回應才是使你感到害怕、焦慮、不安全的因素。

> 你會感到困擾或寧靜、害怕或冷靜，問題並不在於外在刺激，而在於你自己的回應和反應。

如果你一點兒都不回應，而「只是任由電話去響」，你便不可能覺得受到干擾，無論周遭發生了什事。奧古斯都說：「要像海岬一樣，雖然受到潮水的不斷衝擊，但仍然屹立不搖，並且馴服了環伺的狂暴海濤。」

《舊約》的詩篇第九十一篇，生動描繪了一個人在恐怖的惡夜、日間的飛箭、瘟疫、陰謀、陰險如蛇的敵人和危險（萬人仆倒在他右邊）之中獲得安全和保障的感覺，因為他找到自己心靈深處、堅不可摧的「祕密地點」——也就是，他在情緒上不會對環境中的恐怖「鈴聲」有所反應或回應。他在情緒上會完全忽略它們，就如威廉・詹姆士建議的，完全忽略不好和不悅的「事實」來感覺快樂，也像詹姆斯・曼根所建議——完全忽略環境中的逆境，藉此來感到自信。

基本上，**你是個反應者，不是跟著起反應的人**。本書從頭到尾一直都在強調對環境要素的**適當反應與回應**，不過，人根本上並不是「跟著起反應的人」，而是「反應者」。我們對環境中任何可能呈現的因素不只做反

應與回應，不管是不是自願的，就像船順著風被吹向任何地方，身為目標奮鬥取向的生靈，我們首先必須**行動**。我們自己設定目標、自己決定路線，然後——在這個目標奮鬥結構的脈絡中——用能夠促進我們進步和達到目的的方法，適當地回應與反應。

假如對負面回饋的回應以及反應並未使我們踏上達成目標的路途——或者是適用於我們的目的——那麼就根本不需要回應。而且，假如任何種類的回應都會讓我們偏離正軌或是成為我們的阻礙，那麼，**不回應**就是最適當的回應。

> 假如對負面回饋的回應和反應會讓我們偏離正軌或成為我們的阻礙，那麼不回應就是最適當的回應。

維持內心的穩定

幾乎在所有的目標奮鬥情境中，我們自己內心的穩定，本身就是一項需要維持的重要目標。**我們必須對當我們偏離軌道時，向我們提出建議的負面回饋夠敏感，才能改變方向繼續前進。**但同時，我們必須保持船身的飄浮和穩定，我們的船一定不能顛簸搖晃，每個迎面襲來的海浪、甚至暴風雨，都可能使船沉沒。正如普瑞史考特‧賴奇所說：「即使環境改變，依然必須維持相同的態度。」

我們任由電話去響，就是維持我們穩定的心理態度，它使我們的心境不顛簸搖晃、不偏離軌道，也不受環境中的每個海浪或漣漪撼動。

▌別再和稻草人對抗

還有一另種引發擔憂、不安全感和緊張的不當回應，那就是試圖情緒化的回應**只存在於我們想像中的事情**。我們許多人不滿足於對現實環境中實際微小刺激的過度回應，而在自己的想像中創造出一個稻草人，然後情緒化的回應於我們自己的心靈想像。除了那些真正存在於環境中的負面事件，我們也添加了自己的負面事件：這個、那個都**可能發生**，萬一這樣或那樣發生了怎麼辦？當我們擔心時，我們會形成（不利的）心靈想像，假

想環境中可能存在著什麼不利的事情,然後我們回應給這些負面想像,就好像它們是真的一樣。記住,**你的神經系統無法分辨真實經驗與逼真想像出來的經驗之間的差別。**

對於不實際的問題,最適當的回應是什麼也不做

你同樣可以藉著對抗這種干擾來使自己獲得平靜,不是透過你做某件事,而是透過你不做某件事,也就是你拒絕回應。

就你的情緒而言,對於想像出來的煩惱的最適當回應,就是完全忽略它們。要對當下的生活充滿情感,分析你的環境——對於你環境中真實存在的要有所察覺,然後你會自然而然的回應和反應。為了達到這個目的,你必須把所有的注意力都放在目前所發生的事情上,你必須集中精神,然後才會產生適當的回應——那麼一來,你就沒時間去注意或回應一個虛構的環境了。

心靈的萬應急救包

準備好這些想法,當成一種萬應急救包備用:

- 內心受到干擾或不安寧,幾乎都是由於**過度回應**(太敏感的「驚慌反應」)所引起。當你練習「不回應」(任由電話去響)時,你就等於在創造一個內建的情緒穩定裝置或介於你和干擾性刺激物之間的隔離帷幕。
- 當你練習**延後**習慣性、自動、不假思索的回應時,就是在治療你過度回應的舊習慣、消除舊的條件性反射作用。
- 利用你「心靈裡的寧靜空間」技巧來調降神經回應以穩定日常情緒,並清除你情緒機制中會被不當轉嫁到新場合中的情緒。
- 別再用你的心靈想像把自己嚇個半死,別再和稻草人對抗。在情緒上,只要回應此時此刻的真實事情——然後忽略其他的一切。

你的心靈穩定調節器

　　你的身體有內建的恆溫器（溫度自動調節器），它是一種自動控制裝置，能將你體內溫度維持在穩定的攝氏三十七度──無論環境的溫度是多少。你周圍的天氣也許是刺骨的寒冷或高達攝氏四十三度，但你的身體維持一定的溫度──恆定的攝氏三十七度。身體能夠在各種環境中正確地運作，因為它不會依環境而改變溫度，無論冷或熱，它都維持自己的體溫。

　　你也可以擁有一個內建的心靈穩定調節器，使你無論周遭的情緒天氣如何，都能維持自己情緒天候的穩定。許多人都沒使用這個心靈穩定調節器，因為他們根本不知道它的存在，他們不知道這種事是可能做到的，而且他們不了解自己其實不需要承受外在氣候的變化。你的情緒健康和健全需要心靈穩定調節器，就像你的身體健康需要生理恆溫器一樣，就從練習本章所提供的技巧來開始使用它吧！

練習──不回應的練習

　　在你的想像中創造一個逼真的畫面，想像你安靜地坐著，鎮定、無動於衷，任由電話去響，如本章稍早概述過的一樣。接著，記住這個心靈想像，把平靜、鎮定、無動於衷等相同的這些態度轉嫁到你的日常活動中。無論你要服從或回應某個恐懼的鈴聲或焦慮的鈴聲時，告訴你自己說：「我要讓電話響著。」然後，運用你的想像力來練習各種狀況中的不回應：

　　想像當有一位同事在大聲嚷嚷時，你安靜、不為所動的坐著。想像儘管在一天繁忙的壓力之下，你仍然冷靜、鎮定、不慌不忙的經歷一件又一件的日常工作。想像儘管環境中充滿各種忙碌鈴聲和壓力鈴聲，你仍然維持相同、穩定的路線。想像你處在過去各種令你不安的場合中，只不過現在你依然沉著、平靜、自信──透過「不回應」。

要記憶的重點

（在此填入）

1.

2.

3.

4.

5.

你的案例記載

在此列出一項你過去的經驗，並依本章所提供的原理加以說明。

如何在關鍵場合更亮眼？

－危機不是成就你，就是毀了你－

有的女性，如果你和她單獨吃晚餐，

你會發現她很平凡，

沒什麼特別吸引人之處，

性格甚至有點兒無趣，

但是當她參加一項重要的派對時，一切都變了，

她的雙眼閃耀著新的神采，

她的談吐機智又迷人，

甚至連她臉上的特徵都改變了，

你會發現自己覺得她是個大美女！

我認識一位年輕的高爾夫球員，他是所屬球場的全程紀錄保持人，不過他從未在真正的大錦標賽中奪得名次。當他自己練習或和朋友一起打球，或在較小的比賽裡、風險較低的時候，他的打擊完美無缺。可是每次當他進入大賽事中，他的球技便會退步。套用高爾夫運動員的說法就是：「他被壓力擊垮了。」

許多棒球投手都能精準的控球，但當他們發現自己正處於緊要關頭，他們就「卡住」了，失去所有的控制力，然後看起來好像很無能似的。

另一方面，許多運動員在壓力之下卻能表現得更好，場合本身似乎給了他們更多力量、更強大的能力、更精準的控制力。

▋在危機中大顯身手的人

舉例來說，約翰・湯馬斯（John Thomas）是來自波士頓大學破紀錄的跳高選手，比賽時的表現往往比練習時更出色。一九六〇年二月，湯馬斯創下世界紀錄，刷新美國室內錦標賽七呎一又四分之一吋的紀錄——他之前練習時的最高一跳是六呎九又四分之一吋。

在棒球賽中，當比賽陷入困境的時候，被指派為代打的人不見得就是打擊率最佳的球員，經理人往往不用打擊率最佳的球員，而是用「在緊要關頭時能做到」的球員。

一名推銷員發現自己在重要的潛在顧客面前會口齒不清，他的技能成了空包彈，而另一名推銷員在同樣的情況下卻可能賣翻天，場合中的挑戰激發出他原本不具有的能力。

許多女性在單獨與某個人交談或在非正式的小團體中發言時，會顯得富有魅力又優雅，但在正式飯局或大型社交場合中就會變得舌頭打結、笨拙、遲鈍。然而在另一方面，我也看過有的女性只有在身處於大場面的刺激下才會大顯身手，如果你和她單獨吃晚餐，你會發現她非常平凡，沒什麼特別吸引人之處，她的性格甚至讓你覺得有點兒無趣，但是當她參加一項重要的派對時，所有的一切都為之改變了——該場合的刺激性喚醒了她內心的某種東西，為她整個人賦予了生氣，她的雙眼閃耀著新的神采，她

的談吐機智又迷人，甚至連她臉上的特徵都改變了，你會發現自己覺得她是個大美女。

有些學生在每天的課堂表現極佳，但考試時腦子裡卻一片空白，也有些學生在平時課堂表現很平凡，但一遇到重要的考試就表現得很優異。

▌成為「金童」的祕密

這些人之間的差異，並不在於有些人擁有某種天生的特質、有些人沒有。大部分問題在於，他們對危機狀況是**怎麼反應**的？

「危機」是一種不是成就你就是毀了你的情況。如果你對情況能適當地反應，危機就能給你平常沒有的力氣、力量、智慧，如果你反應得不恰當，危機也可能奪走你的技巧和控制力等那些平常具有、而且能隨時召喚的能力。

在運動、生意或社交活動中所謂的金童——能在緊要關頭完成任務的人，在挑戰的刺激之下表現得更好的人——必然就是那種有意識或無意識地學會對緊急情況反應得宜的人。

為了能在危機中表現得宜：

(1) 我們需要在未被過度激發的情況下學習某些技巧，我們需要在沒有壓力的狀況下練習。(2) 我們需要學習以積極進取、而非消極防禦的態度來回應於狀況中的挑戰，而不是回應於恐嚇威脅，要將正面目標牢記在心。(3)我們需要學會評估所謂的危機情況的真實性，不要小題大作，也不要反應得好像每個小挑戰都變成了生死交關的問題。

(1)在沒有壓力的狀況下練習

雖然我們也許學得很快，但在危機的情況下我們就學不好。把一個不會游泳的人丟入沒頂的水中，危機本身也許會給他游向安全之處的力量，他學得很快，而且總之就是設法游泳了，但是他絕對不會成為一個游泳冠軍，當他用來救自己性命的粗糙泳技變成固定的方法，便很難再將游泳學

得更好。由於這種不良的技法，當他遇到一個需要游長程的真實危機，也許會慘遭滅頂。

心理學家愛德華・托爾曼博士（Edward C. Tolman），是「潛在學習」概念的創始者，他表示，動物和人在學習時都會形成環境的「大腦圖」或「認知圖」，假如動機並不太強烈、假如在學習情況中沒有太明顯的危機，這些圖像就是普遍而廣泛的。然而，假如動物的動機過分強烈，認知圖就會是狹隘、受限的，牠便只學到一種解決問題的方法，將來，如果這一種方法剛好受到阻礙，動物便會感到挫折，無法辨識出替代道路或無法繞道而行。牠只會培養出事先準備好的、預先成形的單一回應，在遇到新的狀況時就容易失去自動反應的能力，牠無法即時反應，只能依照預定的計畫進行。

⊕ 壓力使學習力變遲緩

托馬斯發現，假如大鼠**在無危機**的情況下被允許去**學習**和**練習**，牠們之後在危機中會有很好的表現。舉例來說，如果當大鼠吃飽喝足後，被允許在迷宮中自由自在的閒晃和探索，牠們似乎就不想學習任何東西。然而，之後把相同的一批大鼠，趁牠們飢餓時把牠們放到迷宮中，就能看到牠們學會很多事，迅速又有效率地走向目標，飢餓使這些受過訓練的大鼠在面臨危機時反應得宜。

另外有大鼠在又飢又渴的危機下被迫學習走出迷宮，表現就沒那麼好了。牠們的動機過度強烈，牠們的認知圖因此變得狹隘。達到目的的「正確」路線已被固定住，假如路徑被封鎖，大鼠受到挫折，便很難再學習新的路線。

你在愈緊張的危機情況下學習，就學得愈少。在人類認知心理學和教育心理學方面的認知學習理論方面有過重大貢獻的傑羅姆・布魯納教授（Jerome S. Bruner），訓練兩組大鼠走出迷宮以取得食物。第一組十二個小時未進食，在六次以內的嘗試下學會走迷宮，第二組三十六個小時未進食，需要經過二十多次的學習。

> 在愈緊張的危機情況下學習，就學得愈少。

⊕消防演習是在非危機情況下教導危機處理

人類的反應也是一樣。必須學習如何從實際著火的大樓逃脫的人，學會適當逃生路線所需的時間，通常是沒發生火災時的兩、三倍——而且有些人根本學不會。動機過強會妨礙合理的發展，自動反應機制會被過多的刻意努力（過度努力的嘗試）所堵塞，於是產生類似意向性震顫 P194 的現象，並喪失清晰思考的能力。最後總算設法逃出大樓的人，所學到的是狹隘、固定性的回應，把他們放到另一棟大樓裡，或把環境稍做改變——他們第二次的反應大都仍和第一次一樣差勁。

但是你可以讓同樣那一批人在沒發生火災時做演習訓練。由於不具真實的威脅，所以沒有過多的負面回饋去干擾清晰的思緒或正確做法，他們冷靜、有效率、正確地練習從大樓裡魚貫而出。

經過了幾次的反覆演練之後，當真的發生火災時，就能指望他們做出同樣的行為。他們的肌肉、神經和大腦記住了廣泛、普遍、有彈性的「圖像」，演習時的冷靜態度和清晰思緒會繼續存在於真實的火災中。再者，他們會學到如何逃離任何一棟大樓，或者應付關於這類危機的任何不同環境，他們不會做死板的回應，臨場反應表現良好——對任何可能的情況做出自然而然的反應。

心理上的問題無論對於大鼠或人來說都是很明顯的：在沒有壓力的情況下練習，你會學得又快又好，並且能在危急的情況中表現得更好。

⊕使能力達到穩定程度的假想練打

知名的重量級世界冠軍吉姆・科貝特（Jim Corbett），讓「假想練打」（shadowboxing）一詞成為流行用語。在被問到他是怎麼培養出對左刺拳的完美控制力和時間拿捏時（他用來將波士頓大塊頭約翰・蘇利文〔John L. Sullivan〕打得落花流水的招式），科貝特回答說，為了這場較量，他面對鏡子向鏡裡的自己擊出了一萬次以上的左刺拳。

基恩・唐尼（Gene Tunney）的做法也是一樣。從他與傑克・丹普斯真正在擂臺上對決的幾年前開始，他私底下就在自己房間裡與想像中的丹普斯對決了上百次。他保留了所有丹普斯比賽的舊影片，他反覆的看，直

到熟悉丹普斯的每一個動作，然後他開始假想練打，想像丹普斯站在他面前，當想像的丹普斯做了某個動作時，他就做出反制動作。

著名的蘇格蘭喜劇演員哈利‧勞德爵士（Harry Lauder）承認，他在公開演出一套劇目前，私底下要練習上萬次，事實上，勞德是在對一群假想的觀眾假想練打。

比利‧葛拉罕（Bill Graham）在培養出面對活生生聽眾的吸睛舞臺性格前，曾在佛羅里達沼澤地中對著一片落羽杉殘株佈道。大多數的優異演講者也用類似的方法做練習，演講者做假想練習最常見的形式，就是對著鏡中的自己演講。有個我認識的人會排上六到八張空椅子，想像人們坐在上面，然後對著假想的聽眾演講。

⊕從容練習帶來更好的效果

班‧霍根定期參加高爾夫錦標賽的期間，他在自己的臥室裡放了一根高爾夫球桿，私底下天天練習，在沒有壓力的情況下對著想像的小白球揮桿。當霍根在球場上的時候，他會在擊球前在腦海裡演練正確的動作，然後靠著**肌肉記憶**去正確的擊球。

有些運動員私底下會盡量不帶壓力的練習。他們或他們的教練在練習時拒絕媒體採訪，甚至為了保護球員免於壓力，而拒絕提供練習的任何相關資訊做為公開用途，每一件事情的安排都是為了讓訓練和練習能更加放鬆、更沒壓力、更具人性化。結果，球員們在面對真實的危機時都展現出一點兒也不慌張的樣子，他們變成「冰柱人」，對壓力有免疫力，絲毫不擔心表現會怎樣，只是靠著肌肉記憶去執行各種學習過和練習過的動作。

> 假想練打能幫助人對壓力產生免疫力，不會去擔心自己的表現如何。

假想練打或無壓練習的技巧很簡單，但成效非常驚人，以至於有些人以為和什麼魔法有關。舉例來說，我記得有位貴婦多年來一直神經緊張，在社交場合中無法放鬆。在練習過假想練打之後，她寫信給我：

我在家裡空無一人的客廳做盛大登場的練習──一定有上百次之多了。我走進大廳，與無數假想的賓客握手，我露出微笑，向每個人友善的

問候，而且真的把話說出來，然後我在「賓客」間遊走，到處寒喧問暖。我練習優雅自信地走路、坐著、談話。

後來我在××舞會中度過愉快的時光，我無法告訴你我有多快樂，甚至可以說有點兒驚訝。我感覺得到輕鬆和自信，有好些狀況的發生並不在我預期之中，也沒經過練習，但我發現自己能即興處理得很漂亮。我先生相信，你一定是在我身上施了什麼咒語。

心靈控馭小檔案

> 你坐在椅子上所想像到的結果，就是幻象。即便如此，注意聽從前述的那段話才是明智的：「假想練打或無壓練習的技巧很簡單，但成效非常驚人，以至於有些人以為和什麼魔法有關。」
>
> 我個人認為，「魔法」並不算是過分強烈的字眼。我教過許多一生當中從沒有拳擊或任何格鬥運動經驗的人假想練打的技巧，我教過的對象有推銷員、音樂家、藝術家、作家和想變得更健康的人。所有的人都能有效運用！

⊕假想練打開啟自我表達的能力

「表達」一詞有發揮、運用、表現出來的意思；「抑制」一詞有阻止、限制的意思。自我表達是把自身的力量、才幹和能力等發揮出來、表現出來，它的意思是打開你身上的燈，讓它發光。自我表達是一種「是」的回應，抑制是一種「否」的回應，抑制會阻礙自我表達，關掉你的燈或使它暗淡。

在假想練打中，你在沒有抑制因素存在的狀況下練習自我表達，你學習正確的行動，你形成一幅會保留在記憶裡的心智圖。你創造一個廣泛、普遍、有彈性的圖像，然後當你面臨存在著實際威脅或含有抑制因素的危機時，你已經學會冷靜且正確地行動——從練習到實際情況，有東西「轉移」到你的肌肉、神經和大腦裡。

再者，因為你的學習是放鬆、無壓力的，所以你能夠奮起應付類似場合、即時反應、臨場應變、自然而然的行動。同時，你的假想練打會建立起一個你自己的心靈形象——正確且成功地行動，這個成功的自我形象的記憶，也令你表現得更好。

⊕空彈射擊是神射手的祕訣

　　射擊場上的新手往往會發現，他能平平穩穩的握住手槍──只要不嘗試射擊。當他用空槍瞄準目標時，他的手很穩，但是當同一把手槍上了膛，他準備上場締造成績時，就開始出現意向性震顫，槍管不受控制的上下左右晃動，就像你拿線穿針時手會顫動的樣子P194。

　　所有良好的射擊教練幾乎都會推薦做許多空彈射擊來克服這個情況。射擊者冷靜、從容的瞄準、扣扳機，然後啪的一聲擊中牆上的目標。他冷靜從容的專注在持槍的方法上，檢查有沒有拿歪、確認自己正要按下或扣下扳機。他冷靜地學習關於射擊的良好習慣，沒有產生意向性震顫，因為他不會對結果過度小心、過度焦慮。經過了幾千次這種空彈射擊的練習，新手會發現自己能夠握穩上膛的槍，然後實際射擊，同時他維持與練習時同樣的心態，做同樣冷靜、從容的生理動作。

　　我的一位朋友也是用差不多的方法學習射鵪鶉。雖然他在飛靶射擊場上是個神射手，但鵪鶉降落時喧鬧的鳴叫聲和他自己對結果的擔心（動機過分強烈），使他幾乎每次都失誤。

　　他為下一次的狩獵學習假想練打：第一天他帶著一支沒子彈的獵槍，他沒有必要激動，反正他無法真正去射擊──當你帶著一支空槍時，根本沒有必要讓動機過分強烈！那天，他用空槍「射」下了大約二十隻鵪鶉，在他做到第六次射擊時，所有的焦慮和緊張不安都煙消雲散。他的朋友以為他腦袋的螺絲鬆了，但隔天當他射下第八隻鵪鶉時，他就挽回了名聲，那天他總共用了十七發子彈，射到十五隻鵪鶉！

⊕假想練打幫助你擊球

　　不久前的一個星期天，我到紐約郊區拜訪一位朋友，他十歲的兒子常幻想成為大聯盟棒球明星。他的接球防守能力很好，但他打不到球，每次他父親把球丟過本壘板時，他整個人就僵住了──揮棒差了三十公分才能打到球。我決定試試別的方法，我說：「你太急於想打到球，但又害怕打不到，你甚至連球都看不清楚。」所有的緊張和焦慮都來自於他的視線和反射作用受到干擾──他的手臂肌肉無法執行大腦所下達的命令。

　　「接下來的十球，」我說，「別試圖去打球，想都別想。把球棒靠在肩膀上，眼睛仔細注視著球。從球離開你爸手裡的那一刻就盯著看，直到它飛過你身旁。輕鬆、放鬆的站著，只要看著球飛過就好。」

　　經過十次的練習之後，我建議他：「現在你注視著球飛過去，球棒仍然靠在肩膀上，但想著你自己正要拿起球棒去打球──紮紮實實的擊中球的正中央。」之後我告訴他，繼續用同樣的方式去感覺，繼續仔細注視著球，然後「讓」球棒揮起、擊到球，不要刻意用力去打，那孩子果然擊中球了。經過幾次像這樣輕鬆的擊球之後，他可以把球擊得很遠，而我也得到了一個忘年之交。

⊕練習「不推銷」的推銷員

　　你可以把「擊球」這種技巧用在銷售、教學或經營生意上。一位年輕的推銷員向我抱怨說，當他拜訪潛在顧客時，整個人都覺得好僵硬，他無法適當的回應潛在顧客的異議，這是他的一大問題。「當一位潛在顧客提出異議或批評我的產品時，我想不到隻字片語去回應，」他說，「但事情過後，我可以想出各式各樣的方法去應付他們的異議。」

　　我告訴他關於假想練打，和那個男孩學習打擊前把球棒靠在肩膀上看球飛過的故事。我指出，打棒球（或思緒敏捷）需要良好的本能反應，你的自動成功機制必須適當且自動地回應，太過緊張、動機太過強烈、對於結果太焦慮，都會堵塞住機制的運作。「你在事後想到適當的答案，是因為你放鬆而且壓力消失了。現在你的問題是，你無法迅速、自動地回應於你的潛在顧客丟給你的異議，換言之，你打不到潛在顧客丟給你的球。」

> 太過緊張、動機太過強烈、對於結果太焦慮，都會堵塞住成功機制的運作。

　　我告訴他，首先要練習一堆假想的面訪場合──實際地走進去，向潛在顧客介紹自己，竭力推銷；接著想像每一個可能的異議，不管問題有多機車，然後回答出來。

　　接下來，他要對著活生生的真實顧客練習「把球棒靠在肩膀上」，他要帶著「空槍」走進去，也就是對意圖和目的不懷抱關切。這次推銷面訪

的目的不在於銷售——他必須對沒有訂單的結果感到滿足。這次面訪的目的是要嚴格練習——球棒靠在肩上，空槍演練。

用他的話來說，這場假想練打「發揮了神奇的功效」。

身位一個年輕的醫學院學生，從前我也對著大體做過外科手術的假想練打。我從這種無壓的練習上學到的不只是技術，我還學到了將來身為一個外科醫生時應有的冷靜、從容自信、清晰思考，因為這樣的人已經在一個非關生死存亡的場合中練習過所有的這些事情。

⊕如何讓你的膽量幫助你？

「危機」（crisis）一詞源自於代表**果斷**或**決定點**的希臘字。

危機是路途中的叉路，叉路的其中一條有較好的前景，另一條是較糟的前景。在醫學上，這個危機就是轉捩點，病人不是變得更糟或死亡，就是變得更好和活下來。

因此，每一個危機情況都會有兩種發展。在第九局雙方平手、三人滿壘的狀況下，這時的投手可能成為功成名就的英雄，也可能成為吃敗仗的喪家之犬。

豪斯‧凱瑟（Hugh Casey）是有使以來最成功、最冷靜的救援投手之一，有一次他被問到，在比賽當中遇到危機時他被送上場救援的想法。

「我總是想著我要做什麼，以及我希望事情有怎樣的發展，」他說，「而不是想著打擊者要做什麼，或是什麼會發生在我身上。」他說他把注意力放在他希望發生的事情上，感覺他能夠讓它發生，然後通常結果就是他想要的。

這種態度是在任何危機場合中能夠良好反應的另一個重要關鍵。如果我們能維持積極進取的態度，對威脅和危機做積極而非消極的反應，狀況本身就能成為釋出未開發力量的刺激物。

幾年前報紙刊載了一則「巨人」的故事，有個人在兩輛失事的卡車間做了一大堆人都做不到的事：他抬起被夾住的卡車司機上方已撞爛的金屬蓋，徒手扯下卡住司機腳的煞車板，又徒手撲滅車頭地墊上的火焰。稍後，當人們找出這名「巨人」並確認他的身分時，才發現他根本不是什麼

巨人，查理斯‧丹尼斯‧瓊斯（Charles Dennis Jones）身高一百八十五公分，體重九十九公斤。他解釋他非凡的英勇事蹟：「我恨火。」十四個月之前，他的八歲女兒在一場發生於自宅的火災中喪生。

我認識一名高而虛弱的男士，當他家著火時，他單手把一臺直立式鋼琴搬到戶外，走下三個臺階，越過十公分高的邊欄，拖到他家草坪的中央。當初鋼琴運到房子裡時需要六個壯漢來搬，但一個相當虛弱的男士，在驚險與危機的刺激下卻靠自己一個人做到了。

(2)危機帶來力量

神經學家哈菲爾德（J. A. Hadfield）做過一項廣博的研究，他研究了在危機時刻下、產生於凡夫俗子身上的超力量（生理的、心靈的、情緒的和精神的）。

「在那麼平凡的人身上，任何時候當緊急事件發生時，幫助我們的力量就躍然而生，這是多麼神奇的事啊！」他說，「我們活得怯懦，對困難的事情畏畏縮縮，直到也許我們被迫面對或我們自己決定面對，然後突然間我們似乎就開啟了隱藏的力量。當我們必須面對危險時，勇氣便油然而生；當考驗施予我們長期不斷的壓力，我們發現自己具有忍耐的力量；當我們長久以來懼怕的災難終於降臨時，我們才發現自己內心潛藏著一股源源不絕的力量。一般的經驗教導我們，天將降大任於吾身，只要我們無所畏懼地接受挑戰，並且自信地運用力量，每一個危險或困難都會帶來它自己的力量——『你的日子如何，你的力量也必如何。』」

祕密就在於無懼地接受挑戰和自信地運用力量的態度。

也就是說，要保持積極進取、目標導向的態度，而非防守、逃避、消極的態度：**無論發生什麼事情，我都能應付，或是我都能安然度過；而不是：我希望不會發生任何事。**

⊕把你的目標牢記在心

這種積極進取態度的本質，仍然是目標取向的。你把自己的正面目

標牢記於心，你寧願經歷危機以達成目標。你維持原來的目標，不會轉向叉路上的次級選擇——有逃跑、躲避、避免危機情況的欲望。或者，用威廉·詹姆士的話來說就是：你要抱持戰鬥而非害怕或逃避的態度。

假如你做得到這一點，危機情況本身會成為一種刺激物，有助於釋放能幫助你達成目標的額外力量。

《自我一致性：人格理論》一書的作者普瑞史考特·賴奇曾說：**情緒的目的是強化或補充力量，而非當做脆弱的訊號**。他相信只有一種基本情緒——激動，這種激動的情緒視我們當時的內在目標（不管我們在心理上是準備去克服一個問題、逃避問題或摧毀問題）而呈現出恐懼、憤怒、勇敢等等。「真正的問題不在於控制情緒，」賴奇寫道，「而在於控制『哪種性情應該得到情緒強化』的選擇。」

> 真正的問題不在於控制情緒，而在於控制「哪種性情應該得到情緒強化」的選擇。

如果你打算（或你的心理目標是）向前走，如果在危機中你必定會充分發揮自我，而且無論如何都要勝出，那麼激動的場合或情況就會增強你的這種意向——它會給你向前走的更多勇氣和力量。如果你已看不到你原來的目標，而且你的心理目標變成逃避危機、尋求以躲避的方式度過危機，那麼這種逃避的心態也會被增強，然後你會體驗到恐懼與焦慮。

⊕ 別誤把激動當害怕

許多人會犯的錯是，習慣性的把激動的感覺解讀為害怕和焦慮，然後再把這個誤解當做無能的證明。

以任何正常人的才智都能了解，在危機爆發的前夕，人會變得激動或緊張不安。直到你把激動的情緒導向一個目標前，這個激動的情緒既不是害怕、焦慮，也不是勇敢、自信等，它就是你汽鍋裡強化補給的情緒蒸汽，它**不是**脆弱的訊號，它是額外力量的訊息，讓你用於任何你所選擇的方法之中。

從前，傑克·丹普斯在比賽前會緊張到無法刮鬍子，激動的心情讓他無法坐下或站著不動，然而，他並沒有把這種激動解讀為恐懼，他繼續往前走，利用那份激動在他的揮拳中注入額外的動力。

　　有經驗的演員都了解表演開場前的激動感覺，那是一個好徵兆。在上臺前，他們許多人從容且情緒高昂的整裝待發。同樣的，一個好的士兵，通常是在做戰前夕會感到激動的人。

　　許多人在賭馬時押注的基礎，是選擇進閘門前看起來最興奮的馬。訓練師也知道，在比賽前變得興奮或情緒激昂的馬，表現會比平常好。「情緒激昂」是個好詞，在危機爆發前你所感受到的激動情緒，就是一股應由你正確解讀的「激昂情緒」。

　　不久之前，我在飛機上遇到一位多年不見的舊識，在談話的過程中，我問他是否還是像以前那樣常常演講。他說，是的，事實上他換了工作，以便讓自己能做更多的演講，而且現在至少每天都會做一場演講。我很清楚他對演講的熱愛，所以我回應說他能做這份工作真好。「是的，」他說，「一方面好，另一方面不好，我講得不像以前那麼精采。我太常演講，以至於這件事對我來說失去了新鮮感，我心底不再有個聲音告訴我，說我做得很好。」

　　有的人在重要的筆試中太激動，以至於無法清晰思考，甚至連筆都拿不穩，有的人則在相同情況下變得非常振奮，表現超乎想像——他們的心智運作得比平常更好更清晰，記憶變得更清楚。造成這種差異的**並不是激動本身，而是它的運用方式。**

(3)還可能發生什麼更糟的事？

　　許多人會把危機可能帶來的所有**苦難**或**失敗**放大想像，我們運用我們的想像力來對付自己、小題大作。或者，我們根本不運用想像力去「看」清楚真實的狀況，而是習慣性、不假思索的把每個簡單的機遇或威脅都當成生死交關似的事件來反應。

　　你在面臨一個真正的危機時，需要大量的激動情緒。在危機情況中，激動可以被當成一優勢，然而，如果你高估了危險性或困難度、如果你是對錯誤、扭曲或不實際的資訊做反應，你便可能聚集比該情況所需多太多的激動情緒。因為真實的威脅比你預估的小很多，所以你聚集起來的激動

情緒可能會被不當運用，它無法透過創意行動「擺脫」，因此它只能成為留在你內心、受到抑制的「緊張情緒」，過多的情緒激動不但無助於表現，反而還會造成傷害，只因為它是不當的存在。

> 過多的情緒激動不但無助於表現，反而還會造成傷害，只因為它是不當的存在。

哲人暨數學家伯特蘭・羅素告訴我們一個技巧，那是他用在自己身上降低過多激動情緒的好方法：「當面臨災難威脅時，你要慎重而細密的思考，最糟的狀況可能是什麼。檢視過要面對的可能災害，你就有正當理由相信它並不是個恐怖無比的大災難；我們總是找得到這樣的理由，因為最糟的狀況也不會糟到天塌下來。當你找時間從容地檢視過最糟的情況，並且確信地告訴自己『嗯……那不是什麼大不了的事』。你會發現，你的憂慮幾乎煙消雲散。也許這個過程需要重複幾次，但最後，假如你絕不逃避面對可能的最糟情況，你會發現你的憂慮完全消失，取而代之的是一種愉快的感受。」

⊕卡萊爾發現勇氣的故事

蘇格蘭著名文學家暨歷史學家湯瑪斯・卡萊爾（Thomas Carlyle）以他的親身經歷證實，同樣的這個方法如何將他的人生觀點從「永遠說不」改變成「永遠說是」。當時他的精神瀕臨絕望深淵：「指引我方向的北極星被遮蔽，在一片惡火之中看不到星晨閃爍……宇宙是一座死氣沉沉、巨大無邊際的蒸汽機，在它麻木的冷漠中轟隆運轉，從我的四肢上碾來碾去。」後來，在這樣的心靈崩潰之中，出現了新的生活方式：

然後我捫心自問：「你在怕什麼？為何要表現得像一個懦夫？你想永遠在苦惱、啜泣中度過，畏縮、憂愁的過一輩子嗎？你真可悲！就算你面對的是所有最糟狀況的加總又如何？死亡嗎？嗯……死亡也許是所有惡魔與人類都能拿來對付你的極痛苦灼熱地獄！但你難道沒有心肝嗎？你要任憑自己遭受無論什麼樣的折磨都沒關係嗎？身為自由之子，雖被拋棄，但當地獄吞噬你時，也要將它踐踏在你的腳底下，你做得到嗎？讓它來吧，然後我會面對它、擊潰它！」

當我這麼想的時候，我整個心靈燃起了一把熊熊火焰，從此永遠粉碎心中的恐懼根源。一股幾乎像神一樣的莫名力量、莫名精神，讓我變得堅強。從那時起，我困頓的性情就改變了，我不再恐懼或發出哀鳴，而是以義憤、堅定的態度傲視挑戰。

羅素和卡萊爾都在告訴我們，如何維持一種積極進取、目標導向、自我決定的態度──即使面對極真實與嚴重的威脅和危險。

⊕人總把危機小題大作

然而，我們大部分的人允許自己因為一點小事、甚至想像出來、而我們堅持解讀為攸關生死、致命關頭的威脅，而偏離既定路線。

> 我們大部分的人允許自己因為一點小事、甚至是想像出來卻被我們解讀為攸關生死的威脅，而偏離既定路線。

有人曾經說過，造成潰瘍最大的原因，就是小題大作。

一個要拜訪重要潛在客戶的推銷員，或許會表現得好像這是攸關生死的事；初入社交圈的女孩第一次參加舞會，也許表現得像是出席關係她一輩子的審判法庭；許多準備參加工作面試的人，也會表現得像「被嚇個半死」之類的。

也許許多人在各種危機情況中所體會到的生死攸關感覺，是從我們很久很久的過去流傳下來的，當時「失敗」對原始人來說，通常是「死亡」的同義詞。雖說事出必有因，但無數病人的經驗證實，這是可以透過冷靜與理性分析情況來治癒的。別做自動、盲目和不理性的回應，要問問你自己：「如果我失敗，最糟的狀況可能是什麼？」

⊕你會有什麼損失？

我們常常掛嘴上的所謂危機情況，在仔細的審視之下發現，幾乎大部分根本不是什麼攸關生死的事，而是你要選擇冒險或待在原地的**機會**。舉例來說，那個推銷員會遇到的最糟狀況是什麼？他不是拿到訂單，變得比以前更好，就是沒拿到訂單，但也不比拜訪客戶前更差。求職者不是得到

工作，就是沒得到工作，而如果他沒能得到工作，**他只是跟沒求職前一樣而已**。至於初入社交圈的女孩，她會遇到的最糟狀況就是跟沒去舞會前一樣，依然沒沒無聞，依然在社交圈無一席之地。

沒多少人能夠了解，這種態度上的改變能帶來多大的影響力。我認識的一位推銷員在改掉膽小、容易驚慌的態度之後，收入增加一倍。一切都取決於對「我只有得、無所失」態度的觀點。

演員瓦特‧皮金（Walter Pidgeon）說，他的第一場公開演出徹底失敗，他簡直嚇死了。但是在兩幕之間的空檔他告訴自己，既然已經失敗，就沒什麼好再損失的，如果他放棄整場表演，他才是個徹底失敗的演員，所以對於再回到舞臺上他真的沒什麼好擔心的。第二幕時他放鬆、自信的踏上舞臺——結果大獲好評。

記住，最重要的，任何危機情況的關鍵是**你自己**。練習並學習本章簡單的技巧，你會像在你之前的許多人一樣，學會把危機化為轉機，就能夠使危機為你所用。

要記憶的重點

（在此填入）

1.

2.

3.

4.

5.

你的案例記載

在此列出一項你過去的經驗，並依本章所提供的原理加以說明。

....

....

....

....

....

....

....

....

....

....

....

....

....

....

Chapter 14

有必要的「自我感覺良好」

－善用致勝感為你創造成功－

蟬聯數屆世界極速打字冠軍的亞伯特‧唐格拉，

每當遇到加快速度的停滯期時，

會練習「慢打字」（一般速度的一半）。

一個很出色的推銷員，

在銷售低潮期時會停止做大筆銷售，

不再賣給難搞的客人，

只專注於向他知道的「容易受影響」的客戶成交小筆生意。

你的自動創意機制是目的取向的，也就是說，它朝著目標與最後結果而運作。一旦你給它一個明確的目標去達成，你可以倚靠它自動化的導引系統帶你達到目標，這會比你刻意思考的結果來得好。藉著思索你想要的最後結果，你提供一個目標，然後你的自動機制會提供所需工具，如果你的肌肉需要執行某種動作以產生最後結果，你的自動機制會比你「用思考的」更精準、細膩地導引你的肌肉去完成任務，如果你需要一些點子，你的自動機制會提供給你。

▍為結果想出一個愉快的可能性

但為了達到這個目的，你必須先提供目標，而為了提供一個能夠啟動創意機制的目標，你必須為最後結果想出一個**愉快的可能性**。目標的可能性必須能被看得十分清晰，清晰到你的大腦和神經認為它是真實的——要真實到會激起跟已達成目標的感覺一模一樣的感受。

這種感覺第一次出現時，並不如想像中困難或神祕，你我每天都在做。舉例來說，你會擔心什麼？會擔心可能的不好結果，伴隨焦慮、無能，或許還有自卑的感覺，這麼做的唯一實用目的是，假如我們失敗了，我們能事先體驗到失敗的情緒。我們想像自己失敗，想得一點也不含糊，用較普遍的字眼來說，就是想像得逼真且鉅細靡遺。我們一再反覆地想像自己的失敗形象，我們回到記憶裡，挖掘出過去失敗的記憶圖像。

記得之前我一直強調的：我們的神經系統無法分辨想像經驗與真實經驗之間的差異。我們的自動創意機制永遠都能視環境、情況和場合，而做出適當的行為與反應，關於環境、情況和場合，自動機制所能夠獲得的唯一資訊，是你對它們信以為真的想法。

> 關於環境、情況和場合，自動機制所能獲得的唯一資訊，是你對它們信以為真的想法。

神經系統不能分辨真實的失敗與想像的失敗

因此，如果我們一直想著失敗，而且持續逼真想像自己失敗的每個細

節，那麼失敗在我們的神經系統中會變得真實，我們就會體驗到伴隨失敗而來的感受。

我們無法窺見我們的自動機制是否準備好成功或失敗，但是我們可以用感覺來決定它目前的設定，當它設定的目標是成功，我們便能體驗到勝利的感覺。

抓住成功達成目標的感覺

如果操作你無意識的創意機制有個簡單的祕密，那就是：喚起、抓住、激起**成功的感覺**。當你有成功和自信的感覺，你會表現出成功的樣子，當這種感覺很強烈時，你幾乎不會犯錯。

「勝利的感覺」本身並不會使你成功地達成任務，而是成為你邁向成功之路時，象徵成功的信號或徵兆，它比較像是溫度計，並不會增加室內的溫度，而是測量溫度。但是，我們可以用一種非常實用的方式來利用這個溫度計，記住：**當你體驗到那種勝利的感覺時，你的內在機制是設定以成功為目標的。**

過多刻意的努力反而無法引發自發性，並且可能摧毀自發性的行動，只要確定你的目標或最後結果就好，這樣會讓事情更輕鬆有效。明確且逼真的想像自己的目標，接著，抓住「假設想要的目標已經達成時你會體驗到的感覺」就好。然後你就能自然而然、創意地行動；然後你就能利用潛意識中的力量；然後你的內在機制會準備朝成功邁進、導引你做正確的肌肉動作和修正、提供你創意想法、做任何為了達成目標所需的事情。

致勝感如何贏得高爾夫錦標賽？

蓋瑞・米德科夫博士（Cary Middlecoff）在《君子雜誌》中提到：「致勝感」（winning feeling）是他贏得高爾夫錦標賽冠軍的真正祕密。「四天前我第一次打入名人賽……我有一種感覺，我確定自己會贏得這場比賽，」他說，「我覺得在我所做的每一個向後拉桿到頂的動作裡，我的肌肉都處於

很完美的位置，讓我打到我想擊球的精準部位。在果嶺也是，那種奇妙的感覺又來了，我知道我沒有改變一點兒控制力，我雙腳的位置也和平常一樣；那種感覺一路指引我走向冠軍，清楚得就像是已經刻在我腦海裡一樣。有了那種感覺，我所要做的就是揮桿，然後讓一切順其自然。」

米德科夫接著說到，那種致勝感是「每個人打好高爾夫的祕密」，當你擁有那種感覺時，連球都會乖乖聽你的話，似乎控球背後的神祕力量就叫做**運氣**。

唐‧拉森（Don Larsen）是史上在世界大賽系列賽中唯一一個投出完全比賽的投手，他說前一晚他「有一種瘋狂的感覺」，他覺得自己隔天會投出完全比賽。

在一九五〇年代，全國的體育版都以頭條報導出身於喬治亞理工學院的小中衛強尼‧門格爾（Johnny Menger）在美國大學足球季後賽中的**轟動**表現。「那天早上起床時我有一種感覺，我覺得那天我會過得很精采。」門格爾說。

心靈控馭小檔案

獲得致勝感不只是指一場比賽或事件的「勝利」，它也是指當你在最佳狀態時的感覺，記住這種感覺，如此你才能一而再、再而三的重複它。每當你回憶起那種感覺，只要能跟當初創造時一樣仔細地回想，你就能一次又一次的體驗它。

「儘管費勁，但能克服」

在這種致勝感上，「儘管費勁，但能克服」這句話真的就是那麼神奇，它似乎能消去障礙和不可能，且利用失誤和錯誤以達到成功。詹姆斯‧凱西‧潘尼（J. C. Penney）道出父親給他的臨終遺言：「我知道吉米（吉米在英文中為詹姆斯小名）做得到。」從那時候起，潘尼就覺得自己總有一天會成功，雖然他沒資產、沒錢、沒受過良好教育。傑西潘尼連鎖百貨店是在許多不可能的條件和挫折的關頭下建立起來的，每當潘尼氣餒時，他會想起父親的預言，然後「感覺」自己總有辦法擊敗迎面而來的問題。

在致富之後，他又在大部分人退休許久後的年紀失去一切。他發現自己身無分文、過了年盛力壯的時期，找不出懷抱希望的理由，但是他又想起父親說過的話，於是很快地重拾致勝感，現在這種感覺已經成為一種習慣，他再次致富，在短短幾年內經營比以前更多家連鎖分店。

企業家亨利・凱薩說過：「當一項棘手、艱鉅的工作有待完成時，我會尋找對人生懷抱熱忱、樂觀的人，他有熱烈的自信去解決自己的日常問題，他富有勇氣和想像力，他把躍動的精力用在謹慎規劃和困難工作上，但仍說『儘管費勁，但能克服。』」

致勝感如何使雷斯・吉伯林成功？

《如何擁有與人相處的自信與力量》一書作者雷斯・吉伯林（Les Giblin），讀了本書第一章之後告訴我，結合了致勝感的想像力如何在他自己的生涯中發揮神奇的影響力。

雷斯曾是縱橫商場多年的成功推銷員和銷售經理，他曾經做過公共關係研究，在人類關係領域中榮獲某種程度的專家地位。他喜歡他的工作，但他想開拓其他的領域。人群是他的一大興趣，經過多年的研究之後，無論在理論與實際上，他認為他對人們與他人之間常發生的問題有了一些答案。他想教授人類關係，然而，他的一大障礙是缺乏公開演講的經驗。雷斯告訴我：

有天晚上，我躺在床上想著我生平最大的渴望。我唯一擁有過的公開演講經驗，是在銷售會議上向一小群人、也就是我自己的推銷員講話，以及我在軍隊中擔任兼職講師時的一點點經驗。只要想到站在一大群聽眾前，就把我嚇得不知所措，我就是無法想像自己能夠做到這點。不過，我能一派輕鬆的在我自己的推銷員面前發言，我面對一群士兵授課也沒有任何困難。

躺在床上，我從記憶中攫取向這兩種小團體講話時的成功和自信感，我憶起伴隨我自信感的所有偶然的小細節，然後，我想像自己站在一大群

聽眾前講授人類關係——同時擁有以前向一小群人演講時相同的從容和自信。我仔細的想像自己如何站在那裡，我能夠感覺到我的雙腳施在地板上的壓力，我能夠看到人們臉上的表情，我也能夠聽到他們的掌聲。我看到自己做了一次成功的演講——造成盛大轟動。

我腦海裡響起叮咚聲，精神為之一振，就在那一刻，我覺得我做得到。我把過去的自信和成功，與我對未來生涯的想像融合在一起，我成功的感受是如此真實，我知道在那一刻我就能做得到。我得到你所謂的致勝感，後來那種感覺從沒背棄過我。雖然在當時看來還沒為我開啟一扇門，夢想也似乎不可能，但不到三年的時間，我就看到自己的夢想成真——幾乎與我曾想像過和感覺到的一模一樣。因為我沒什麼名氣，也因為我缺乏經驗，沒有經紀人想要我，但這不會阻止我，我做自己的經紀人，直到現在還是這樣，我得到的演講機會多到塞不進行程表。

今天，雷斯已是一位人類關係方面的權威，他的書《如何擁有與人相處的自信與力量》也成為該領域中的經典，而這一切都始於他的想像和「那種致勝感」。

▋科學如何解釋致勝感？

心靈控馭科學為致勝感的運作開啟一個新視野。我們之前已說明過，電子自動控制裝置如何使用儲存資料，就像人類記憶一樣，去記住成功的行為，然後反覆地做。

技巧學習大部分是關於「試驗與錯誤」的練習，直到一堆安打或成功的行為被銘刻在記憶裡。

神經機械科學家已做出一種能學習走出迷宮、他們稱之為「電子鼠」的東西。電子鼠在第一次走迷宮時犯許多錯誤，它不斷撞到牆壁和障礙物，但每一次撞上障礙物時，它會轉九十度然後再試一次，若它撞到牆壁，它就轉彎，然後繼續前進。最後，在歷經許許多多的錯誤、停止、轉彎之後，電子鼠終於成功的走出迷宮。不過，電子鼠記住了成功的轉彎，

當下一次進入迷宮時，這些成功的動作會重現或重播，於是電子鼠便迅速有效率的走出迷宮。

練習的目的是做反覆的試驗，不斷修正錯誤，直到「擊出安打」。當做出成功的行為模式時，從頭到尾的整個行為模式不只會被儲存在我們所謂的意識記憶中，**也會儲存在我們每一個神經和組織裡**。通俗用語有時是形容得非常貼切傳神的，當我們說「我打從骨子裡覺得我做得到」時，其實差

> 練習的目的是做反覆的試驗，不斷修正錯誤，直到擊出安打。

不多說對了。當蓋瑞·米德科夫說「那種感覺一路指引我走向冠軍，清楚得就像是已經刻在我腦海裡一樣」時，也許在不知不覺中，他很貼切地描述出當我們學習、記憶或想像時，人腦運作的最新科學概念。

大腦如何記錄成功與失敗？

大腦生理學領域中領先群雄的專家約翰·埃克斯博士（John C. Eccles）和查理斯·謝靈頓爵士（Charles Sherrington）解釋，人類大腦皮質層是由大約一百億個神經元所組成，每個神經元擁有無數個軸突（觸角或「延伸電線」），而軸突能形成神經元之間的突觸（電性連結）。當我們思考、記憶或想像時，神經元會釋放出可測量到的電流。當我們學習某事或體驗某事時，大腦組織中的神經元就會形成某種模式的「神經鏈」（或某種模式的刻刺〔tatooing of a pattern〕），這種模式並不是實質的紋路或軌跡，而是一種「電性軌跡」——各種神經元之間的協定和電性連結，有點兒像錄音帶上用來記錄聲音的磁軌。因此，同一個神經元可能是好幾個不同模式中的一部分，使得人類大腦學習和記憶的能力幾乎無可限量。

這些模式或記憶痕跡，被儲存到大腦組織中以供將來使用，每當我們想起一項過去的經驗時，它們就被重新啟動或重播。

在《科學人》雜誌中一篇標題為「想像生理學」的文章裡，埃克斯博士說道：「細胞皮質間相互連繫的豐富程度是超乎我們所有人想像的，由於這個作用所包含的範圍極全面，所以我們可以把整個皮質層想成一個大單元的綜合活動。若我們現在決定把大腦視為機器，那我們必須說，它是

目前為止最複雜的機器。我們很想說，它比最複雜的人造機器——也就是電腦，還要複雜無限倍。」

簡言之，科學已證實，你在過去做的每一個成功行為，都是你大腦中記憶痕跡的「刻剌」或行為模式，如果你能激起火花，讓那個行為模式重新復甦或重播它，它就會自我執行，然後你所要做的就只有「揮桿」，接著讓一切順其自然。

當你重新啟動過去的成功行為模式時，你也重新啟動了伴隨它的感覺定調，或是致勝感。同樣的，如果你能重拾致勝感，你也會誘發所有伴隨它的「致勝行為」。

一事成則萬事成

曾任哈佛大學校長（一八六九到一九○九）的查理斯·威廉·艾略特（Charles William Eliot），做過以「成功的習慣」為題的演講。他說，在小學時經歷過許多失敗，是因為學生從一開始就沒得到過或許能使他們**成功**的足夠工作量，因此他們也沒機會培養出「成功的氣氛」，或是我們所謂的致勝感。他說，沒在學生時期早點體驗到成功的孩子，便沒機會培養成功的習慣——在承擔一項新任務時產生信念與信心的習慣性感覺。他敦促老師們，為了讓學生**體驗成功**，應趁學生小的時候盡早為他們安排工作，那些工作應該要在學生的能力範圍內，也要有趣到足以喚起他們的熱忱和動機。艾略特博士說，這些小小的成功會給予學生成功的感覺，這種感覺會是未來所有的事業和工作的珍貴助力。

我們能夠獲得成功的習慣，我們遵循艾略特博士給老師們的建議，便能夠在任何時間、任何年紀把它建立到我們的皮質模式和成功的致勝感之中。如果我們習慣性地受挫於失敗，我們就很有可能得到**習慣性的「失敗感」**，那會感染到所有的新任務上，但藉著安排讓自己在小事情上成功，我們就能建立成功的氣氛，然後將這種氣氛帶入更大的挑戰中。我們能漸漸承擔更艱難的任務，然後，在圓滿達成後，就能挑戰

> 藉著安排讓自己在小事情上成功，我們就能建立成功的氣氛，然後將這種氣氛帶入更大的挑戰中。

下一個更艱難的任務。**成功幾乎是建立在成功之上的**，俗語說「一事成則萬事成」，是有它的道理的。

祕密在於循序漸進

舉重運動員剛開始舉重時的重量是他們**能夠**舉起的，然後隨著時間過去**漸漸**增加重量，好的拳擊經紀人會讓新人拳擊手在開始時先遭遇輕鬆的對手，然後再**慢慢**讓他與更有經驗的對手較量。我們可以把同樣的原理應用在幾乎任何需要努力的領域裡，這個原則不過就是從你能克服的「對手」開始，然後循序漸進地往更困難的任務移動。

帕洛夫在臨終前，被要求給他的學生如何成功的最後一點建議，他的答案是「熱情與循序漸進」。

即使在我們已經培養出的高度技巧的範疇裡，有時這個原則仍有助於「後退一點」、眼光低一點並以輕鬆自在的心情練習——當一個人在過程中遇到瓶頸、努力想得到一點進步卻都徒勞無功時，這句話最實在了。不斷竭盡心力地想超越瓶頸，很可能反而培養出感覺壓力、困難、費力的不良習慣，要面對這樣的情況，舉重運動員會減少槓上的重量，然後練習「輕鬆舉重」一陣子。

一個陷於膠著狀態的拳擊手也會選擇和一些較好應付的對手較量。蟬聯數屆世界極速打字冠軍的亞伯特・唐格拉（Albert Tangora），每當遇到加快速度的停滯期時，會練習「慢打字」（一般速度的一半）。我認識一個很出色的推銷員，他利用同樣的原理讓自己走出銷售低潮期，他停止做大筆銷售，不再賣給難搞的客人，只專注於向他知道的「容易受影響」的客戶成交小筆生意。

如何重播你內建的成功模式？

每個人總會在過去的某個時間點有成功的體驗，不一定要多盛大的成功，可能是挺身而出反抗學校惡霸並且打倒他、贏得學校文法比賽、贏

得公司旅遊時的麻袋競走比賽、在少年時打敗情敵贏得美人芳心等不重要的事，也或許那是一個成功銷售的記憶、你最成功的商場交易、在縣市展覽中榮獲糕點製作第一名，都可以。**成功感的重要性，大過於你成功的事實**，你所需要的是，在你想做的事情上的成功經驗、在達到你所設定要達成的目標時所擁有的滿足感。

回到記憶中讓那些成功的經驗重現，在你的想像裡，讓整個畫面盡量鉅細靡遺的復甦。讓你腦海的眼睛「看到」的不只是主要事件，還有所有伴隨你成功的小細節：當時有些什麼聲音？你周遭的環境如何？那時你身旁還發生了什麼事？四周有些什麼東西？那是哪一年？你覺得冷或熱……你想得愈仔細愈好。

如果你能記起過去某個時間裡你成功時一切事情的足夠細節，你會發現自己現在的感覺就和當時一樣。尤其要試著回憶起你當時的感覺，如果你能回想起過去的感覺，那些感覺就會在現在重新啟動，你會發現自己感到自信，因為自信是建立在過去成功的記憶上。

> 如果你能回想起過去成功的感覺，你會發現自己感到自信，因為自信是建立在過去成功的記憶上。

現在，喚醒了這種「成功的普遍感覺」之後，把你的心思放在重要的買賣、會議、演講、商業交易、高爾夫錦標賽，或是任何你現在想成功的事情上面。利用你的創意想像力去想像你自己會如何表現，以及**假若已經成功時**會有什麼感覺。

正面與建設性的擔心

在腦海裡開始把全面、必然成功的這個想法演練一遍。別勉強自己，別企圖勉強你的腦袋，別試著用努力或意志力來達成順你心意的結果。就做你擔心時會做的事，只要「擔心」一個正面的目標和想要的結果，不要管負面目標和不想要的結果。

一開始，不要強迫自己抱持絕對會順利成功的信念，那會讓你在精神上的壓力大到難以消受——至少在剛開始的時候。要使用循序漸進法則。請先回想當你擔心未來時預期最終結果的情況；當你擔心時，你不會

一開始就試圖說服自己結果會是你不想要的，你通常是循序漸進地先有個假設，你在心裡告訴自己：「假設事情會這樣和這樣的發生……」你在心裡一再重複這樣的想法，也就是「演練」。接下來是想法的「可能性」，「這個嘛……畢竟，」你說，「這樣的事情是有可能的。」它**可能**發生。然後就是心靈的想像，你開始想像自己有各種負面結果的可能性，你一次又一次的播放這些想像出來的畫面——加上小細節和細部改進。當畫面對你而言變得愈來愈「真實」時，適當的感受會開始自動呈現，好像想像的結果已經發生了似的——這就是恐懼和焦慮產生的方式。

如何培養信念與勇氣？

培養信念和勇氣的方式也是一樣，只不過你的目標不同。如果你要把時間花在擔心，為什麼不做建設性的擔心呢？一開始先描繪出最想要的可能結果，然後讓它變得明確、具體。用「假設」做為開始，「假設最佳的可能結果真的發生了會怎樣？」接下來，提醒你自己，終究這是**可能**發生的，並不是說它在這個階段會發生，只是說它**可能**發生。提醒你自己，畢竟，這麼好又這麼令人滿意的結果，是**可能**的。

> 如果你要把時間花在擔心，為什麼不做建設性的擔心呢？

你可以在心裡接受和消化這些逐漸增強的樂觀想法和信念，在想法上把想要的結果變成確實的「可能性」，開始想像令你滿意的結果會是怎樣。檢視一遍這些心靈想像，描繪出細節和細部改進，然後在你的腦海裡一次又一次的播放。當這些心靈想像變得更清楚、分明時（因為不斷的重複播放），你會發現，一旦**更適當的感覺**開始自動呈現，就好像最想要的結果已經發生了似的。這次，適當的感覺會是信念、自信、勇氣等——全都配備在致勝感的包裹裡。

▎別向你的恐懼徵求意見

驍勇善戰的喬治・巴頓將軍（Geroge Patton）在二次世界大戰中獲得

「鐵膽老將」的美譽，一次，他被問到是否會在戰爭前感到害怕。他說，是的，他常常在重要的約會前、有時是在做戰時感到害怕，但是，他補充道：「**我從來不向恐懼徵求意見。**」

如果你在執行一項重要的任務前真的感受到負面的失敗感（恐懼與焦慮）——就像每個人偶爾都會有的狀況，不能就此視為你會失敗的「確定徵兆」。結果完全取決於你對這些負面感覺的反應和你所抱持的態度，如果你聽信、服從那些負面感覺，並且向它們「徵求意見」，那麼你也許會表現得很糟糕。但是，這是可以不必發生的。

首先，重點在於要了解，失敗的感覺（恐懼、焦慮、缺乏自信）不是天諭的至理名言，它們不是占星的結果，不是神聖的教義，也並非暗示著失敗是天意和註定的命運。這些感覺源自於你自己的心靈，它們只代表了**你內心的態度**——並非跟你作對的外在事實。它們只代表你低估了自己的能力，高估和誇大了你所面臨的困難的本質，也表示你重新啟動了過去失敗的記憶而非成功的記憶。這就是它們所代表的一切，以及它們所意味的一切；它們不代表、不涉及未來事件的真相，只意味著你自己對未來事件的心態。

> 失敗的感覺不代表、不涉及未來事件的真相，只意味著你自己對未來事件的心態。

知道這一點之後，你就能自由的選擇接受或拒絕這些負面的失敗感——順從和徵求它們的意見，或是忽視它們的建議並繼續往前走，更甚者，你能收服它們為己所用。

將負面感覺接納為挑戰

如果我們積極且正面地反應給負面感覺，那些負面感覺會成為我們的挑戰，而挑戰會自動喚起我們內在更多的力量和能力；假如我們對困難、威脅、危險等想法積極而非消極地反應，那麼那些想法會喚起我們內在的額外力量。在上一章裡，我們了解某種程度的「激動」（如果能正確地解讀和運用）不但不會妨礙表現，反而有助於表現。

這一切都取決於個人和他的態度，無論是否將負面感覺當做有利條件

或不利條件。舉一個顯著的例子：杜克大學超心理學實驗室的創辦人萊恩博士曾說，當實驗對象試著去「猜」一疊特殊紙牌裡的卡序，或是用任何其他方法測試他的心電感應能力時，一般的負面暗示、分心或旁觀者所表達的不信任，都會對其成功率產生決定性的不利影響。讚美、鼓勵或幫實驗對象打氣，幾乎都能使他表現得更好。打擊和負面暗示，幾乎都能保證測試成績立即急速下降，然而，偶爾會有實驗對象把這樣的負面暗示當做「挑戰」，然後表現得更好。

舉例來說，一個名叫皮爾斯的實驗對象在純隨機（從一疊二十五張的卡片中正確「叫牌」五次）的積分上一直很好，萊恩博士決定刺激皮爾斯做得更好。他所遭遇的挑戰是，在每次試驗之前，有人打賭他不能正確地叫出下一張牌。萊恩博士說：「很顯然在那一輪，皮爾斯被激發出高昂的鬥志。賭注很簡單，就是引導他滿腔熱忱的投入測試。」皮爾斯把二十五張牌全叫對了！

一名九歲的小女孩莉莉安，在假如失敗時不會面臨風險也沒什麼好擔心的情況下，會做得更好。然後他們為她設計了一個「壓力情況」——如果她把一疊卡通通叫對了，就能得到五十分錢。在測試期間她的嘴唇會不斷的動，好像在跟自己講話似的，她把二十五張卡都叫對了。當被問到她對自己說了些什麼時，她顯露出自己面對威脅時的積極、正面態度，她說：「我當時一直希望我能答對那二十五張牌。」

收到負面「暗示」時，反應要積極進取

每個人都知道，人是真的可以被別人口裡那句「你做不到」洩氣和挫敗的。但是另一方面，也有人在聽到同樣這句話時燃起鬥志，更堅決要成功。亨利・凱薩的一位同事說：「如果你不希望亨利做某件事，你最好別犯這種錯誤——告訴他說不可能或他做不到——因為他不成功便成仁。」

當別人給予負面暗示時，我們要以積極、正面的態度回應我們自己對「負面暗示」的感覺，這不僅是可能的，而且完全切實可行。

> 以積極、正面的態度回應負面暗示，將它變成我們的助力。

▌不要光想著抵抗邪惡

感覺不是可以用意志力直接控制的，感覺不能量身定做，也不能像水龍頭一樣可開可關。**雖然感覺不能受制於我們，但感覺可以被誘發**；雖然感覺不受意志行為的直接控制，但可以被間接控制。

一個「不好」的感覺不會被有意識的力量或意志力消除，然而，它可以被另一種感覺所取代。如果我們不能用正面對決的方式來趕走一種負面感覺，那我們可以用一種正面的感覺取而代之，以達成同樣的結果。請記住，**感覺是伴隨想像而產生的**，感覺與我們神經系統接受為「真實」或「環境真相」的事件一致且相稱，每當我們發現自己感受到不舒服的感覺氛圍時，我們就不應該專注於這種討厭的感覺，甚至**不要想到要去消除它**，相反的，我們應該立即把焦點放在正面的想像上——讓腦子裡充滿健全、正面、滿意的畫面、想像和回憶。假如我們這麼做，負面的感覺會自尋出路，消失無蹤，而我們也培養出與新想像相稱的新感覺氛圍。

> 每當我們感受到不舒服的感覺時，就不該專注於這種討厭的感覺，相反的，我們應該立即把焦點放在正面的想像上。

另一方面，如果我們專注於消除或攻擊憂慮的想法，我們必定會專注於負面感覺，而且即使我們成功的消除了一個憂慮的想法，卻可能有另一個（甚至好幾個新的）憂慮的想法闖進來，因為我們大體上的心靈氛圍仍是負面的。耶穌警告我們，驅除心靈中的一個惡魔，如果我們沒有填滿空虛的空間，只會讓另外七個惡魔趁虛而入。祂也告戒我們，不要一昧抵抗邪惡，而要以善制惡。

以取代法治療憂慮

心理學家馬修‧夏培爾博士在他的書《如何控制憂慮》中所推薦的，也是一模一樣的方法。夏培爾博士說，**我們會憂慮，是因為我們對一件事反覆練習憂慮，直到熟悉它為止**。我們習慣沉溺於以往事件的負面想像，也沉溺於期待未來，這種憂慮會創造緊張，然後憂慮的人會「努力」停止

憂慮，進而引發惡性循環；努力會增加緊張，而緊張會製造一種「憂慮的氣氛」。

夏培爾博士說，**憂慮的唯一療方是養成一種習慣，立即以快樂、健全的心靈想像來取代「憂慮想像」**。每次當實驗對象發現自己變得憂慮時，他要把這個現象視為一種「信號」，然後立即讓腦子裡充滿過去的愉快畫面，或是充滿對未來愉快經驗的期待，到時憂慮自然會不擊而潰，因為它反而變成了抗憂慮的刺激物。夏培爾博士還說，憂慮者的任務不是去克服某種特殊的憂慮來源，而是要改變心理的習慣，因為**只要心理設定或準備好一種「我希望不會有事發生」的消極、失敗主義態度，就一定會發生需要擔憂的事情。**

中心心理學學院的創辦人大衛・錫伯瑞（David Seabury）說，他父親給過他最好的建議是，每當他感到負面的感覺來襲時，就練習正面的心靈想像——立即且適時。負面的感覺不擊自潰，變成一種引發喚起心靈正面狀態的條件反射作用的「鳴鐘」。

當我還在醫學院求學時，我記得有一次被教授點名回答病理學科目的問題。不知怎麼的，當我站起來面對其他同學時，我內心充滿了恐懼和焦慮，所以無法適當的回答問題，但是在其他場合，當我透過顯微鏡觀察載玻片然後回答眼前試卷上的打印問題時，我的表現就不一樣了，我放鬆、自信、肯定自己，因為我很清楚自己的拿手科目，我有那種致勝感，而且做得非常好。

我在那一學期間評估自己的表現，之後每當我站起來回答問題時，我假裝沒看到任何聽眾，而是**透過顯微鏡在做觀察**；當被點名回答問題時，我放鬆，用致勝感來取代負面的感覺。到了學期結束時，我在口試和筆試方面的成績都非常出色，負面的感覺最後終於變成一種創造喚起致勝感的條件反射作用的鳴鐘。

今天，我在世界上任何地方的任何集會上，都能從容的演講，因為我能放鬆自己，並且知道自己演講時在說些什麼，更重要的是，我會讓別人加入談話，並且使他們也感到放鬆。

在二十五年整形醫師的執業經驗裡，我所做過的案例有因作戰而傷

殘的士兵、天生畸形的孩子,以及在家裡、高速公路、工廠意外受傷的男性、女性和兒童。這些不幸的人們認為他們絕不可能擁有致勝感,但是,經過重建並使他們的外貌恢復正常後,我成功的幫他們以未來的一個希望取代了他們的負面感受。

在給予他們獲得致勝感機會的過程中,我自己對於擁有這種感受的技術也變得愈來愈專精,藉著幫助人們改善他們的自我形象,我也改善了我自己的。如果我們想要過得更好,我們所有人都必須這樣對待自己內心的疤痕。

▌你要重播什麼記憶?

你的內心是一個廣闊的心靈倉庫,貯藏了過去的經驗和感覺──有失敗、也有成功的。就像卡帶上被閒置的影音記錄一樣,這些經驗和感覺是被記錄在你皮質裡的神經記憶痕跡中,裡頭儲存的有歡喜結局的故事,也有痛苦結局的故事,每一個都同樣真切,每一個都同樣實在,**要重新播放哪一個,選擇操之在你。**

關於這些記憶痕跡的另一項有趣科學發現是,它們可以被改變或修飾。藉著「錄進」額外的材料,或是覆蓋上另一個記錄來取代舊記錄,是可以稍稍改變影音記錄的。

埃克斯和謝靈頓博士告訴我們,人類大腦裡的記憶痕跡在每一次「重播」時都會稍稍被改變,被重播的記憶會沾染一些我們當下對它的情緒、思想和態度。而且,每個個別的神經元都有可能變成也許一百個截然不同的模式的一部分──頗似果園中的單株樹可能形成四方形、長方形、三角形和更多較大四方形等等的一部分。在原始記憶痕跡中的神經元,它是其中的一部分,但它同時也是隨後發生的記憶痕跡本質中的一部分,因此,原始記憶痕跡受到了些微的更改。

這個事實的發現不僅非常有趣,而且相當令人振奮,我們因此有理由相信,負面與痛苦的兒時經歷、創傷等等,並不像某些早期心理學家令我們相信的那般永久與無可挽回。我們現在知道,不僅過去能夠影響現在,

而且現在很顯然也能影響過去，換句話說，我們並未被過去的事情所判定或詛咒。那些我們的記憶痕跡中真的存在痛苦的童年經驗和創傷，並不代表我們就要受到那些記憶痕跡的擺佈，也不代表我們的行為模式是「定型的」、已決定好的、無可改變的。我們目前的想法、我們目前的心靈習慣、我們對未來經歷的態度和我們對未來的態度，都對舊的記憶痕跡有一分影響力。**舊的記憶痕跡，是可以被我們現在的思想所改變、修飾和取代的。**

> 不僅過去能夠影響現在，現在很顯然也能影響過去。

舊記錄可以被改變

還有一個有趣的發現是，一個既有的記憶痕跡被啟動或「重播」的愈多次，它的影響力就愈大。埃克斯和謝靈頓博士告訴我們，記憶痕跡的永久性來自於突觸效能（組成神經鏈的個別神經元之間接觸的效能和容易程度），此外，突觸效能會隨著使用而增進，也隨著不使用而削弱。這裡要再次強調，遺忘或忽略那些痛苦的過往經歷，並且專注於滿足和愉快的現在的觀點，是具有良好的科學根據的。透過這樣的做法，我們強化了與成功及快樂有關的記憶痕跡，並削弱與失敗及痛苦有關的記憶痕跡。

這些觀念並非來自於對憑空捏造的虛幻目標如「本我」、「超我」等等漫無邊際的推測、故弄玄虛的胡謅，而是來自於科學對大腦生理學的健全研究，它們的根據是可觀察到的事實與現象，而非虛幻不實的理論；它們對恢復一個人的尊嚴大有助益，能使他重新變回有擔當的神之子，去面對他的過去與規劃他的未來——相對於他過去經驗中無助受害者的形象。

然而，這個新概念中的確帶有責任感。你不再從責怪父母、社會、你的早期經驗或別人對你目前問題的不公待遇中病態地產生藉慰，這些事情也許且應該能幫助你了解「你是怎麼走到今天這一步的」，但**為過去的錯誤責怪別人、甚至責怪你自己，並不能解決你的問題或改善你的現在或未來。**責怪你自己不會幫你記一支嘉獎，從過去就能了解你是怎麼達到目前的處境的。就像一臺壞掉的留聲機，你可以一直播放同一張過去的破舊唱

片、重現過去的不公情景、為過去的錯誤自我憐憫——一切都只是重新啟動影響你現在和未來的過去失敗模式和失敗感。

或者，你可以放上一張新唱片，重新啟動幫助你在現在做得更好並展望更美好未來的成功模式和致勝感。

當你的留聲機播放了你不喜歡的曲子，你不需要迫使它做得更好，你不需要特別努力或使用意志力，你不需要到處敲打留聲機，你也不需要試著改變曲子本身，你只要**換掉那張正在播放的唱片**，音樂聲就會自然洋溢出來。把同樣的技巧用在來自於你內在機器的音樂上，**別用你的意志直接對抗音樂**，只要同樣的負面心靈想像（因）佔據住你的注意力，就不會產生一絲一毫能改變音樂（果）的力量。取而代之的做法是，你試著放上一張新的唱片，**改變你的心靈想像，感覺會順其自然的發生。**

要記憶的重點

（在此填入）

1.

2.

3.

4.

5.

你的案例記載

在此列出一項你過去的經驗，並依本章所提供的原理加以說明。

Chapter 15

更有生命力的人生
－人生中的每件事都是心靈想像－

當先知在荒漠中忍著飢餓，
上帝從天上降下一張包裹著食物的被單。
只是對先知而言，
那看起來不太像一頓好餐，
食物看起來「不潔」，
而且還有各種「鑽來鑽去的東西」。
天上的神斥責他，
告戒他不准稱神賜予的東西為不潔。

失敗機制會加速老化的速度嗎？

坦白說，醫療科學對這類問題還沒有最終的答案。不過，從已知的事實中推出某些結論和相關線索不僅是可能的，而且還很切合實際。在本章中，我想告訴讀者一些我相信、而且對我有實用價值的事情。

威廉‧詹姆士曾經說過，每一個人，包括科學家，對於已知但尚未證明的事實，都會培養出自己的透澈信念。做為一種實際的度量工具，這些透澈信念不僅是可允許的，而且是必要的。**我們對未來目標（有時是我們無法預見的）的設想，支配了我們目前的行動和實際作為**，哥倫布在發現新大陸之前，他必須先假設西方有一塊大陸，否則他根本不會出航──或者出航了，但不知道該設定他的路線朝向東南西北哪一方。

只有在相信假設為真的前提之下，才有可能做科學研究，研究實驗不會是倉促成立或漫無目的的，而是經過指導且為目標取向的。科學家在知道該做哪種實驗、或知道該從哪裡尋求也許能夠證明或反駁他所假定的真相的事實之前，必須先成立一個假定的事實，此假說並非依據事實、而是依據線索來成立的。

在最後一章裡，我想以一個平常人而非醫學博士的身分，與讀者分享一些我自己的透澈信念、假設和哲學。正如心理學家漢斯‧樹萊博士（Hans Selye）所言，有些「事實」是醫學無法使用、但卻可為病人所用的。

> 只有在相信假設為真的前提之下，才有可能做科學研究。

追尋更多生命力：療癒與青春的祕密

我相信我們的血肉之軀──包括大腦和神經系統，都像機器一樣，是由無數更細微的機械所組成，而且全都是含有目的或目標導向的。然而，我不相信人類是臺機器，我相信，人的本質賦予這臺機器生命力，這種本質存在於機器之內，導引並控制它，把它當做一種工具。人不是機器，也不是電所流經的電線或電所發動的馬達。我相信人類的本質是不受物理定律支配的。

多年來，許多科學家（心理學家、生理學家、生物學家）都懷疑有某

種宇宙「能量」或活力在使人類機器運轉。他們也猜測,這種能量的量和它被使用的方式,正好說明了為什麼有些人就是比其他人對疾病更有抵抗力,以及為什麼有些身強體壯的人活得比別人久。而且相當明顯的是,這種基礎能量的來源(無論是什麼)是我們從食物中攝取到的表面能以外的東西。卡路里能量無法解釋為什麼一個人能夠從一次危急的手術中迅速復原、禁得起長期不斷的壓力或熬過類似情況。我們總說這種人是擁有強壯體格的人。

長壽健康的人所展現出來的強壯體格,似乎與深受我們掌控的元素有關──一點也不是永無止境的設定和重設目標──如此我們才能擁有活下去的意義。

一位聲名卓著的專業演講者,在那個圈子裡有三十多年了,最後終於開始感到油盡燈枯,不是對於演講本身,而是對於不斷旅行期間無數個在空虛的旅館房間的夜晚所帶來的折磨和挫折感。朋友們提到,他們看得出來旅行使他變老,他幾乎要離開他所熱愛、而且可說是具有人生意義的行業。大約在同時,也許是已預期快要退休的關係,他拾起高爾夫球桿,變得對它相當入迷,甚至可說是上癮,後來還成為一位行家。有一天,在一次長途的飛行中,他腦海裡靈光乍現,蹦出一個新目標:在高爾夫協會所涵蓋的每個州,至少參加一次著名的比賽。他開始在想像中仔細琢磨這個想法,看到自己在以高難度而聞名的圓石灘一桿入洞後受人拍照留念,在阿拉斯加鄉間的高爾夫球場長草區上笑得合不攏嘴。

這層考量變得愈來愈認真,直到他發現自己在其後的日子裡也常常這樣思考。他決定在接下來十天的旅程裡拿起球桿試試,並規劃在幾個約會之間打幾場高爾夫,不意外的,他發現自己很期待隔天的旅程,而不再懼怕。鎖定了這個新目標之後,他找到全新境界的熱情和能量來當做演講的靠山──演講地點附近有他想去的高爾夫球場。他不僅為自己的生涯注入一股新的生命力,也可說他把新的生命力注入了自己的人生。

你比自己的實際年齡老還是年輕?計算可說是一種隨心所欲的事情,如果我們的每一年都是十五個月而不是十二個月,那麼你現在要慶祝的會是不一樣的生日。較小的數字也許能夠使你確信自己有個不同年齡的自我

形象，而且你也許在感覺和行為的表現上都異於以往。有人從三十五邁向六十五，也有人從六十五邁向三十五，這樣的人我們都看過。我猜大家都喜歡事情不要太極端，但無論怎麼思索年齡本身的問題，我們都要追尋更多的生命力。

科學發現生命力

這種生命力是由蒙特利大學的漢斯・樹萊博士所證實的科學事實。自一九三六年起，樹萊博士投入研究壓力問題。從臨床和無數實驗室實驗與研究中，樹萊博士證實，有一種他稱之為「調適性能量」的基本生命力存在。即便是生命的過程本身就會構成壓力——或者不斷的調適，樹萊博士發現，人體有各種不同的防禦機制（局部適應症候群）來抵禦各種特定的壓力，以及一種一般防禦機制（一般適應症候群）來抵禦非特定壓力。「壓力」，包括了任何需要調適或調整的東西，像是極熱或極冷、被病菌侵襲、情緒緊張、生活艱苦，以及所謂的老化過程等等。

適應性能量一詞，是從「在不斷調適的工作中所消耗掉的能量」引申出來的，有別於我們從食物中攝取到的熱量，但這只是個名詞，我們對於這種能量會是什麼，還沒有準確的概念。

——漢斯・樹萊，《生活中的壓力》

樹萊博士寫過十二本書和數百篇文章，來闡釋他的臨床研究和他對健康與疾病的壓力觀念。如果我試圖證明他的案例，只怕會弄巧成拙、幫了倒忙，在此我只要說他的發現被全世界的醫學專家所認同就夠了。如果你想知道更多關於他的研究發現，我建議你讀樹萊博士為門外漢所寫的《生活中的壓力》。

對我而言，樹萊博士真正的重大事件是證明了，人體具備維持自身健康的能力，能夠療癒自身疾病，並且能巧妙應付導致我們所謂老化的因素而常保青春。他不僅證明了人體有能力療癒自己，也在最終的分析中證明

了這是唯一一種的療癒方式。藥物、外科手術和各式各樣的療法研究，大部分不是在身體的自我防衛機制削弱時刺激它，就是在它太過旺盛時減緩它。適應性能量本身才是最後會戰勝疾病、療癒創傷或燒燙傷、或戰勝其他壓力源的那道防線。

這是青春的祕密嗎？

這種活力、生命力或調適性能量——隨便你怎麼叫——展現在許多方面。療癒創傷的能量和維持我們身體其他器官的功能的能量**是一樣的**。當這種能量達到最佳狀態，我們所有的器官都運作得更好，我們感覺舒暢、傷口癒合更快、對疾病更有抵抗力、從任何壓力下都恢復得更迅速、感覺與行為都更年輕，而且事實上，我們從生物學的角度來看也更年輕。由此可知，這種生命力在各方面的展現可能是相互關聯的；我們也能假定，任何對我們來說能使這種生命力更豐富、能湧出更多生命要素、能幫助我們更佳善用它的東西，就有益於我們的「整體」。

我們也許能導出這樣的結論：任何有助於傷口更迅速癒合的非特定療法，可能也能讓我們感到更年輕。任何幫助我們克服疼痛的非特定療法，也許能——舉例來說——促進視力。而這正是醫學研究目前正在前進的方向，前景一片光明。

科學正在研究青春的靈丹妙藥

在這本書初版的這一章裡，我詳盡說明了當時（一九六〇年）某項醫學研究和前景看好、即將成為明日最耀眼的「醫學奇蹟」。我認為，在五十多年後的今天的實際發展下再重溫那些評論，你應該會覺得非常有趣。千真萬確的是，儘管在特定療法上有所改變，人們對於傳說中青春之泉的追尋卻永不停息；今日，人類生長激素注射在好萊塢名人、有錢的主管階級、年華逝去的運動員間襲捲起一陣狂潮，也在許多誇大不實的非處方成藥間掀起標榜效果雷同的仿效旋風，類似產品瞬間擠滿健康食品商店

和藥房等類似店家的售貨架。也許你讀過或使用過DHEA營養補充劑、睪酮貼片等等。

飲食、運動、某些藥草和營養補充劑和藥方一樣都具有影響性，無疑的，未來仍會出現許多令人興奮的發現與突破。當然，我們在醫學上已向延長生命跨出一大步，但在生活品質方面仍未竟成功。

然而，我對於延長心理壽命比較感興趣。為了結合這兩者——生理與心理——我曾追尋過或許能夠解釋為什麼有些病人的手術傷口比其他人癒合得更快的其他要素或一般起源，並且發現到，為了這個目的而使用的藥物，用在某些人的身上，效果比其他人好。這件事情發人深思，因為用大鼠所做的實驗，結果幾乎是一致的。一般說來，大鼠不會感到憂慮或挫折，不過，藉著使牠們癱瘓、無法自由移動，是可以誘發大鼠的挫折和情緒壓力的——癱瘓能挫敗任何動物。

戴夫‧沃伊納羅斯基博士（Dave Woynarowski）是《長壽的優勢條件》一書的作者，他對於青春之泉以及在老化問題方面的失敗與成功效應，提供了現代科學的觀點：

今日許多閱讀《第一本改造生命的自我形象整容術》的人，在未來的五到十年極可能從細胞生物學和端粒科技中獲得某些改善。

幹細胞生物學，是對於我們體內再生和長壽細胞的研究。幾乎每一種身體細胞都能從幹細胞中再生，而幹細胞是製造人體新健康組織不可或缺的必要細胞。

端粒是位於每一個健康染色體末端的一種結構，隨著我們老化，這個個體細胞的「時光守護者」也隨之變短。變短的過程幾乎可以跟每一種經驗證與老化有關的疾病扯上關係，像是心臟病、糖尿病、癌症、關節炎和阿茲海默症。

在一般細胞和幹細胞中，端粒長度的增加似乎能延長我們的壽命和增加人生中健康的時光。我相信真正的青春之泉，確實存在於我們的基因藍圖裡。

在科學繼續深入研究這些議題的同時，另有資訊揭露生活方式和行為

如何對我們的老化造成影響，也有證據指出，我們的心智概況和我們如何對待自己，會直接影響到我們細胞和身體的內部運作。

舉例來說，假如處理不當，壓力可能使人們提早老化。在高壓環境中成長的孩子，擁有「表現」出比他們生理年齡老十歲以上的細胞成分，他們的端粒比平均值短。

當你測量用來判定一個人有壓力的化學物質時，你會看到兩種與更迅速老化有相互關係的東西：較短的端粒，以及加速更新的幹細胞（為了取代因壓力事件而受損的細胞組織）。

許多研究都指出，大體而言，富有的人比貧窮的人活得久，生物時鐘（端粒）也比較長。在教育程度上，我們看到的是幾乎同樣的狀況：教育程度較高者正好有較佳的整體健康狀況，也較長壽；同時，受過教育的人比較容易成功，這或許不是巧合。

正面的心態會讓你的人生健康長壽，並促進你成功的機會嗎？從科學的角度上來看是正確的，我們可以說，它也許不是青春之泉，但它可以讓你活得夠久到成為身受其利的見證人。

沃伊納羅斯基博士之研究的更多相關資訊，請參見他本人的網站：drdavesbest.com。

失敗機制如何對你造成傷害？

已有實驗室研究證實，當人處在挫折的情緒壓力下時，極小的創傷也許可能較快癒合，但那些真正的創傷卻會因為情緒壓力而變得更糟，有時甚至會無法癒合。此外，腎上腺在遇到情緒壓力時的反應，很類似於它遇到生理組織損傷時的反應，這也是經過證實的。

因此或許可以說，每當身體遭受損傷的時候，挫折和情緒壓力（以及之前提到的那些失敗機制的要素）的產生簡直是雪上加霜。假如身體的損傷非常輕微，有的情緒壓力也許會刺激防衛機制的啟動，但如果發生了真正明顯或嚴重的身體損傷，加諸於其上的情緒壓力只會讓它變得更糟。這

給了我們一個停下來思考的理由，如果老化是由於用光了我們的適應性能量所導致的——這個領域中的大部分專家似乎都這麼認為——如此一來，當我們又沉溺於失敗機制的負面構成要素，我們幾乎在用光這個能量之前就會變老。

迅速療癒者的祕密是什麼？

在我的人類病患中，有的並未接受免疫血清，但其中有些人對手術的反應，跟其他有接受免疫血清的一般病患一樣良好，原因並不能用年齡、飲食、脈搏速率、血壓等的不同來解釋。然而，所有的迅速療癒者都有一個共同且極易辨認的特點：

他們都是樂觀、開朗的正面思考者，他們不僅希望能夠盡快康復，而且一定有某種無法抗拒的**理由或需求**促使他們迅速康復。他們擁有值得期待的事情，那件事情不僅僅是他們生活的目標，也是他們想康復的目的，「我必須回到工作崗位上。」「我必須脫離這種情況，才有辦法完成我的目標。」

簡言之，他們就是我之前所提過成功機制的特性和態度的縮影。

思想帶來感官與功能上的改變

我們的確都知道：心態可以影響身體的療癒機制。安慰劑或糖片（內含惰性成分的膠囊）長久以來一直是醫學之謎，它們不含有任何具有療效的藥，但當為了測試一種新藥的功效而把安慰劑給予一個控制組時，拿到假藥的對象幾乎都會呈現出一些改善，而且程度上往往不亞於拿到真藥的對象。拿到安慰劑的學生實際上對感冒所表現出的免疫力，比拿到新感冒藥的那組更好。

加拿大皇家海軍曾在第二次世界大戰期間測試一種新的暈船藥，第一組的人拿到新藥，第二組的人拿到糖片。在這兩組中，暈船的人都只有十三％，而未拿到任何藥物的第三組，暈船者佔了三十％。

「暗示」不能說明什麼

如果要讓這個方法有效，就一定不能跟拿到安慰劑的病人說那是假藥，他們**相信**他們拿到的是會「帶來療效」的合法藥物。把安慰劑的效用看成「只是由於暗示」，並不能說明什麼，更合理的推論是，在服用「藥物」後激起了對進步的期待，**於是在心裡設定健康的目標形象，然後創意機制便順著身體自己的療癒機制去完成目標。**

▌我們把自己想老了嗎？

我們也許會做十分相似的事，只是倒過來而已——當我們到了某種年紀會無意識地「預期變老」。

一九五一年在聖路易斯市舉辦的國際老年病學會議中，來自愛荷華州的柴洛基族印第安人拉斐爾‧金茲柏格博士（Raphael Ginsberg）指出，傳統觀念認為一個人在七十歲左右變得又老又沒用，一般人認定變老的標準大多受此看法影響；他同時主張，在先進開明的未來，我們也許會認為七十歲是中年。

根據一般的觀察，有些介於四十到五十歲之間的人，外表和行為都顯出老態，而有些人則顯得年輕。一項最近的研究發現，有些四十五歲的「老人」，認為自己是已過人生巔峰的中年人，開始走下坡，但有些四十五歲的「年輕人」卻認為自己在尚未到達巔峰的中年。

就像我們也許會認為自己變老一樣，讓他們以為自己變老的方式至少有兩種。在預期人到了某個年紀就變老的心態下，我們可能無意識地為自己的創意機制設下一個待完成的負面目標形象。或者，在預期老年將至和害怕它發生的情況下，我們在不知不覺中正好做了導致它發生的事情，我們開始逐漸減少生理和心理活動，但斷絕幾乎所有消耗精力的體能活動，會使我們失去關節的某些彈性，缺乏運動會造成我們微血管收縮，然後大幅消失，於是遍佈於全身組織間、供應生命所需的血液便急遽縮減；微血管擴張能供給全身組織所需養分並移除廢棄物，而消耗精力的運動是微血

管擴張不可或缺的要素。樹萊博士曾以植入中空試管的方式在活體動物身上養殖出人工培養動物細胞，由於未知的生物學因素，這個試管裡形成了新的「年輕」細胞，但由於未受到照料，這些細胞在一個月內死亡。然而，如果每天清洗試管裡的液體並移除廢棄物，這些細胞會無止境的活下去。它們仍然年輕不朽，而且不會老化或死亡。

樹萊博士推斷，這也許是就是老化的機制。若是如此，減緩廢棄物的製造速率或幫助系統排除廢棄物，便可以延緩老年的來臨。在人體中，微血管正是排除廢棄物的管道，因此，缺乏運動和不動，幾乎使微血管「乾涸」，這是業經明確證明的事實。

生活就是活動

> 當我們決定縮減心靈和社交活動時，我們就是在讓自己變得沒用。

當我們決定縮減心靈和社交活動時，我們就是在讓自己變得沒用。我們變得呆滯、無聊，並且放棄了我們的宏大抱負。

如果你能讓一名三十歲的健康男性在五分鐘內變成一個老人——假如你不管用什麼方式使他確信他現在「老了」，而且所有的體能活動都很危險、心智活動也沒用處的話。如果你能誘導他整天坐一張搖椅上、放棄對未來的夢想、放棄對所有新想法的興趣，並且認為自己完蛋了、沒用、不重要、沒生產力，我相信你能在實驗上創造一個老人。

約翰‧辛德勒博士在他的書《如何度過一年三百六十五天》中指出，他相信每個人都有六種基本的需求：

(1)愛的需求。
(2)安全感的需求。
(3)創意表達的需求。
(4)認同的需求。
(5)新體驗的需求。
(6)自尊的需求。

在這六項需求之外，我還要再加上另一項基本需求：**更美好人生的需求**——以愉快和預期的心情，對明天和未來有所期望的需求。

向前看，活下去

這令我想起我的另一個透澈信念。

我相信生命本身是有適應性的，我相信生命本身並非終點，而是走向終點的工具。生命是我們專屬、用來以各種方法達成重要目標的「工具」之一，我們可以看到這個原理運作於各種形式的生命當中——從阿米巴原蟲到人類。舉例來說，北極熊需要厚皮毛的包覆，才能在寒冷的環境中生存下來，這些為了解決環境問題的生命適應性幾乎是說不盡的，無法在此一一列舉，我只想指出一個原理來做為總結。

如果生命本身能適應各種生命形式，並把這些形式當做達到終點的工具，那麼，假設我們置身於某種需求更美好人生的目標情況中、假設我們會得到更美好的人生，不是很合理嗎？

如果我們認為一個人是目標奮鬥者，我們可以把適應性能量或生命力想成驅動他朝向自己目標前進的驅動力或能量。一輛被收藏得好好的汽車，油缸裡並不需要添加汽油；沒有目標的目標奮鬥者，也不是真的需要太多的生命力。

當我們期待明日的歡樂時光時，最重要的，當我們有重要的事情（對我們而言）要做、有地方可去時，我相信我們是可以利用期待未來來建立這種需求。

> 一輛被收藏得好好的汽車，油缸裡並不需要添加汽油，沒有目標的目標奮鬥者，也不是真的需要太多的生命力。

創造對美好人生的需求

創造性無疑是生命力的特色之一，創造性的本質是向前朝目標看齊。有創造性的人需要更多的生命力，而我們似乎可以從統計圖表中肯定他們確實如此。由創造性工作者——諸如研究學者、發明家、畫家、作家、

哲學家——所組成的那一組，不僅活得比非創造性工作者更久，而且生產力也維持得更久（米開朗基羅有些最佳畫作是年逾八十之後創作的；哥德也在年逾八十後才寫出《浮士德》；愛迪生在高齡九十時依舊從事發明工作；畢卡索在邁入九十後才得以傲視藝術界；萊特年屆九十時仍被奉為最具創意的建築師之一；蕭伯納在九十歲時仍從事戲劇寫作；摩西奶奶到了七十九歲才展開繪畫生涯……）。

這就是為什麼我要告訴我的病人，如果他們想維持生產力和活力，就不能只會緬懷過去，而要「培養未來的憧憬」。**培養對生活的熱忱、為更有生命力的人生創造需求，你會獲得更有生命力的人生。**

你可曾想過，為什麼那麼多男女演員千方百計的讓自己看起來比實際年齡年輕許多，到五十之後仍呈現出年輕、青春的樣貌？是不是，這些人有看似年輕的**需要**，他們關心自己的外貌，而且就是不放棄常保青春的目標，就像我們已屆中年的大多數人一樣？

「我們不是隨著年紀變老，而是被事情和自己對事情的情緒反應變老。」精神治療師阿諾・胡希涅克爾博士（Arnold A. Hutschnecker）在他的著作《生存的意志》中如是說，「生理學家魯布納（Rubner）觀察到，在世界某些地方的田裡提供廉價勞動力的農村婦女，臉上有早衰的痕跡，但她們並未喪失體力和耐力。這是老化上特化作用的一個例子，我們可以由此推論，這些婦女捨棄女性角色應有的享受，她們對辛勤工作的一生逆來順受，那種生活不需要美麗的外貌，只需要體力。」

胡希涅克爾也評論守寡的生活如何使一些女性變老，但另一群女性卻不會；如果一個寡婦覺得她的人生到了盡頭，她沒有活下去的目標，她的態度表現在「外在證據上——從她的逐漸衰老、她變灰白的頭髮……另一名女性實際上較老，卻開始綻放活力，或許她展開贏得新丈夫的競爭，或許她開始做生意，也或許她忙著從事一些以前開始就有興趣、但一直沒閒暇時間做的事情」。

> 空虛、悲觀、折挫或活在過去，不只是老年的特徵，更是導致老化的因素。

信念、勇氣、興趣、樂觀、向前看，帶給我們新生活和更美好的生活。空虛、悲觀、折挫或活在過去，不只是老年的特徵，更是導致老化的因素。

你可以從工作退休，但絕不能從人生退休

許多人在退休之後急速走下坡，他們覺得已圓滿完成自己活躍、富生產力的人生，工作結束。他們已沒有什麼可期待的，於是變得無聊、失去活力——而且往往喪失尊嚴，因為他們覺得被置身事外，變得再也不重要。他們培養出一個沒用、不重要、「過氣」米蟲的自我形象，而且絕大多數人在退休一年內左右過世。

害死這些人的並不是從工作中退休的事實，而是從人生中退休後一種沒用、「一切都結束了」的感覺，以及自尊、勇氣和自信（現代社會鼓勵人們培養的特質）的消沉。

我們必需知道，這些都是過時且不科學的觀念。大約五十多年前的心理學家認為，人的心智力量在二十五歲達到巔峰，然後逐漸走下坡，然而最新的發現指出，一個人的心智在三十五歲左右達到巔峰，然後一直**維持同樣的程度**，直到過了七十歲。「你不能教老狗新把戲」，像這種沒道理的話仍然存在，儘管**有無數的科學家證實，一個人七十歲的學習能力跟他十七歲時一樣好。**

過時與被駁斥的醫學觀念

從前的心理學家相信，任何類型的體能活動對於四十歲以上的人來說都會造成傷害。身為醫生的我們，也跟那些告戒年逾四十的病人要「慢慢來」並且放棄高爾夫和其他類型活動的人一樣，應該受到責怪。二十年前有位著名的作家甚至建議，任何四十歲以上的人應該「能坐著就絕對不站，能躺著就絕對不坐」，目的是「保留」力氣和能量。現在的生理學家及醫學博士（包括國內首屈一指的心臟科專家）都告訴我們，運動——甚至是劇烈運動，不僅可行，而且是任何年齡為了良好健康所必需。活到老，動到老，不過，如果你體弱多病，或者已經有好長一段時間沒什麼運動，突然間的劇烈運動也許會產生強烈的壓力反應，也可能具傷害力、甚至危及性命。

所以，若你尚未習慣激烈運動，我勸你「慢慢來」和「循序漸進」。四十五至八十歲健康重建領域中的先驅柯瑞頓博士（T. K. Cureton）建議，**逐漸**取得享受真正劇烈運動的能力，合理時間是至少兩年。

如果你的年紀在四十歲以上，就別想著你在大學時所能舉起的重量，或者以前能跑多快。從每天繞著街區走開始，距離慢慢增加為一哩、兩哩，然後——也許六個月後——五哩。之後改成慢跑與走路交替，先是每天半哩，一陣子之後變成一哩。再過一陣子，你可以加入伏地挺身、曲膝運動，或者也許做適量的重量訓練。利用像這樣的規劃，柯瑞頓博士讓五、六十歲，甚至七十歲，那些有氣無力的「廢柴」，在兩年或兩年半後能夠一天跑五哩路。他們不僅感覺更好，而且醫學檢驗指出，在心臟和其他重要器官的功能上都獲得改善。

▌我為什麼相信奇蹟？

在坦誠我的透澈信念的同時，我也想毫不保留的指出，我相信奇蹟。醫療科學不否認他們尚不清楚，為什麼人體內的各種機制是那樣運作的，我們僅對發生了**什麼**事和**如何**運作略有所知。當身體癒合一個傷口時，我們能夠描述發生了**什麼**事和機制**如何**運作，但是描述不等於解釋，無論用了什麼技術性的專門術語。割傷的手指會自行癒合，對於這件事我仍然不明白**為什麼**，甚至不清楚根本上這是**如何**做到的。

我不了解操作療癒機制的生命力力量，我也不了解生命力是怎麼被運用，或者說是什麼讓它運作的。我不了解創造那些機制的智慧，或者說某種指導性的智慧是如何操縱那些機制的。

艾力克斯‧凱雷爾博士（Alexis Carrel）記敘他個人在法國盧爾德市觀察到的瞬間癒合現象時提到，身為一名醫生，他所能做的唯一解釋是，在身體的自然療癒過程中，通常經過一段時間後才會發生癒合，但在強烈信念的影響下，不知怎麼的，癒合現象就「加速」了。

假如凱雷爾博士所說的「奇蹟」，是伴隨了加速或加強的自然療癒過程和體內力量，那麼每次我看到手術傷口以新生組織的方式自行癒合時，

我就見證了小奇蹟——無論需要兩分鐘、兩週或兩個月，對於我所見到的事實都沒差別。

醫療科學、信念和人生都來自相同的起源

著名的法國外科醫生杜波依斯（Dubois）在手術房裡有個大告示牌：「醫生包紮傷口，上帝療癒它。」

同樣的話或許也可用在從抗生素到止咳藥水等任何類型的醫療上。不過我無法了解的是，一個理性的人怎麼會放棄醫療援助，只因為他相信那與他的信仰有所衝突。我相信，把醫學技術和醫學發現變為可能的，是與在信仰療法中貫徹運作的相同智慧和生命力，基於這個理由，我看不出醫療科學和宗教之間有什麼衝突存在。醫學療癒和信仰療癒都出自於相同的起源，而且應該共同合作，

沒有一位父親會眼睜睜看著自己的孩子被發狂的狗攻擊卻沒事般的站在一旁說：「我絕對不能做任何事，因為我必須證明我的信仰。」他也許不會拒絕帶了一支高爾夫球桿或一把槍前來幫忙的鄰居，但如果你把瘋狗幾萬億倍地縮小成細菌或病毒，同樣一位父親也許會拒絕攜帶膠囊、手術刀或注射器前來幫忙的鄰區醫生。

別為人生設限

我的結語感想來自於這個啟發：在《聖經》故事裡，當先知在荒漠中忍著飢餓，上帝從天上降下一張包裹著食物的被單。只是對先知而言，那看起來不太像一頓好餐，食物看起來「不潔」，而且還有各種「鑽來鑽去的東西」。天上的神斥責他，告戒他不准稱神賜予的東西為不潔。

今日有些醫生和科學家，對任何略帶信仰或宗教意味的東西都嗤之以鼻。有些篤信宗教的人也有相同的態度，對於任何關於科學的東西都抱持懷疑和強烈的反感。

正如我在一開始時所說的，每一個人的真正目標，是擁有更有活力的

人生——更美好的生活。無論你對快樂的定義是什麼，只有當你體驗到有活力的人生時，你才能體驗到快樂，更美好的生活是指擁有更多的成就、達到值得的目標、更多愛的體會與施予、更健康和更歡樂、為自己和他人感到更快樂。

我相信最根本的源頭——**人生，只有一次**，但是這個人生有許多表達的管道和自我展現的形式。如果我們要「從人生中得到更美好的生活」，我們就不該設限人生要走哪種管道，我們必須接受它，不管它以科學、宗教、心理學或其他諸如此類的形式到來。

另一個重要的管道是他人。我們不要拒別人可能帶來的、或我們能夠給予他人的幫助、快樂和歡笑；我們不要過於高傲而拒絕他人的幫助，或過於冷酷而吝於施予幫助；**我們不要因為禮物的形式也許與我們的偏見或自以為是的想法有衝突，而說它「不潔」。**

▌最棒的自我形象

最後我要告訴大家，不要用我們的自卑感限制住對人生的接受度。上帝賜予我們的寬恕、心靈的寧靜和快樂，皆來自於**自我接受**，若是我們背棄這些天賦，或是說創造物——人類——是如此不潔，因此是沒用、不重要或無能的，那就是在羞辱我們的創造者。最適當且最實際的自我形象，是把你自己設想成「按照神的形象創造的」。「你打從心裡深深地、切確地無法相信自己是神的形象，所以得不到力氣和力量的新來源。」法蘭克‧斯勞特博士（Frank G. Slaughter）如是說。

本書的概念和練習題，已經幫助我許多病人從人生中獲得更美好的生活，我期望、也相信，它們對你有相同的效用。

後記

　　恭喜，你已經抵達了一個新的起點。不，不是這本書的一開始——而是展開一個**全新的你**，一個成長到前所未有的程度的你。想想看，這本書首次發行已是半個多世紀前的事——書中的原理和技術一直以來都跟今日一樣有效，不但如此，它們也繼續鼓舞人們和改變全世界的生活。每一天都有來自世界各地的人們拜訪https://www.psycho-cybernetics.com，向我們登記訂閱，和／或者發電子郵件給我，告訴我他們的正面經驗。在這個旅程中有你同行，真的是太棒了。

　　在本書的結尾，我想提及當你定期實施心靈控馭的日常練習時——尤其是在一個放鬆的狀態中進行心靈想像——你也許會隨著時光流逝而在人生中開始注意到一些重要跡象。

　　首先，你會開始注意到，你進入心靈想像之前的平靜、放鬆狀態會變得愈來愈強大，而且你會帶著這種平靜的心情度過一整天。如果你錯過了某一天，你絕對會留意到有所不同，還會想立刻回到軌道上。

　　經過每個連續練習的日子，你想像和感覺正面的能力也會與日俱增。隨著時間過去，這會讓你有一種順暢的感覺。但是，如果你只閱讀卻不常做練習，是不會產生這種順暢感的——你「每天沐浴」在心靈控馭的原理中，就是造成差異的原因。

　　其次，你會注意到，不同於其他的自我幫助系統，**心靈控馭不會要你為自己想達成的目標設下期限**，當然，這並不表示為你的目標附帶截止日期是錯誤的——但它對目標而言也許是錯誤的。時限對某些目標有所幫助，對某些目標卻會形成阻礙。

　　心靈想像的目的在於，給予你的創意機制一個前進的目標，不受壓力和緊張的束縛。你把這個目標用想像和情感提供給你的大腦和神經系統，但如果你還附上達成目標的明確期限，你也許會卡住機器，使它故障；如果你對於自己所設下的達成目標期限開始覺得緊張或不安，你就知道你已堵塞住機器了。有些為自己設下財務目標和完成期限的人，就是想不透為

什麼會走到負面心靈狀態的局面，這往往是因為，他們沒有辦法相信自己能夠在自己設定的期限前達成財務目標。

根據我自己在這方面的經驗，以及我多年來所訓練的那些人的經驗，我相信**在沒有時間的僵化限制下，任何人都能得到更好的結果**。你可以就這樣開始想像目標——然後去**感覺**擁有它的美好。你可以想像你想要的，當行動的階段來臨時，你就貫徹到底，一旦你採取了這些行動，你會有所進步。你也許會很驚訝的發現，自己的感覺和達成目標的速度，比期望中更好、更快，這是為什麼呢？因為你從來都不需要和自己的信念搏鬥，掙扎著**何時**該完成你的目標，你只要說服自己相信，你可以、你**會**完成目標。你的自動導引系統絕不會堵塞、故障。

第三，一開始先想像一個短期目標或計畫——以及比較屬於情緒的東西——對你而言會較容易。想想看，你要在一天或一週內創造某個東西，會比在一年內或遙遠的未來需達成的目標要簡單得多。試試這個過程，好好享受一下，在處理大事之前，先學會應付小事，用這種方法，你會在過程中——和自己身上——建立信心。

第四，你每天不間斷的使用心靈想像，隨著時間流逝，也許有其他的心靈控馭技巧會開始出現在你的生活中。但是是什麼種類的技巧呢？在《第一本改造生命的自我形象整容術》裡，你會看到馬爾茲博士提到多少次心靈學和杜克大學萊恩博士在心靈控馭技巧上的研究，像是第六感、超感視覺、心靈感應等等。根據他所提過的次數，以及他所提到的事實，我敢打賭，那是他感興趣至深的主題。我也敢說，馬爾茲博士之所以會描述這些主題（儘管簡短）是因為，由於每天心靈想像和**感覺**的練習，他的第六感以及所有隨之而來的一切，都急遽的進步了。

為什麼我會這麼說？我怎麼敢做如此大膽的聲明？因為它就發生在我身上。直覺開始閃現在我腦海中，我感應到事物的程度，是我從前覺得對我而言不可能的，我也開始對別人產生療癒功用……一切都是順其自然的發生，我並沒有在一開始就刻意做什麼能令它發生的事，甚至對這一切也沒有知道得更多——事實上，我對這些看似不真實經驗的真實性，感到有些惶恐。

如同馬爾茲博士在本書一開始時所說，他不願討論或描述許多這些經驗，因為「假如我提出了某些案例並描述病患在性格上超驚人的改善，我會被指控為誇大不實或企圖建立崇拜迷信，或兩者都有」。

即使如此，對於那些想在心靈控馭基金會的保護傘和指導下追尋自我的人，我相信現在是開啟他們這些能力的時候了。

也許你還記得我們稍早提過，大聯盟棒球名人堂的「真男人」史坦・穆休公開表示自己擁有第六感的天賦——當他站在本壘時，他聽到一個聲音告訴他，投手要投球了——這個聲音從來沒有錯過。這不禁令我納悶，有多少名人堂的球員對於球場上的下一步擁有第六感，只是他們不敢說出來而已。

至少在閒聊間，這是個很令人感興趣的話題。我對它的看法是，如果直覺的能力是自動顯現的，你甚至沒有要求或想要它，那麼，何妨把它當成一種你需要學習更多這類「才能」的徵兆，你就能利用這些才能幫助別人，並讓自己的人生更美好？

我想用一個個人的故事來做為此篇後記的結尾，你也許會發現它有助於你認同馬爾茲博士所寫的——寬恕帶來自由與療癒的力量。

一九八二年夏天，正是我人生中的美好時光。我快樂、我微笑，我真的很享受人生，不過當時的我還不知道，幾小時之後我將經歷一場痛苦的劇變，有件事情讓我留下終身的創傷，並且永遠改變我的面貌。

跟著一群摔角選手和教練，我剛從賓夕維尼亞州洛克海文大學為期十四天的工作營回到愛荷華大學。隔天又要開始一個新的工作營了，這次會長達二十八天。我好興奮自己能夠參與——事實上，我興奮到和幾名隊友在夜幕初降時一起跑了八公里。

之後我們做了二十分鐘的三溫暖、洗澡，然後去吃義大利麵。我們又到酒吧喝了幾杯，那時愛荷華州能喝酒的合法年齡是十九歲——當時還是個孩子的我真的覺得那是專門為我設置的法律，我覺得自己站在世界的頂端。幾杯黃湯下肚之後，我更趾高氣昂了，沒有人能碰我，沒有人能傷害我，我天下無敵。

接下來，你知道，我捲入一場打鬥，但跟我打架的對象根本不鳥規則。當他把酒潑到我衣服上時，我用力推了他一把，然後，他並非以赤手空拳回攻我，他抓了一隻空的玻璃啤酒壺用左勾拳的方式向我攻來，我盡量學得像拳王阿里一樣，我向後傾以閃避襲擊——但我的敏捷度不聽使喚。他向前逼近，從右側重擊我的臉。

一瞬間，玻璃粉碎四散，鮮血從我的頭向外濺射，像是從消防水帶噴出來似的。

我的臉被撕裂開，我的眉毛、眼皮和臉頰的皮膚垂掛在我臉旁。我把身上的長袖T恤往上拉向臉，用手托起懸盪著的皮膚，然後按回去以抑制出血。我的眼皮碎成一條條的，我的臉頰、上唇和頸子在流血——玻璃碎片深深扎入我的眼睛和臉頰裡。

我仍然能夠聽到那些人目睹鮮血從我臉上湧出時的駭人尖叫聲，我仍然能夠看到自己被護送到門外。

救護車好像幾秒鐘內便趕到似的，急救護理人員幫我包紮頭部，然後緊急送入愛荷華城大學醫院的急診室。

在急診室，醫生告訴我說，我的臉看起來像一張「拼圖」，以及我的臉上和眼睛裡都有玻璃碎片——當他們更仔細檢查時，其中一位醫生說：「朋友，一定有人在天上眷顧你，你很幸運沒失去眼睛。」後來又有人告我說，我大難不死很幸運。

當我躺在手術臺上等著被縫合時，出現了一個人，直呼我的名字。我立刻認出他的聲音，他是我的教練，也是被許多人視為美國最偉大的摔角選手和教練的奧運金牌得主丹·蓋博。他是我童年時期的偶像和榜樣——現在他站在我身旁，看著我破碎的臉。

我覺得尷尬、丟臉，壓抑不住我的羞恥感。

我真是個傻瓜。

我崩潰了，教練看著我，問道：「怎麼了？」

我試著擠出答案——然後醫生救了我，他說：「教練，我想他正面臨一場創傷經歷。」

「喔，」教練說，「我懂。」

他確實懂。他十五歲那一年，他和爸媽一起到威斯康辛州享受釣魚之旅，他的姊姊黛安娜預計隔天抵達，但她從未出現，因為前一晚有個男人闖進蓋博家，強暴了他的姊姊並且殺害她。

這個痛苦經歷擊潰了蓋博一家人，他爸媽再也不想住在那棟房子裡。可怕的犯罪事件就發生在那個地方，對他們來說，那個地方已成為夢魘。

黛安娜的房間空蕩蕩的，知道她已不在的事實所引起的痛苦，引發混亂和爭吵。最後，他覺得如果爭吵再持續下去，這個家遲早要完蛋，於是年輕的丹站出來宣示。

「我要搬到黛安娜的房間。」他雙手叉腰，擺出一付超人似的姿態。

丹的舉動挽救了他們一家。

現在，這個勇敢的人就站在我面前。他也是一個普通人，榮獲許多錦標賽和冠軍頭銜，他代表所有我所讚賞的人類特性，我想像他一樣。那是我整個高中生活裡一直想努力的目標——有朝一日能接受蓋博的訓練。而現在，待在他的團隊一季之後，我卻用破碎不堪的傷口面對他。

七小時後，當我終於能用鏡子看到自己時，我發現自己遍佈傷痕又腫脹。我的頭上縫了無數針——當我安慰自己那只是一個劃傷的傷痕時，我就沒有感覺了。這樣沒感覺的日子持續了六個月。

縫線拆掉之後，我知道要把那件事拋諸腦後，然後埋首於練習，我要贏得全國冠軍的頭銜，沒有時間閒坐著可憐自己的遭遇。所以我全心全意投入訓練和學業，忘掉發生在我身上的事情。我**從未**談論那件事，我把它全完封鎖在我心門外。

我有一件訴訟案要處理，剛開始我真的不想跟它有任何牽扯。我對於所發生的事感到愧疚，我知道自己是這件事的肇事人之一。但我爸媽催促我面對它，因為，正如他們所說，雖然我做了些不當的事，但不值得有人拿玻璃啤酒壺把我的臉撕裂開。

五年後，當和解金支票兌現時，我收到一筆一萬六千美金的鉅款——其中三分之一支付給律師。當我收到支票時，我發現自己真的需要它。我是社會新鮮人，擁有全國大專院校摔角冠軍頭銜，開業成為私人健身教練，並且需要設備來訓練我的客戶，更別說打廣告也需要錢。

　　時間快速前進到二〇〇七年夏天，自從酒吧鬥毆事件後已經過了二十五年，但是，直到那一天之前，我一直沒法完全領悟到的是，我仍然需要用寬恕來讓這份記憶釋懷。

　　那天早晨，當我進入我的心靈電影之屋並且使心靈狀態放鬆時，我體認到一件奇怪的事，我無法看到我的目標，我無法看著過去成功或快樂的時刻。我心靈裡有一齣隱藏的電影，它一直在乞求我的正視，否則不肯離去，它是過去事件陰魂不散的鬼魅，它是我十九歲時在愛荷華城酒吧裡與人鬥毆的記憶。

　　那場鬥毆事件發生的二十一年之後，我首次開始記敘和談論那件意外。為了幫助來參加我討論會的人們提升信心、去除內心的傷痕，我告訴他們我的故事。我希望他們了解，儘管有了「終身的疤痕」，我依然能夠把發生在我身上的事件化為正面的轉機。不過每次我在說這個故事時，我總是承載不動太多悲傷而忍不住流淚，對於那次騷動，仍有無法言喻的痛苦鎖在我心深處——我從未承認的痛苦、乞求被轉變的痛苦。

　　於是，在我無法看到自己目標的那個早晨，我決定做一件以前從沒做過的事。我不要談論那道終身疤痕，也不要寫那個故事。我要閉上雙眼，回到那個時間點，看見所有一切，我要重現當時的情況，我要坐在酒吧的地板上，看著啤酒壺往我臉上砸下去。現在我要取得不同的角度，我要坐在吧臺的高腳椅上從不同的觀點來看這件事。

　　一開始，我很驚訝於自己能用體驗來做到這一切。接著，當我看到鮮血從我頭上噴出來，然後把衣服拉向臉時，我問自己：「此刻你有什麼樣的感覺？」

　　這個問題引發了悲傷的轟然崩落，我閉著眼睛，仍然重現當時的創傷，然後無法克制地啜泣，我喃喃說出：「我無法還擊。」

　　在我的青年歲月中，我第一次處於無計可施、只能等待醫療救援的情況。身為一名強悍的摔角選手和運動員，無法還擊簡直是丟臉丟到家了，這個事實的刺痛更甚於被人攻擊。就在那一刻，由於我還不了解，所以我開始創造了一個內心傷痕，比起鎖在內心的傷痕，我臉上的疤痕相較之下無足輕重。

　　當我坐在地板上繼續重現我相信是我自己活該的慘痛經驗時，在深沉的痛苦中，一道憐憫和愛的聲音穿過雲端而來。我從未這樣描寫過這件事，直到現在，但我相信那個「聲音」就是馬爾茲博士的指引，它告訴我：「麥特，你當時才十九歲，你犯了錯，你們倆都犯了錯。原諒你自己，讓事情過去，也寬恕對方，別讓這個痛苦如影隨形的跟著你。你再也不需要它，讓它過去。祝福你自己，也祝福對方。」

　　我開始遵照所得到的指引去做，我想像攻擊我的人就站在我面前，手上還抓著破碎的啤酒壺殘骸。我看到也聽到他尖聲呼喊，顯然很得意自己的所做所為。我看著他，用手在空中對他畫出一個微笑的形狀，一個大大的微笑。我用那個畫在空中、隔在我倆之間的微笑祝福他。

　　然後指引之音說：「現在，看看他所拿的玻璃壺……然後，把它變成一根羽毛，沾著墨水的羽毛，這根羽毛正在填寫你的人生通行證。」

　　接著，就在我要睜開眼睛前，我又聽到那個聲音，「麥特，想想看，世界上有多少人曾身處於他們相信自己無法還擊的狀況下。利用心靈想像的力量和心靈想像所創造出來的感覺，你可以向他們證明，他們能如何寬恕自己和他人，並且大幅改善他們的生活。人生中的每件事物都是一種心靈想像，你所擁有的每個目標，一開始都是你腦海中的想像。關於你自己和你的人生，你不喜歡的任何事都可以用你的心靈想像來改變。不要忘記：連寬恕都是一種心靈想像。」

全新的你！

New Life
29

New Life
29